GUDING
Shouyi
Zhengquan

金融学科
创新型人才培养
系列教材

国家重点学科建设教材

固定收益证券

王敬◎编著

西南财经大学出版社

图书在版编目(CIP)数据

固定收益证券/王敬编著.—成都:西南财经大学出版社,2010.10
ISBN 978-7-81138-935-7

Ⅰ.①固…　Ⅱ.①王…　Ⅲ.①证券投资　Ⅳ.①F830.91

中国版本图书馆 CIP 数据核字(2010)第 202933 号

固定收益证券

王　敬　编著

责任编辑:王　利
助理编辑:高　玲　植　苗
封面设计:大　涛
责任印制:封俊川

出版发行	西南财经大学出版社(四川省成都市光华村街 55 号)
网　　址	http://www.bookcj.com
电子邮件	bookcj@foxmail.com
邮政编码	610074
电　　话	028-87353785　87352368
印　　刷	郫县犀浦印刷厂
成品尺寸	185mm×260mm
印　　张	14.25
字　　数	285 千字
版　　次	2010 年 10 月第 1 版
印　　次	2010 年 10 月第 1 次印刷
印　　数	1—3000 册
书　　号	ISBN 978-7-81138-935-7
定　　价	28.00 元

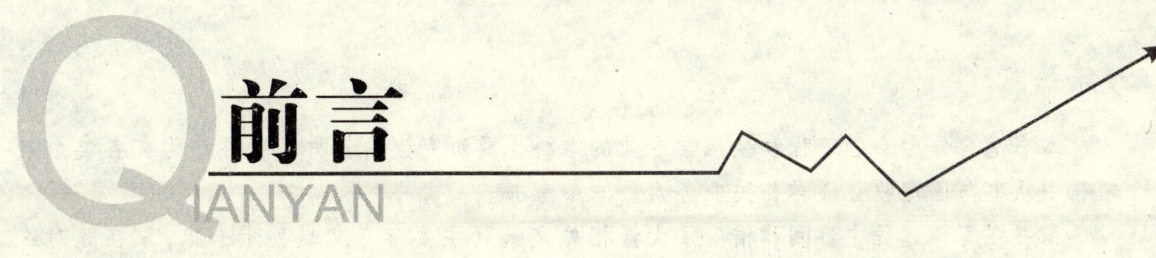

前言

固定收益证券之所以成为金融工程专业的一门必修课程，一方面是因为许多金融工程问题的解决都需要将固定收益证券及其组合、衍生工具纳入解决方案，另一方面是由于固定收益证券领域的运作机制及其创新本身就体现了典型的金融工程思想。同时，固定收益证券所涵盖的内容十分丰富与广泛，涉及的理论知识和分析方法不仅适用于债券及其衍生工具市场，也适用于贷款、票据、优先股等领域。因此，它不仅是金融工程理论研究和实际应用的基础，也是金融学专业人才的知识结构中不可或缺的组成部分。

国外已经有不少关于固定收益证券的教材，其中有一些是作为更高知识体系的一部分，有一些是独立成书，还有一些则是专门讨论固定收益证券的衍生工具的。国内学者自2000年以来也出版了几部关于固定收益证券的教材。尽管这些教材中不乏上品，但笔者在多年的教学中却一直感到难以确定究竟选用哪一本作为学生的指定用书才好，原因是这些教材总有不合适之处。国外教材在体系上通常较为完整，但都是基于国外金融市场的背景进行讨论与介绍，难以让国内读者通过国内市场背景而对相关金融市场有一个比较丰富的感性认识；国内教材在体系完整或各部分内容之间的内在逻辑上似有不足，对国内债券市场的实践虽有介绍但不够全面。本书是笔者在参阅和借鉴现有相关教材和研究文献的基础上，根据自己多年的教学心得与思考编写而成的，它可能在以下两个方面体现出一定特色：一是在认真梳理固定收益证券各个知识点之间内在逻辑的基础上，对现有教材的常见框架进行了调整。比如在介绍了主要的债券品种之后设置了债券创新一章；考虑到贯穿于固定收益证券知识的逻辑主线是价格与利率的关系及由此带来的风险，因而将信用风险的内容简化为一章并作为背景知识放在导论部分；在讨论债券组合管理之前对久期和凸度这两个重要工具做了较为详细的介绍；将利率衍生工具作为一个专门部分，并且按照机制、定价和应用的逻辑加以讨论和介绍。二是将有关中国债券市场实践的描述穿插于相应各章节的讨论与介绍当中，力求让读者对“这些东西在中国的债券市场上是怎么回事”有一个感性认识，从而加深对相关理论和方法的理解并提高学习兴趣。

本书内容由四个部分构成：第一部分为导论，包括债券的类型与特征、债券的创新和债券的信用风险三章；第二部分是债券的价格与收益，包括债券定价、债券的收益率和利率的期限结构三章；第三部分是债券组合管理，包括久期和凸度、债券组合管理策略两章；第四部分是利率衍生工具，包括远期利率协议、利率期货、利率互换和利率期权四章。

本书适合作为金融工程和金融学专业的本科生及研究生的教材，也可作为在各类金融机构中从事与固定收益证券相关业务人员的参考书。

本书在写作过程中参阅和借鉴了大量相关文献（主要参考文献列于书末），在此对这些文献的作者表示衷心感谢。还要感谢西南财经大学出版社对本书出版提供的大力支持。

本书虽然力求对固定收益证券的教学和研究有所贡献或补充，笔者在写作过程中也倾注了大量时间和精力，但由于笔者的知识水平和能力及阅历所限，恐怕并未能达成这一目标，甚或书中尚有诸多不妥乃至谬误之处，诚望读者不吝指正。

王敬

2010 年春

目录

MULU

第1部分　导论

第3部分 债券组合管理

第4部分 利率衍生工具

第1部分

导 论

1 债券的类型与特征

固定收益证券是指在一定的期限内发行人向持有人支付固定收益的证券。债券当然是最为典型的固定收益证券，但严格来讲并非所有的债券都属于固定收益证券，比如浮动利率债券，由于在债券的到期期限内定期调整票面利率，因此发行人向持有人支付的收益并不是固定的；反过来，固定收益证券也不仅仅只包括债券，优先股和诸如大额可转让存单、银行承兑汇票、商业票据等货币市场工具也可以归属于固定收益证券之列。尽管如此，无论在理论研究还是实际操作中，通常仍将债券作为固定收益证券的代表，或者说，将“债券”和“固定收益证券”作为可以相互替代的两个术语来使用。

1.1 债券的基本要素

债券是资金需求者为获取一定数量的现金而向资金供给者以借贷协议形式发行的证券。债券从本质上讲是记载借贷双方债权债务关系的凭证，它使债券发行人负有在指定日期向债券持有人支付特定金额款项的义务，或者说，它赋予债券持有人在指定日期获得特定金额款项的权利。指定日期即债券发行时约定的发行人向持有人支付利息和偿还本金的日期；特定金额款项则是发行人按照债券发行时约定的息票利率向持有人支付的利息以及债券到期时按面值偿还的本金。

债券是一种要式凭证，即必须具备法律所规定的必要的形式和内容。发行人、面值、到期日和息票利率是债券的必备要素。

1.1.1 发行人

债券上必须载明发行人即债务主体的名称。发行人的有关信息能够帮助投资者根据债务主体的信用状况做出投资决策，也为持有人到期追索利息和本金提供了依据。

一国政府（包括中央政府和地方政府）和公司（包括金融机构和非金融企业）是最重要的债券发行人，其他的债券发行人还包括本国政府机构、外国政府和公司以及各类国际机构等。不同类型的发行人之间的差别决定了债券在收益率、面值、本金安全性、到期期限、税收以及诸如提前赎回、回售、抵押品和偿债基金等重要条款方面的不同。在下面的章节中，我们将对不同类型的发行人所发行债券的特征分别加以讨论。

1.1.2 面值

面值即债券的票面价值，包括币种和金额两个方面。在一国国内发行的债券一般以该国本币计价，在国际金融市场上发行的债券则通常以发行地所在国的货币或某种国际通用货币计价。金额一般规定为某个整数，如100、1 000或10 000等。面值是计算利息和偿还本金的基础。

1.1.3 到期日

债券在发行时都要规定到期日。在债券到期时发行人必须按面值偿还本息，债券出售日至到期日之间的时间称为债券的票面期限。但票面期限通常并不是投资者最为关注的期限条款，投资者更感兴趣的是当前至债券到期日的剩余期限，这也是在实际操作中提及“到期日”、“期限”、“到期期限”这些词汇时通常所指的含义。

债券到期日的重要性体现在四个方面：第一，到期日表明了债券的预期存续期，或是债券持有人预期能收到息票利息的期数，以及本金被偿还之前的年数。第二，债券的收益率与到期日之间有着密切关系。在某个时刻，其他条件都相同但到期日不同的两种债券通常有着不同的收益率。在第6章将进一步指出，到期日对收益率的影响取决于收益率曲线的形状。第三，债券价格的波动性与到期日密切相关。具体而言，市场利率水平的变动对较长期限债券价格的影响比对其他条件相同的较短期限债券价格的影响大。第四，与债券有关的其他一些风险，如信用风险、通货膨胀风险等，也与债券的到期日密切相关。

上述重要性使得投资者在考虑债券的剩余期限时需要关注那些可能导致到期日发生变化的条款。典型的如提前赎回条款，它赋予发行人提前赎回部分或全部债务的权利。许多公司债券和市政债券在发行时都附有这样的条款。另一项可能导致到期日发生变化的条款是偿债基金条款，它要求发行人在债券到期之前按照预先安排的时间表赎回债务的一定部分。它尽管是作为对持有人利益的一种保护性条款而设立的，但偿债基金条款造成的债券到期日变化却必须受到重视，因为它在某些情况下可能反而会损害持有人的利益。对这些条款我们都将在下面的章节中做进一步讨论。

发行人在确定债券到期日时首先考虑的显然是自身的资金需求和财务安排。当需要在一些大型项目上投入资金时，他们会发行中长期债券。如果只是为了弥补暂时的流动性短缺，则发行短期债券。其次，未来利率的变化也是发行人在确定债券期限时考虑的一个重要因素。如果预期未来利率将上升，则会尽可能发行期限较长的债券以锁定当前利率水平。当然，当政府作为债券发行人时，最重要的是对财政收支状况和财政政策的运用加以考虑。

对所有这些因素的考虑，使得无论是政府债券还是公司债券，都提供了十分丰富的期限品种，既有 1 ~5 年期的短期债券，也有 5 ~12 年期的中期债券，以及 12 年以上甚至长达 100 年的长期债券。

思考问题 1：同一家公司发行的两种债券，一种还有 1 年就到期，另一种还有 9 年才到期。作为投资者，你会选择哪一种？为什么？

1.1.4 息票利率及付息方式

在计算机应用于金融市场之前，大多数债券都附有息票，临近付息日时持有人将息票剪下并寄给发行人索取利息。因此，这种在偿还期内分期支付利息的债券被称为息票债券，其票面利率也称为息票利率，它决定了发行人需要向持有人支付的利息：用息票利率乘上债券面值即得到每年的利息支付额。

息票债券的利息通常是每半年或每年支付一次。例如在美国，大多数的息票债券都是每半年支付一次利息，但并非绝对，一个重要的例外是抵押支持证券和资产支持证券，它们通常每个月支付一次现金利息；相反，欧洲一些国家的息票债券和所有在欧洲债券市场上发行的息票债券，采用的是一年一次的付息方式。中国的息票债券以一年一次的付息方式较为普遍，但在近几年发行的债券中，期限较长（一般超过 10 年）的债券更多地采用了每半年支付一次利息的方式。

也有不支付利息的债券，称为零息票债券，持有人在到期日按面值获得本金偿还。显然，这种债券一定是以低于面值的价格发行的，即采用贴现债券的形式发行，发行价与面值之差可以看成投资者获得的利息。

思考问题 2：发行人有时候也会发行到期一次性还本付息的债券，即在债券到期期限内不支付利息，在到期时一并偿付本金和利息。这种债券在特性上更类似于息票债券还是零息票债券？

息票利率直接表明了债券持有人每年获得的利息收益水平。同时，它的作用还体现在债券价格的波动性与息票利率的高低有着密切关系。对此将在第 7 章做进一步讨论。

发行人在确定债券的息票利率时，首先要考虑的当然是发行时的市场利率水平，而在同样的市场利率水平下，发行人的信用状况则是决定息票利率水平的重要因素。发行同样期限的类似债券，公司发行人需要提供比政府发行人更高的息票利率。所以，根据某种债券的息票利率水平，投资者一方面可以知道该债券发行时的市场利率水平，另一方面也可以大致了解发行人的信用状况。

1.2 国债

国债是一国财政部门代表中央政府发行的债券，因此也称为中央政府债券。由于国债的发行以国家信用为基础，因此被认为是无信用风险的债券。这样的信用度能够吸引投资者的积极参与，从而使国债具有很高的流动性。国债吸引投资者的另一个优点是，它的利息收入可以享受税收优惠。例如，美国国债的利息收入免交州和地方所得税，而中国国债的利息收入则是完全免税的。

1.2.1 国债的类型

根据票面期限的长短，国债可以分为短期国债、中期国债和长期国债。期限在 1 年以内的国债为短期国债，通常也称为国库券。中期国债的期限一般为 1 ~ 10 年，10 年期以上的国债为长期国债。国债通常是不可提前赎回的，但在美国财政部 1984 年以前发行的、目前尚未到期的国债中还有一些是可以提前赎回的。关于债券的赎回条款，我们将在“公司债券”一节中做进一步讨论。

国库券大多为零息票债券，采用贴现债券的形式发行。例如，美国财政部大量发行的 13 周（3 个月）、26 周（6 个月）和 52 周（1 年）国库券均以贴现债券的形式发行，而中国财政部短期国债的发行也采用贴现债券的形式。中长期国债则通常是息票债券，付息方式为半年付息或每年付息。例如，美国的中长期国债都是半年付息的，而中国的中期国债通常为每年付息，长期国债则以半年付息为主。

国债市场上也存在中长期的零息票债券，但它们并不是由财政部门发行的，而是由现存的中长期国债通过本息剥离创造出来的。本息剥离是指将债券的息票支付与本金偿还彼此分离。例如，一张面值为 100 元、息票利率为 7.5%、半年支付一次利息的 20 年期国债，可以被分解为 41 张期限分别为半年、1 年、1.5 年直至 20 年的零息票债券，其中的 40 张称为息票剥离（Coupon Strips），它们的面值均为 3.75 元；另一张称为本金剥离（Principal Strip），面值为 100 元。美国财政部为了改善零息票债券市场的流动性，在 1985 年 2 月引入了已注册利息与本金分离交易（Separate Trading of Registered Interest and Principal Securities，STRIPS）程序，允许符合条件的息票国债通过本息剥离得到的每一个部分都能单独交易，由此创造出国债市场上大量存在的中长期零息票债券。

中国的国债在债券形式上可以分为凭证式国债和记账式国债。凭证式国债从 1994 年起开始发行，通过各银行储蓄网点和财政部门国债服务部面向社会发售。购买人持有国债收款凭证以证明其债权，凭证上记载了购买人姓名、发行利率、购买金额等内容，到期一次还本付息。凭证式国债不能上市流通，到期前持有人如需变现，可以到原购买网点提前兑取。可见，凭证式国债在性质上类似于储蓄，是财政部门发行的一种国家储蓄债券。记账式国债无需实物形态的票券，而是通过投资者开立的证券账户，借助电脑系统完成债券的发行。无纸化、电子化的特点使记账式国债不仅发行简单易行，而且交易转让十分便捷，因而成为中国国债流通市场的主要品种。

1.2.2 国债的一级市场

国债的发行形成国债的一级市场。招标是国债发行最常采用的方式。招标有单一价格（荷兰式）和多种价格（美国式）两种价格形成机制。在单一价格机制下，按照投标人所报的收益率从低到高（或价格从高到低）的顺序中标，直至中标累积数量恰好超过预定的国债发行数量，所有的中标者都以相同价格或收益率（所有中标收益率中最高者或所有中标价格中最低者）来认购中标的国债数量；相反，在多种价格机制下，虽然也是按照投标人所报的收益率从低到高（或价格从高到低）的顺序中标，但各中标者是以各自中标的收益率（或价格）认购，而所有中标收益率（或价格）的加权平均值则为国债的发行收益率（或发行价格）。美国的国债发行在 1992 年以前采用的是多种价格招标，但在 1992 年之后开始更多地采用单一价格招标。中国的国债发行方式则经历了从 20 世纪 80 年代的行政分配、20 世纪 90 年代初的承购包销，到目前的定向发售、承购包销和招标发行并存的发展过程。定向发售是向养老保险基金、失业保险基金、金融机构等特定机构发行国债，主要用于国家重点建设债券、财政债券、特种国债等品种的发行。承购包销是由各地的国债承销机构组成承销团，通过与财政部签订承销协议来决定发行条件、承销费用和承销商的义务，主要用于不可流通的凭证式国债的发行。中国国债的招标发行中采用较多的是单一价格招标，其中，对贴现国债采用价格招标，而对息票国债采用收益率招标。

1.2.3 国债的二级市场

国债的交易形成国债的二级市场。国债发行之后可以在交易所内挂牌交易，称为场内交易；也可以通过连接计算机报价系统与证券经纪商的网络进行交易，称为场外（Over the Counter，OTC）交易。在交易的组织方式上，场内交易采用竞价交易机制，而场外交易通常采用做市商制度。

美国的国债交易是在场外市场进行的，由三个主要的交易中心——东京、伦敦和纽约构成不间断交易的市场。一些大型金融机构在这个市场中充当做市商。它们各自就某些国债进行买卖报价并按照报价用自己的账户与客户进行交易，由此形成国债的交易价格。表 1-1 是摘自《华尔街日报》网站的部分美国中长期国债的行情。中长期国债的报价（出价和要价）以面值的百分数表示，最小变动为一个百分点的 1/32（冒号后面的数字代表 1/32 的个数）。例如，2017 年 8 月 15 日到期的国债，买方出价为 109：15，其价格就是：

$$面值\times 109\frac{15}{32}\% = 100\times 109.469\% = \$\ 109.469$$

类似地，按照卖方的要价 109：16 可以计算出相应的卖价为 $ 109.500。表中的最后一栏是要价收益，它是基于卖方报价计算的债券到期收益率。对于债券的到期收益率，我们将在第 5 章中加以讨论。

表 1－1　　　　美国中长期国债行情

Treasury Notes & Bonds					
Tuesday, January 12, 2010					
Maturity	Coupon	Bid	Asked	Chg	Asked Yield
2010 May 31	2.625	100:30	100:31	－1	0.097 2
2010 Sep 15	3.875	102:14	102:15	unch.	0.209 9
2010 Nov 15	4.5	103:16	103:17	－1	0.286 5
2010 Dec 31	0.875	100:16	100:17	unch.	0.340 4
2011 Feb 28	4.5	104:17	104:18	unch.	0.453 4
2011 Mar 31	0.875	100:14	100:15	unch.	0.487 2
2011 Apr 30	4.875	105:18	105:19	unch.	0.541 9
2011 Sep 30	1	100:12	100:12	1	0.772
2011 Dec 31	4.625	107:07	107:08	1	0.892 9
2012 Jan 15	1.125	100:11	100:12	1	0.94
2012 Feb 29	4.625	107:20	107:21	2	0.978 6
2012 Mar 15	1.375	100:24	100:25	3	1.009 7
2012 May 31	4.75	108:16	108:17	3	1.106 3
2012 Nov 15	4	107:15	107:16	5	1.303 5
2013 Feb 28	2.75	103:23	103:24	7	1.517 3
2013 May 15	3.625	106:16	106:18	7	1.599 5
2013 Jul 31	3.375	105:19	105:20	8	1.738 1
2013 Nov 15	4.25	108:25	108:26	9	1.859 2
2014 Aug 31	2.375	100:04	100:05	9	2.338 9
2014 Sep 30	2.375	100:00	100:01	10	2.369 3
2014 Oct 31	2.375	99:26	99:27	10	2.411 1
2014 Dec 31	2.625	100:21	100:21	11	2.483 5
2015 Feb 15	4	107:08	107:10	11	2.463 7
2015 May 15	4.125	107:20	107:21	12	2.579 6
2015 Aug 15	4.25	108:04	108:05	13	2.667 7
2016 Jun 30	3.25	101:10	101:11	17	3.020 8

续表 1-1

Maturity	Coupon	Bid	Asked	Chg	Asked Yield
2016 Nov 30	2.75	97:10	97:11	18	3.184
2017 May 15	4.5	107:30	108:00	20	3.266 7
2017 Aug 15	4.75	109:15	109:16	22	3.323 1
2018 May 15	3.875	102:19	102:20	23	3.509 7
2018 Nov 15	9	141:18	141:21	28	3.482
2019 Feb 15	2.75	93:02	93:03	22	3.649 4
2019 Aug 15	8.125	135:27	135:30	29	3.648 4
2020 Feb 15	8.5	139:29	140:00	33	3.710 4
2020 Aug 15	8.75	142:27	142:31	34	3.786 2
2021 May 15	8.125	138:09	138:13	38	3.901 4
2021 Aug 15	8.125	138:16	138:20	38	3.940 7
2022 Aug 15	7.25	130:29	131:01	42	4.074 2
2022 Nov 15	7.625	134:25	134:29	43	4.099 8
2023 Feb 15	7.125	129:18	129:22	44	4.161 5
2024 Nov 15	7.5	135:00	135:04	52	4.277 3
2025 Feb 15	7.625	136:14	136:18	53	4.304 8
2026 Nov 15	6.5	124:16	124:20	53	4.411 6
2027 Feb 15	6.625	126:04	126:08	55	4.419 9
2028 Nov 15	5.25	109:09	109:14	50	4.501 1
2029 Feb 15	5.25	109:07	109:13	49	4.510 7
2030 May 15	6.25	122:31	123:05	54	4.499 5
2031 Feb 15	5.375	111:06	111:12	51	4.531 5
2036 Feb 15	4.5	98:25	98:30	51	4.569 9
2037 May 15	5	106:17	106:22	54	4.568 7
2038 Feb 15	4.375	96:09	96:14	50	4.603
2039 Nov 15	4.375	95:30	96:00	51	4.623 1

［资料来源］http：//online. wsj. com，January 13，2010.

债券行情表中的报价没有包含应计利息，称为净价，它并不是投资者为购买债券而最终支付的价格。债券购买者最终支付的价格应当是包含应计利息在内的价格，称为全价。应计利息的计算涉及天数计算规则，对此我们将在第 4 章中加以讨论。

表 1-2 是摘自《华尔街日报》网站的部分美国国债 Strips 的行情。

表 1 - 2　　美国国债 Strips 行情

Tuesday, January 12, 2010				
Maturity	Bid	Asked	Chg	Asked Yield
Treasury Bond, Stripped Principal				
2010 Feb 15	99.994	100	0.001	0
2015 Aug 15	85.592	85.602	0.37	2.8
2016 May 15	82.07	82.08	0.444	3.14
2017 Aug 15	76.604	76.614	0.635	3.54
2018 Nov 15	71.67	71.68	0.629	3.8
2019 Aug 15	68.624	68.634	0.7	3.96
2021 Nov 15	59.894	59.904	0.819	4.38
2022 Aug 15	57.476	57.486	0.959	4.45
2023 Aug 15	54.096	54.106	1.043	4.57
2024 Nov 15	50.23	50.24	1.092	4.69
2025 Feb 15	49.298	49.308	1.071	4.74
2026 Nov 15	44.957	44.967	1.034	4.8
2027 Aug 15	43.23	43.239	1.002	4.82
2028 Nov 15	40.734	40.743	0.991	4.82
2029 Feb 15	40.115	40.125	0.934	4.84
2031 Feb 15	36.473	36.482	0.882	4.84
2037 May 15	27.398	27.408	0.748	4.79
2038 Feb 15	26.24	26.25	0.736	4.82
Treasury Note, Stripped Principal				
2010 Feb 15	99.994	100	0.001	0
2010 May 15	99.97	99.98	-0.003	0.06
2011 Aug 15	99	99.01	0.034	0.63
2012 Feb 15	97.95	97.96	0.054	0.99
2013 May 15	94.689	94.699	0.231	1.64
2014 Nov 15	88.994	89.004	0.323	2.42
2015 Feb 15	87.911	87.921	0.336	2.55
2015 Aug 15	85.746	85.756	0.371	2.77
2016 Feb 15	83.477	83.487	0.405	2.99
2017 Aug 15	76.876	76.886	0.595	3.49
2018 Nov 15	71.888	71.898	0.662	3.77

续表 1-2

Maturity	Bid	Asked	Chg	Asked Yield
Stripped Coupon Interest				
2010 May 15	99.99	100	unch.	0
2010 Nov 15	99.777	99.787	0.01	0.25
2011 Feb 15	99.529	99.539	0.023	0.42
2011 Aug 15	99.047	99.057	0.034	0.6
2012 Feb 15	97.991	98.001	0.044	0.97
2013 Sep 30	93.119	93.129	0.338	1.93
2014 Feb 15	91.569	91.579	0.337	2.16
2015 Aug 15	85.64	85.649	0.371	2.79
2016 May 15	81.84	81.85	0.442	3.19
2017 Feb 15	78.657	78.667	0.57	3.41
2018 Aug 15	72.341	72.351	0.617	3.8
2019 Nov 15	67.537	67.547	0.707	4.03
2020 Aug 15	64.526	64.536	0.775	4.18
2021 Nov 15	59.687	59.696	0.817	4.41
2022 Feb 15	58.719	58.729	0.822	4.45
2023 Aug 15	53.809	53.819	1.02	4.61
2024 Nov 15	49.903	49.913	1.084	4.74
2025 May 15	48.185	48.195	1.064	4.82
2026 Aug 15	45.048	45.058	1.021	4.86
2027 Feb 15	43.85	43.86	1.023	4.88
2028 Aug 15	40.696	40.706	0.994	4.89
2029 Nov 15	38.24	38.25	0.906	4.9
2031 Feb 15	35.914	35.924	0.868	4.91
2032 May 15	33.822	33.832	0.865	4.91
2033 Nov 15	31.557	31.567	0.771	4.9
2034 Aug 15	30.428	30.438	0.766	4.9
2035 Feb 15	29.701	29.711	0.763	4.9
2036 May 15	27.943	27.953	0.735	4.9
2037 Nov 15	25.986	25.996	0.722	4.9
2038 May 15	25.417	25.427	0.718	4.89

［资料来源］http://online.wsj.com, January 13, 2010.

表 1－3 是摘自《华尔街日报》网站的部分美国短期国债的行情。与中长期国债不同，美国的短期国债是以年贴现率来报价的。例如，2010 年 5 月 13 日到期的短期国债，买方出价为 0.065，这是一个年贴现率。假定一年为 360 天，由于 2010 年 1 月 12 日至 5 月 13 日有 121 天，即该短期国债剩余期限为 121 天，因此可以计算出该短期国债面值 100 美元的现金价格为：

$$100 \times \left(1 - 0.00065 \times \frac{121}{360}\right) = \$\,99.978$$

表中最后一栏的要价收益率是由卖方报出的贴现率转换而来的。关于贴现率与收益率之间相互转换的方法将在后面的章节中加以讨论。

表 1－3　　　　美国短期国债行情

Treasury Bills				
Tuesday, January 12, 2010				
Maturity	Bid	Asked	Chg	Asked Yield
2010 Jan 14	0.023	0.015	0.007	0.015
2010 Jan 21	0.01	0.003	−0.003	0.003
2010 Feb 18	0.01	0.003	−0.003	0.003
2010 Mar 04	0.02	0.01	unch.	0.01
2010 Mar 11	0.023	0.013	0.002	0.013
2010 Apr 15	0.04	0.035	−0.003	0.036
2010 Apr 22	0.048	0.04	unch.	0.041
2010 May 13	0.065	0.06	−0.005	0.061
2010 May 27	0.08	0.07	unch.	0.071
2010 Jun 03	0.083	0.075	−0.003	0.076
2010 Jun 17	0.105	0.098	0.003	0.099
2010 Jul 08	0.13	0.125	unch.	0.127
2010 Jul 15	0.138	0.133	0.005	0.134
2010 Aug 26	0.165	0.158	unch.	0.16
2010 Sep 23	0.183	0.175	−0.005	0.178
2010 Oct 21	0.213	0.208	−0.003	0.211
2010 Nov 18	0.265	0.258	unch.	0.262
2010 Dec 16	0.298	0.293	−0.003	0.297

［资料来源］http://online.wsj.com, January 13, 2010.

中国国债的交易目前是在彼此分割的两个市场——交易所债券市场和银行间债券市场上进行的。交易所债券市场在 1990 年 12 月随着上海证券交易所的成立而形成，包括商业银行在内的各类机构和个人投资者都可以参与交易。1997 年，出于防止银行信贷资金借道交易所债券市场违规进入股票市场的考虑，中国人民银行下发通知，决定商业银行全部退出交易所债券市场，同时建立银行间债券市场，由此形成了两个债券市场并存的格局。此后，保险公司、证券投资基金等机构投资者也陆续进入银行间债券市场。由于失去了商业银行这一最大机构投资者的参与，交易所债券市场发展缓慢，而银行间债券市场则获得迅速发展。目前，无论从债券托管量还是交易量来看，交易所债券市场都不及银行间债券市场的十分之一。不过，在 2009 年下半年，多家商业银行获得了进入上海和深圳两个交易所债券市场交易的资格，这意味着商业银行开始重返交易所债券市场。随着这一进程的推进，两个债券市场的收益率水平将逐渐趋同，并最终形成统一的债券市场。

与其他的场内交易证券一样，上海证券交易所和深圳证券交易所债券市场的国债交易是通过集中竞价的方式来组织进行的，其交易价格是由众多交易者的买卖指令经过计算机撮合而形成和驱动的。银行间债券市场的国债交易在 2001 年以前采用交易者一对一询价的交易机制，2001 年开始引入做市商制度，逐步形成由一对一询价和做市商双边报价相结合的交易机制。表 1－4 和表 1－5 分别是中国的银行间债券市场和交易所债券市场部分国债的行情。

表 1－4　银行间债券市场国债行情（2010 年 1 月 13 日）

债券简称	前期平均价格（元）	期初结算价格（元）	期末结算价格（元）	涨跌幅（%）	本期平均价格（元）	期末应计利息	全价平均价格（元）	成交金额（万元）	待偿期（年）	平均年收益率（%）
08 国债 11	—	103.393	103.393	—	103.393	1.965	105.359	1 053.59	1.499	1.605
08 国债 14	106.29	106.393	106.419	0.094	106.38	1.715	108.095	22 700.01	5.597	2.972 4
08 国债 22	—	96.433	96.433	—	96.433	0.371	96.805	968.05	5.866	3.39
08 国债 23	96.064	96.187	96.187	0.138	96.187	0.47	96.657	21 264.52	13.879	3.980 1
08 国债 25	—	94.149	94.149	—	94.149	0.231	94.38	943.8	8.926	3.675
08 国债 26	95.482	95.432	95.432	－0.048	95.432	0.126	95.558	2 866.75	3.932	3.02
09 附息国债 23	98.487	98.502	98.502	0.025	98.502	1.121	99.623	8 966.1	9.682	3.624 5
09 附息国债 26	—	100.409	100.409	—	100.409	0.773	101.182	2 023.63	6.778	3.33
09 附息国债 27	100.324	100.242	100.242	－0.071	100.242	0.701	100.943	2 018.86	9.816	3.65
09 附息国债 29	—	99.833	99.86	—	99.838	0.365	100.202	6 012.14	2.852	2.478 3

［资料来源］和讯网。

表 1-5　　交易所债券市场国债行情（2010 年 1 月 13 日）

名称	净价	票面期限（年）	剩余期限（天）	应计利息（元）	息票利率（%）	到期收益率（%）
04 国债（4）	104.37	7	497	3.121 6	4.89	1.61
03 国债（1）	100.12	7	37	2.390 4	2.66	1.44
国债 0301	101.98	7	37	2.390 4	2.66	-16.17
国债 0505	101	7	862	2.151 3	3.37	2.92
21 国债（7）	103.35	20	4 214	1.937 4	4.26	3.9
02 国债（3）	101.18	10	825	1.878 9	2.54	2
20 国债（4）	100.6	10	130	1.847 8	2.87	1.16
04 国债（7）	104.52	7	589	1.819 5	4.71	1.84
05 国债（1）	104.28	10	1 871	1.678 7	4.44	3.52
03 国债（7）	101	7	219	1.064	2.66	0.97
03 国债（8）	100.75	10	1 342	0.976 3	3.02	2.8
国债 0308	100.1	10	1 342	0.976 3	3.02	2.99
21 国债（10）	102.1	10	620	0.889	2.95	1.68
06 国债（3）	94.75	10	2 263	0.828 5	2.8	3.76
03 国债（3）	94.09	20	4 839	0.819 7	3.4	3.98
国债 0303	94.11	20	4 839	0.819 7	3.4	3.98
02 国债（13）	92.36	15	2 805	0.819 2	2.6	3.75
国债 0213	92.21	15	2 805	0.819 2	2.6	3.78
05 国债（4）	101.22	20	5 597	0.664 4	4.11	4
国债 0410	105.28	7	681	0.652 4	4.86	1.95
21 国债（12）	102.3	10	655	0.626 7	3.05	1.73
05 国债（12）	97.5	15	3 956	0.59	3.65	3.94
国债 0311	102.16	7	310	0.527 4	3.5	0.93
国债 0928	99.5	1	303	0.244 6	1.44	2.05
贴债 0926	108.9	0.5	159	0.081 5	0	-18.92

［资料来源］和讯网。

思考问题 3：从表 1-4 和表 1-5 的数据能够发现关于中国国债市场的哪些规律？

1.3 政府机构债券

政府机构债券是由一国中央政府所属的机构或中央政府主办的企业发行的债券。在美国，政府机构债券称为联邦机构债券。发行联邦机构债券的典型的联邦政府机构是田纳西河流域开发管理局和政府国民抵押协会（Government National Mortgage Association，GNMA，也称“吉利美”，Ginnie Mae），它们都是国有性质的机构。同样作为联邦机构债券的主要发行人的联邦住宅贷款银行（Federal Home Loan Bank，FHLB）、联邦国民抵押协会（Federal National Mortgage Association，FNMA，也称“房利美”，Fannie Mae）、联邦住宅贷款抵押公司（Federal Home Loan Mortgage Company，FHLMC，也称“房地美”，Freddie Mae）、农业信贷银行（Farm Credit Bank）以及学生贷款营销协会（Student Loan Mortgage Association，Sallie Mae）等，则属于联邦政府主办的企业，即由联邦政府特许设立、归私人所有和经营的实体。这些机构都是为提高经济中特定部门的信用而设立的，它们通过发行债券为公共政策所支持的活动融资，包括促进住房金融市场、农业和教育的发展。

政府机构债券不像国债那样得到中央政府的完全信用支持，因而并不是无信用风险的债券。但是，由于这些机构属于国有或由政府主办，因此市场参与者普遍认为，政府机构债券拥有隐性的国家信用支持，如果有关机构出现资金偿还方面的问题，中央政府决不会坐视不管。所以，政府机构债券被认为是具有很高安全性的资产。2008 年全球金融危机爆发以后，美国政府动用 2 000 亿美元接管“两房”（房利美和房地美），凸显了这类机构受到国家信用支持的特性。

中国的债券分类中并无政府机构债券这一类别，但从性质上讲，由以下三类机构发行的债券应当归属政府机构债券之列。一是由三家政策性银行——国家开发银行、进出口银行和农业发展银行发行的债券，这些债券在中国称为政策性金融债券。三家政策性银行由政府设立和控制，主要业务是贯彻国家的产业政策和区域政策，将发行债券筹集的资金用于支持经济发展中的瓶颈产业、出口创汇和粮棉油收购等。它们发行的债券以中央政府的信用作为担保，信用等级与国债几乎没有差别。二是由中央政府直属机构、国有独资企业或国有控股企业发行的债券。这些债券目前在中国的债券市场上被划归企业债券的范畴，但实际上却并不是仅仅以企业信用为担保，而是拥有隐性的国家信用支持，因此在性质上属于政府机构债券。三是由国有金融机构发行的债券。国有金融机构拥有隐性的国家信用支持是被普遍认同的观点，所以，这些机构发行的债券虽然目前被划归金融债券之列，但从性质上讲仍然属于政府机构债券。

政府机构债券有许多种类和较宽的期限范围，包括票面期限在 1 年以内的零息票债券（贴现票据）和票面期限超过 1 年的固定利率或浮动利率债券（中期票据）等。与国债不同，政府机构债券中有许多是可提前赎回的。

政府机构债券的发行可以采用多种方式，包括直接发行给交易商、交易商竞争性招标、直接销售给投资者以及通过交易商销售给投资者等。和国债一样，政府机构债券发行之后也在二级市场进行交易。美国的联邦机构债券和国债一样在一个有众多交易商的场外市场交易，但其交易量相比国债而言要低得多。表 1-6 是摘自《华尔街日报》网站的部分美国联邦机构债券的行情。

表 1-6　　美国联邦机构债券行情

Government Agencies & Similar Issues Tuesday, January 12, 2010 Fannie Mae Issues				
Rate	Maturity	Bid	Asked	Yield
7.25	1-10	100:02:00	100:03:00	...
3.88	2-10	100:11:00	100:12:00	...
7.13	6-10	102:30:00	102:31:00	0.11
6.63	11-10	105:08:00	105:09:00	0.31
6.25	2-11	104:22:00	104:23:00	1.69
5.5	3-11	105:24:00	105:25:00	0.54
6	5-11	107:00:00	107:01:00	0.72
5.38	11-11	107:30:00	107:31:00	0.98
6.13	3-12	110:19:00	110:20:00	1.15
4.88	5-12	108:07:00	108:08:00	1.3
5.25	8-12	106:16:00	106:17:00	2.58
4.38	9-12	107:11:00	107:12:00	1.55
4.63	5-13	105:11:00	105:12:00	2.9
4.63	10-13	109:09:00	109:10:00	2.04
5.13	1-14	105:30:00	105:31:00	3.5
4.13	4-14	106:22:00	106:23:00	2.45
6.25	5-29	116:02:00	116:04:00	4.95
7.13	1-30	127:04:00	127:06:00	4.97
7.25	5-30	128:29:00	128:31:00	4.97
6.63	11-30	121:05:00	121:07:00	4.98

续表 1-6

Freddie Mae				
Rate	Maturity	Bid	Asked	Yield
4. 88	2-10	100:11:00	100:12:00	...
7	3-10	101:06:00	101:07:00	...
6. 88	9-10	104:13:00	104:14:00	0. 06
5. 63	3-11	105:29:00	105:30:00	0. 54
5. 88	3-11	104:26:00	104:27:00	1. 74
5. 13	4-11	105:18:00	105:19:00	0. 67
6	6-11	107:12:00	107:13:00	0. 74
5. 5	9-11	107:18:00	107:19:00	0. 91
5. 75	1-12	109:06:00	109:07:00	1. 09
5. 13	7-12	109:05:00	109:06:00	1. 39
4. 5	1-13	108:06:00	108:07:00	1. 69
4. 38	3-13	108:02:00	108:03:00	1. 74
4. 5	7-13	108:21:00	108:22:00	1. 92
4. 88	11-13	110:05:00	110:06:00	2. 1
4. 5	1-14	108:22:00	108:23:00	2. 22
6. 75	9-29	121:04:00	121:06:00	5. 04
6. 75	3-31	123:04:00	123:06:00	4. 97
6. 25	7-32	117:07:00	117:09:00	4. 97
Federal Home Loan Bank				
Rate	Maturity	Bid	Asked	Yield
6	5-11	106:31:00	107:00:00	0. 72
5. 63	11-11	108:11:00	108:12:00	1. 01
5. 75	5-12	110:06:00	110:07:00	1. 29
4. 5	11-12	108:00:00	108:01:00	1. 6
3. 88	6-13	106:26:00	106:27:00	1. 8
4. 5	9-13	108:19:00	108:20:00	2. 05
5. 25	6-14	111:07:00	111:08:00	2. 55
GNMA Mtge. Issues				
Rate	Maturity	Bid	Asked	Yield
3. 5	30Yr	92:31:00	93:00:00	...

续表 1-6

Rate	Maturity	Bid	Asked	Yield
4	30Yr	97:17:00	97:18:00	…
4.5	30Yr	100:26:00	100:27:00	…
5	30Yr	103:16:00	103:17:00	…
5.5	30Yr	105:07:00	105:08:00	…
6	30Yr	106:07:00	106:08:00	…
6.5	30Yr	106:24:00	106:25:00	…
7	30Yr	108:00:00	108:01:00	…
7.5	30Yr	108:15:00	108:16:00	…
8	30Yr	103:14:00	103:15:00	…
8.5	30Yr	105:18:00	105:19:00	…
Tennessee Valley Authority				
Rate	Maturity	Bid	Asked	Yield
5.63	1-11	105:03:00	105:04:00	0.54
6	3-13	112:21:00	112:22:00	1.86
4.75	8-13	109:01:00	109:02:00	2.09
6.25	12-17	116:10:00	116:11:00	3.84
6.75	11-25	118:01:00	118:03:00	5.07
7.13	5-30	123:10:00	123:12:00	5.24

［资料来源］http://online.wsj.com, January 13, 2010.

中国的政府机构债券，即上述三类机构发行的债券，既有在银行间债券市场进行交易的，也有在交易所债券市场进行交易的。表1-7、表1-8和表1-9分别列出了这三类政府机构债券的行情。

表1-7　　银行间债券市场政策性金融债券行情（2010年1月13日）

债券简称	前期平均价格（元）	期初结算价格（元）	期末结算价格（元）	涨跌幅（%）	本期平均价格（元）	期末应计利息（元）	全价平均价格（元）	成交金额（万元）	待偿期（年）	平均年收益率（%）
02国开18	—	103.878	103.878	—	103.878	0.428	104.306	2 086.13	2.91	3.18
03国开01	100.949	101.529	101.579	0.59	101.553	3.056	104.609	156 912.85	3.101	2.857 7
05国开23	—	94.843	94.675	—	94.759	0.448	95.207	43 795.09	10.885	4.205
05农发13	100.502	100.497	100.497	0.003	100.497	0.708	101.205	24 289.27	0.74	2.023 3
07国开19	100.327	100.324	100.324	0.003	100.324	0.1	100.424	98 415.53	2.707	2.005 7
07农发17	—	100.27	100.27	—	100.27	0.471	100.741	3 022.23	0.759	1.681

续表 1-7

债券简称	前期平均价格（元）	期初结算价格（元）	期末结算价格（元）	涨跌幅（%）	本期平均价格（元）	期末应计利息（元）	全价平均价格（元）	成交金额（万元）	待偿期（年）	平均年收益率（%）
08 国开 07	—	100.378	100.378	—	100.378	0.73	101.108	10 110.85	3.236	2.616 5
08 国开 10	—	104.962	104.962	—	104.962	2.537	107.499	4 299.97	3.485	3.36
08 国开 15	105.534	105.534	105.534	0.013	105.534	1.753	107.287	369 066.88	3.638	3.169 3
08 国开 19	100.425	99.851	100.793	-0.005	100.412	0.492	100.904	169 518.97	8.833	2.796 1
08 国开 23	98.317	98.299	98.652	-0.009	98.303	0.167	98.47	103 393.08	8.926	2.312 5
08 进出 05	100.502	100.466	100.466	-0.028	100.466	1.381	101.847	40 738.84	1.501	2.444 4
08 进出 09	—	98.703	98.789	—	98.739	0.535	99.274	59 564.46	5.852	3.792 8
08 农发 02	—	105.421	105.421	—	105.421	4.963	110.383	22 076.69	3.008	3.074
08 农发 03	100.551	100.547	100.547	0.003	100.547	1.079	101.626	99 593.34	1.09	2.118 9
08 农发 16	—	102.08	102.08	—	102.08	1.079	103.159	41 263.66	1.732	2.766 9
08 农发 20	96.289	96.283	97.394	0.098	96.374	0.268	96.642	39 993.33	8.929	3.990 4
09 国开 03	100.169	99.307	99.312	-0.833	99.31	2.03	101.34	24 321.57	6.293	2.970 5
09 国开 15	—	101.8	101.8	—	101.8	1.26	103.06	28 856.88	14.759	4.824 5
09 国开 18	99.975	99.959	99.97	-0.005	99.964	0.43	100.394	75 295.85	0.789	2.077 3
09 进出 01	—	99.077	99.077	—	99.077	1.291	100.368	10 036.78	1.173	2.365
09 进出 07	—	99.494	99.494	—	99.494	0.709	100.203	40 081.21	1.693	2.615 4
09 农发 01	95.296	94.544	94.544	-0.768	94.544	1.934	96.478	9 647.81	4.011	3.43
09 农发 02	—	99.384	99.384	—	99.384	1.601	100.985	10 098.55	1.085	2.33
09 农发 12	99.944	99.597	99.607	-0.331	99.602	1.062	100.664	100 664.23	2.616	2.906 6
09 农发 15	100	100	100	0.008	100	0.569	100.569	210.19	6.8	2.759 6

[资料来源] 和讯网。

表 1-8 银行间债券市场部分具有政府机构债券性质的企业债券行情（2010 年 1 月 13 日）

债券简称	前期平均价格（元）	期初结算价格（元）	期末结算价格（元）	涨跌幅（%）	本期平均价格（元）	期末应计利息（元）	全价平均价格（元）	成交金额（万元）	待偿期（年）	平均年收益率（%）
08 铁道 01	99.996	99.992	99.978	0.002	99.985	1.408	101.393	14 195.09	8.699	4.589
08 铁道 05	96.833	96.826	96.826	0.003	96.826	0.608	97.434	14 615.16	5.833	4.203
08 五矿 MTN1	—	102.881	102.881	—	102.881	3.848	106.729	2 134.58	1.274	2.95
08 中粮 MTN1	102.701	103.074	103.074	0.364	103.074	3.848	106.922	5 346.09	1.274	2.798 6
08 铁道部 MTN1	—	102.776	102.776	—	102.776	3.688	106.464	1 064.64	1.274	2.82
08 铁道部 MTN2	104.25	104.364	104.364	0.118	104.364	3.833	108.197	9 737.73	3.277	3.83
08 华能集 MTN1	—	102.973	102.973	—	102.973	3.659	106.632	1 066.32	1.31	2.94

续表 1－8

债券简称	前期平均价格（元）	期初结算价格（元）	期末结算价格（元）	涨跌幅（%）	本期平均价格（元）	期末应计利息（元）	全价平均价格（元）	成交金额（万元）	待偿期（年）	平均年收益率（%）
08 中电信 MTN2	99.879	99.875	99.883	－0.117	99.749	0.921	100.67	35 234.65	3.781	4.218 9
08 中石油 MTN1	101.293	101.29	101.29	0.007	101.29	0.738	102.029	1 020.29	1.808	3.1
08 中石油 MTN2	—	99.295	99.295	—	99.295	0.199	99.495	994.95	1.929	3.181
08 五矿 MTN3	100.048	99.754	99.754	－0.284	99.754	0.195	99.949	53 972.26	1.945	3.681 5
08 中建 MTN2	—	98.195	98.195	—	98.195	0.16	98.355	64 914.61	3.962	4.405 8
08 鞍钢 MTN1	100.373	100.37	100.37	0.006	100.37	0.086	100.456	38 173.2	1.975	3.303
09 铁道 01	—	100.434	100.915	—	100.753	1.486	102.239	15 335.83	9.696	4.698 5
09 铁道 05	99.9	99.891	99.754	－0.022	99.865	0.901	100.766	40 306.54	9.814	4.715 4
09 铁道部 MTN1	95.288	94.949	94.949	－0.339	94.949	2.559	97.508	39 003.16	4.011	3.967 7
09 铁道部 MTN2	—	95.292	95.292	—	95.292	3.918	99.21	4 960.49	9.014	4.6
09 中石化 MTN1	—	97.751	97.751	—	97.751	1.782	99.533	9 953.28	2.211	3.32
09 南车 MTN1	100.335	100.506	99.9	－0.067	100.256	0.378	100.633	24 152.02	2.912	4.082 7
09 中电信 MTN2	100.038	100.033	100.148	0.068	100.093	0.189	100.283	74 209.26	4.962	4.587 6
09 中电信 MTN3	100.138	100.186	100.148	－0.002	100.124	0.189	100.313	108 338.3	4.962	4.580 6

［资料来源］和讯网。

表 1－9　交易所债券市场中部分具有政府机构债券性质的企业债券行情（2010 年 1 月 13 日）

名称	净价（元）	票面期限（年）	剩余期限（天）	应计利息（元）	息票利率（%）	到期收益率（%）
06 节能债	92.99	10	2 269	3.162 3	4.05	5.41
04 通用债	98.9	10	1 536	3.156 2	3.73	4.29
06 三峡债	85.45	20	5 957	2.808 4	4.15	5.53
05 华电债	98.78	10	1 992	2.687 8	4.98	5.24
05 华能债	100	10	1 997	2.640 7	5.02	5.01
05 国网（2）	100.7	10	2 000	2.330 1	4.5	4.35
01 中移动	101.38	10	520	2.290 4	4	2.98
03 三峡债	97	30	8 594	2.197	4.86	5.08
99 三峡债	100.7	10	193	1.884 9	4	2.61
02 三峡债	96.14	20	4 630	1.499 7	4.76	5.18
01 三峡债	101.04	15	2 488	0.942 1	5.21	5.02
03 网通（2）	100	10	1 419	0.443 8	4.6	4.05
06 铁道 07	100.18	5	703	0.26	3.65	3.54
03 电网（1）	100.01	10	1 446	0.164 2	4.61	4.61

［资料来源］和讯网。

1.4 市政债券

地方政府发行的债券称为市政债券。尽管市政债券通常被认为信用质量仅次于国债，但地方政府在面临经济和财务困难时偿债能力的下降却使得投资者越来越关心这类债券的信用风险。例如，1975 年，随着纽约市数十亿美元的财务危机的发生，美国几个主要的市政债券发行人的财务危机相继发生；1994 年，美国加利福尼亚州奥兰治郡政府因衍生产品投资亏损 16.9 亿美元而破产；2009 年，又是加州，但这次是州政府，由于财政的长期入不敷出和负债投资，最终在全球经济危机的冲击下引发破产危机。不过，市政债券相比于其他债券的税收优势仍然对投资者有着巨大的吸引力。在美国，市政债券的利息不仅免征州和地方所得税，而且其中的绝大多数还免征联邦所得税，“市政债券”和“免税债券”两个术语也因此常常被交替使用。

市政债券有两种基本类型：一是一般责任债券，它以发行人的完全信用作为保证。作为发行人，地方政府提供完全信用保证的基础是它的税收权。二是收入债券，为特定项目的资金筹集而发行，并以该项目本身的运营收入作为保证。这些特定项目中的典型包括机场、医院、收费路桥、港口、电厂等。由于项目运营收入提供的偿债保证程度低于政府税收权提供的偿债保证程度。因此，收入债券的信用风险大于一般责任债券。

市政债券有固定利率和浮动利率的息票债券，也有以贴现债券形式发行的零息票债券，以及在到期日一次还本付息的债券。市政债券的到期日经常被安排为一系列而不是一个或两个，这些债券被称为系列债券。在美国，每周都有大量的市政债券发行。州或地方政府可以通过公开发售债券给投资者或向一小部分投资者私募来发售新债券。如果选择公开发行，通常是由投资银行或商业银行的市政债券部门进行承销。公开发行可以通过竞争性招标或者与承销商直接协商发行。市政债券发行之后在由遍及全美的市政债券交易商支持的场外市场中交易。表 1 - 10 是摘自《华尔街日报》网站的美国部分市政债券（免税债券）行情。

表 1 - 10　　美国市政债券行情

Tax Exempt Bonds Tuesday, January 12, 2010					
Issue	Coupon	Maturity	Price	Change	Bid Yield
CA Hlth Facs Fin Auth bd	5	08 - 15 - 39	93.005	0.001	5.48
CA Palomar Pmrd Hlth Care Dt cert	6.75	11 - 01 - 39	101.721	...	6.51
CA St Pub Wks lease rev Ser 0	6	11 - 01 - 34	102.597	- 0.001	5.65

续表 1－10

Issue	Coupon	Maturity	Price	Change	Bid Yield
CA state var purp gen obl	6	04－01－38	102.55	0.288	5.64
Chrltte NC wtr&swr sys rev Ser 09 B	5	07－01－38	106.894	－0.002	4.19
Colorado Hlth Facs Auth rev bds Ser 09A	5	07－01－39	99.692	…	5.02
Illinois Fin Auth rev bds Ser 10 B	5.375	04－01－44	101.041	－0.001	5.23
Indiana Fin Auth hlth sys rev Ser 09 A	5.25	11－01－39	101.369	－0.001	5.07
Massachusetts HEFA rev bds Ser 10 J－1	5	07－01－39	100.223	…	4.97
Michigan St Hosp Fin Auth rev ref Ser 09	5.75	11－15－39	97.486	…	5.93
Missouri Hlth & Educ Facs Auth hlth facs	5.625	05－15－39	100.533	…	5.55
Montgomery Cnty OH rev bds Ser 09 A	5	05－01－39	99.687	…	5.02
NC Med Care Comm hlthcare	5	06－01－39	100.965	…	4.87
New Jersey Tpke Auth tpke rev bds Ser 09	5	01－01－35	102.765	0.24	4.65
North Texas Tollway Auth system first ti	5.25	01－01－44	97.827	…	5.39
NYC Trt for Cultural Res rev bds Ser 0	5	12－01－39	101.791	…	4.77
NYS Dorm Auth rev bds Ser 09 A	5	07－01－39	103.119	－0.001	4.59
NYS Dormitory Auth rev bds Ser 09 B	5	07－01－39	103.119	－0.001	4.59
OH State hosp rev bds Ser	5.5	01－01－39	103.431	－0.001	5.02
Penn Turnpke Comm Rv	5.125	12－01－40	101.116	…	4.98
Puerto Rico Pub Tax Fin	5.75	08－01－37	103.867	－0.001	5.24
Richmond Hosp Auth GA	5.5	01－01－36	99.998	…	5.5
Riverton UT hospital revenue bonds Ser 0	5	08－15－41	99.523	…	5.03
South Carolina Pub Svce Auth rev obligat	5	01－01－40	105.792	－0.001	4.29
St Louis Park MN health care facs rev re	5.75	07－01－39	99.857	…	5.76
W Virginia Hosp Fin Auth	5.625	09－01－32	98.296	…	5.76

［资料来源］http：//online. wsj. com，January 13，2010.

20 世纪 80 年代末至 90 年代初，中国的许多地方政府为了筹集资金用于基础设施建设，都曾经发行过地方政府债券，但最终被中央政府出于信用风险的考虑而禁止。2009 年 3 月至 9 月，由财政部代理各省、市地方政府发行了 50 只共 2 000 亿元地方政府债券，标志着地方政府债券在时隔 16 年之后重新进入中国的债券市场。这 50 只市政债券均为固定利率的息票债券，期限均为 3 年，每年支付一次利息。发行采用招标方式，发行后在银行间债券市场和交易所债券市场上市交易。不过，由财政部代理发行并代办本息偿付实际上相当于由中央政府为地方政府的还本付息提供了担保，因此，目前中国的地方政府债券严格来讲更类似国债而非真正意义上的市政债券。

不过，在中国目前的企业债券当中，却有不少具有市政债券的性质，因为这些债券的发行人都拥有隐性的地方政府信用支持。表 1－11 和表 1－12 列出了银行间债券市场和交易所债券市场的部分这类债券。

表 1－11 银行间债券市场部分具有市政债券性质的企业债券行情（2010 年 1 月 13 日）

债券简称	前期平均价格（元）	期初结算价格（元）	期末结算价格（元）	涨跌幅（%）	本期平均价格（元）	期末应计利息（元）	全价平均价格（元）	成交金额（万元）	待偿期（年）	平均年收益率（%）
08 嘉城投债	104. 319	103. 985	104	－0. 287	103. 993	2. 685	106. 677	14 934. 85	5. 622	6. 176 8
08 无锡公用债	—	103. 13	103. 14	—	103. 135	1. 654	104. 789	18 861. 99	1. 732	4. 229 1
08 渝城投债	—	101. 55	101. 55	—	101. 55	1. 205	102. 755	20 551. 04	3. 775	4. 834 2
08 云投债	100. 2	98. 022	98. 022	－2. 133	98. 022	1. 228	99. 25	15 880. 02	3. 775	5. 992 9
09 蓉工投债	96. 22	97. 24	97. 244	1. 043	97. 242	3. 104	100. 346	10 034. 57	6. 395	5. 599 1
09 常州投资债	—	97	97	—	97	3. 115	100. 115	5 005. 73	6. 468	6. 372 1
09 渝能源债	—	98. 2	97. 963	—	98. 182	2. 927	101. 108	12 133	6. 468	5. 788
09 株城投债	—	98. 5	98. 5	—	98. 5	2. 647	101. 147	8 091. 73	6. 627	7. 282 2
09 伊城投债	—	100. 312	102. 5	—	101. 406	2. 472	103. 878	20 775. 62	5. 652	6. 732 9
09 南通国投债	101. 729	101. 715	101. 715	0. 004	101. 715	1. 123	102. 838	41 135. 11	6. 838	6. 397 1
09 青海国投债	—	99. 851	99. 851	—	99. 851	0. 205	100. 057	10 005. 67	5. 962	5. 028 6
09 哈城投债	101. 374	100. 8	100. 8	－0. 516	100. 8	5. 955	106. 755	4 270. 2	9. 164	6. 954 1
09 芜湖建投债	—	98. 765	98. 765	—	98. 765	3. 447	102. 212	34 751. 94	5. 192	4. 519 1
09 闽交控债	100. 395	100. 394	100. 394	0. 012	100. 394	3. 705	104. 1	3 122. 99	4. 197	4. 490 5
09 滁交基债	—	100	100	—	100	6. 082	106. 082	5 304. 1	6. 236	7. 888 8
09 海宁国资债	—	95. 193	95. 193	—	95. 193	3. 933	99. 126	4 956. 29	6. 29	6. 447 3

［资料来源］和讯网。

表 1－12 交易所债券市场部分具有市政债券性质的企业债券行情（2010 年 1 月 13 日）

名称	收盘价	票面期限（年）	剩余期限（天）	应计利息（元）	息票利率（%）	到期收益率（%）
09 怀化债	101. 24	10	3 320	7. 301 1	8. 1	7. 9
09 六城投	101. 5	7	2 237	6. 166 3	7. 1	7. 07
09 哈城投	97. 35	10	3 342	5. 955	7. 08	7. 49
09 铜城投	99. 2	6	1 880	5. 883 7	6. 95	7. 3
08 西基投	103	5	1 173	5. 249 9	6. 7	5. 64
08 昆建债	103. 3	5	1 173	4. 795 4	6. 12	5. 56

续表1-12

名称	收盘价	票面期限(年)	剩余期限(天)	应计利息(元)	息票利率(%)	到期收益率(%)
09 镇城投	97.41	6	1 900	4.631 9	5.85	6.44
09 绵投控	97.5	7	2 274	4.487 7	5.85	6.63
09 滇投债	96.4	6	1 928	4.218 9	5.9	6.89
09 津投债	93.2	7	2 260	3.850 2	4.78	6.13
09 济城建	89.7	10	3 356	3.837 1	4.78	6.57
09 豫投债	94.33	10	3 376	3.627 5	4.85	6.14
06 冀建投	91.5	20	5 913	3.332 5	4.18	4.96
09 杭城投	100.2	6	1 915	3.265 5	4.35	4.84
09 常投债	95	7	2 358	3.114 5	5.8	6.77
09 株城投	100.48	7	2 416	2.646 6	7	6.9
09 合建投	98.02	5	1 635	2.609 8	5.04	5.54
09 咸城投	103.19	10	3 544	2.186 3	7.6	7.55
08 常城建	99.4	7	2 079	1.915 9	6.3	6.42
08 合建投	97.67	10	3 146	1.656	6.91	4.7
08 云投债	98.2	5	1 376	1.227 9	5.4	5.94
09 鹤城投	101.85	7	2 497	1.215	7.78	7.42
09 宜城债	100.1	7	2 505	0.939 7	7	7.22
08 西城投	99.06	7	2 161	0.489 4	6.38	6.87

[资料来源] 和讯网。

1.5 公司债券

公司债券是公司为筹集资金而发行的债务工具。发行人的承诺和持有人的权利都在债券契约（Indenture）中加以详细规定。公司债券与国债的重要区别在于风险程度的不同，投资者购买公司债券必须考虑信用风险。关于债券的信用风险，将在第 3 章中专门讨论。公司债券也不具有类似于国债、政府机构债券和市政债券那样的税收优惠。尽管如此，公司债券潜在的高收益仍然对投资者有着巨大的吸引力。

1.5.1 公司债券的类型

公司债券的种类十分丰富。按照发行人的产业类型，可以将公司债券划分为公用事业债券、运输业债券、工业债券和金融债券等，对其中的每一类型还可以做进一步的细分。

按照公司债券的期限，可以划分为短期债券、中期债券和长期债券。但期限的划分并无严格的标准，一般认为，剩余期限在1年以内的债券在流动性上等同于现金，1～5年期为短期债券，5～12年期为中期债券，12年以上为长期债券。按照利息支付方式，公司债券可以划分为息票债券和零息票债券，息票债券又分为固定利率债券和浮动利率债券。按照债券发行时是否有担保，公司债券可以划分为担保债券和信用债券，第3章将对此加以讨论。

1.5.2 公司债券的赎回条款

大多数的公司债券在发行时都附有赎回条款。赎回条款允许发行者在到期日之前以特定价格（在发行时确定）赎回部分或全部未偿付债券。但可赎回债券并非在到期日之前的任何时候都可以赎回，而是有一个赎回保护期，在赎回保护期内不可以赎回。赎回价格和赎回的时间安排都是在债券发行时确定的。一般而言，在进入赎回期后，越早时点的赎回价格越高，但通常仍然比较接近债券面值加上应计利息。随着时间的推移，赎回价格逐渐降低至债券面值加上应计利息。

赎回条款实际上赋予了债券发行人提前购回债券的期权，也就是提前偿还债务的期权。例如，如果一家公司在发行了某种附有赎回条款的债券后市场利率下跌，该公司就可以行使期权，购回部分或全部债券，然后以较低的息票利率发行新的债券。发行人获得的这种收益相应的是债券持有人的损失，后者以赎回价格将债券出售给发行人，意味着放弃先前投资时的较高利率，而只能以较低的利率进行再投资。因此，其他条件都相同的可赎回债券与不可赎回债券相比，前者的息票利率较高，到期收益率也较高，以补偿投资者因接受赎回条款而可能遭受的损失。

思考问题4：假定中国联通公司同时发行两种面值和期限相同的债券，一种是可赎回的，另一种是不可赎回的。哪一种债券的息票利率更高？

1.5.3 公司债券的发行与交易

发行公司债券时，发行人首先必须向信用评级机构提出债券评级申请（债券的信用评级将在第3章讨论），然后选定承销机构并与之签订承销协议，由后者负责完成包括向管理机构报批或申请注册、路演宣传以吸引潜在投资者、公开销售的一系列发行工作。

公司债券发行之后可以在证券交易所内挂牌交易，也可以在由众多交易商支持的场外市场交易。相比于国债的交易，公司债券的交易经常显得很“清淡”，某些债券可能会在很长时间内无任何交易，这使得投资于公司债券具有一定的流动性风险。表1－13是摘自《华尔街日报》网站的交易活跃的部分美国公司债券行情。

表 1-13　　美国公司债券行情

Corporate Bonds									
Tuesday, January 12, 2010									
Most Active Investment Grade Bonds									
Issuer Name	Symbol	Coupon	Maturity	Rating	High	Low	Last	Change	Yield %
GMAC	GMAC. IRI	2. 200%	Dec 2012	Aaa/AAA/AAA	101. 388	101. 100	101. 284	0. 157	1. 748
COUNTRYWIDE HOME LOANS	BAC. IEU	4. 000%	Mar 2011	A2/A/A+	103. 903	102. 154	103. 153	0. 388	1. 311
HOME DEPOT	HD. GK	5. 875%	Dec 2036	Baa1/BBB+/BBB+	100. 958	97. 075	97. 839	-1. 661	6. 038
BANK OF AMERICA NA	BAC. IAN	2. 100%	Apr 2012	Aaa/AAA/AAA	101. 752	101. 695	101. 720	0. 021	1. 335
TIME WARNER CABLE	TWCA. GP	5. 000%	Feb 2020	Baa2/BBB/BBB	100. 250	97. 836	97. 836	-2. 221	5. 278
CITIGROUP	C. HTX	6. 010%	Jan 2015	A3/—/A+	107. 193	104. 387	104. 869	0. 376	4. 900
CITIGROUP FUNDING	C. HTB	1. 875%	Oct 2012	Aaa/AAA/AAA	100. 528	100. 481	100. 510	0. 242	1. 685
INTL Business Machines	IBM. GT	8. 375%	Nov 2019	A1/A+/A+	130. 245	129. 004	130. 221	1. 195	4. 521
MERRILL LYNCH & CO	BAC. HRM	5. 450%	Feb 2013	A2/A/A+	107. 653	104. 500	105. 648	-1. 021	3. 485
WELLS FARGO & CO	WFC. GCV	4. 875%	Jan 2011	A1/AA-/AA-	104. 363	102. 500	104. 166	0. 066	0. 653
Most Active High Yield Bonds									
TYSON FOODS	TSN. GS	8. 250%	Oct 2011	B2/BB/BB-	107. 750	107. 000	107. 750	0. 500	3. 544
LEHMAN BROTHERS HLDS	LEHM. JDJ	5. 625%	Jan 2013	—/—/CCC	22. 500	20. 700	22. 000	-0. 500	N/A
LEHMAN BROTHERS HLDS	LEHM. MW	6. 625%	Jan 2012	—/—/CCC	22. 125	21. 000	21. 000	-1. 750	N/A
FREESCALE SEMICONDUCTOR	FSEM. GJ	9. 125%	Dec 2014	Caa2/CCC/C	92. 500	90. 000	91. 625	0. 125	N/A
LEHMAN BROTHERS HLDS	LEHM. JGY	6. 875%	May 2018	—/—/CCC	22. 375	22. 000	22. 125	-0. 500	N/A
RH DONNELLEY CORP	RHD. GN	8. 875%	Jan 2016	—/D/—	13. 063	12. 688	13. 000	0. 500	N/A
CIT GP	CIT. GCE	7. 000%	May 2016	—/—/—	91. 800	85. 800	87. 887	-1. 863	9. 585
CLEAR CHANNEL COMM	CCU. HC	11. 000%	Aug 2016	Ca/CCC-/—	76. 000	74. 688	74. 688	-2. 563	N/A
MCMORAN EXPLORATION CO	MMR. GE	11. 875%	Nov 2014	Caa1/B/—	108. 979	106. 350	108. 750	0. 750	9. 110
METROPCS WIRELESS	MPCS. GD	9. 250%	Nov 2014	B3/B/—	104. 000	102. 050	104. 000	1. 050	7. 625

［资料来源］http: //online. wsj. com, January 13, 2010.

1.5.4 中国的公司债券

2007年8月中国证监会《公司债券发行试点办法》的颁布实施，被认为标志着中国公司债券发行的正式启动，而随后于9月份发行的中国长江电力股份有限公司2007年第一期债券，则被认为是中国首只真正意义上的公司债券。相比于1993年颁布实施的《企业债券管理条例》和1998年颁布实施的《企业债券发行与转让管理办法》，《公司债券发行试点办法》做出了多项重大改革，包括在发行审核制度上采用核准制、不强制要求提供担保、募集资金用途不再与固定资产投资项目挂钩等。显然，这些改革措施大幅降低了公司债券的发行门槛，使得发行债券筹集资金的方式能够为更多的公司所使用，而不仅仅限于那些能够达到过去企业债券的苛刻发行条件的大型企业。不过，需要指出的是，界定公司债券的标准不是发行审核制度，不是提供担保与否，也不是筹集资金的用途，而是发行人的性质。如前面所述，如果发行人拥有隐性的国家信用或政府信用支持，则无论其名称中是否含有“公司”二字，所发行的债券都应当归属于政府机构债券或市政债券。除此之外，由有限责任公司或股份公司发行的债券，包括由股份制金融机构发行的金融债券，都可以划归公司债券的范畴。这就意味着，依照试点办法发行的债券并不一定都是真正意义上的公司债券，而在试点办法颁布之前发行的企业债券和金融债券中，也不能说就一定没有真正意义上的公司债券。表1-14和表1-15列出了银行间债券市场和交易所债券市场部分公司债券的行情。

表1-14　　银行间债券市场公司债券行情（2010年1月13日）

债券简称	前期平均价格（元）	期初结算价格（元）	期末结算价格（元）	涨跌幅（%）	本期平均价格（元）	期末应计利息（元）	全价平均价格（元）	成交金额（万元）	待偿期（年）	平均年收益率（%）
07华谊债	—	101.667	101.672	—	101.67	1.118	102.788	49 338.1	7.693	3.602 4
08兴业01	—	103.421	103.484	—	103.452	2.259	105.711	10 571.15	1.575	3.03
08盛京银行债	—	97.811	97.811	—	97.811	0.648	98.459	5 907.55	8.888	5.820 2
08闽高速债	100.789	102.801	102.811	1.98	102.806	1.887	104.693	12 563.16	1.663	3.812
09方正债	—	102.046	102.535	—	102.02	5.138	107.159	42 863.43	5.068	5.036 5
09华菱债	100.259	99.49	99.49	-0.719	99.49	4.701	104.191	15 628.69	9.101	5.270 4
09上实债	—	98.468	98.468	—	98.468	4.146	102.615	2 052.29	4.101	5.02
09南山债02	—	100	99.643	—	99.821	1.747	101.568	20 313.61	9.773	7.519 3
09陕煤化债	100.1	99.787	99.787	-0.297	99.787	0.403	100.19	5 009.49	7.932	5.482 3
09沪国盛债02	99.887	100.187	100.187	0.314	100.187	0.328	100.515	7 036.03	9.942	5.174 4
09海航债	—	100.67	100.669	—	100.216	0.416	100.633	38 240.47	9.951	7.566 4
09国联债	99.993	100.285	100.285	0.293	100.285	4.041	104.326	10 432.56	5.195	4.932 4
09轻纺城债	—	99.94	99.94	—	99.94	3.77	103.711	8 296.84	5.241	4.958 4

续表1－14

债券简称	前期平均价格（元）	期初结算价格（元）	期末结算价格（元）	涨跌幅（%）	本期平均价格（元）	期末应计利息（元）	全价平均价格（元）	成交金额（万元）	待偿期（年）	平均年收益率（%）
09 三一 MTN1	100.133	100.609	100.104	0.245	100.376	3.953	104.329	13 562.76	1.085	3.953 6
09 大唐 MTN1	—	97.863	97.863	—	97.863	3.55	101.413	28 395.58	4.137	4.677 4
09 宁煤集 MTN1	—	98.182	98.182	—	98.182	2.968	101.15	13 149.54	2.142	4.353 5
09 久事 MTN1	94.964	94.9	94.9	－0.053	94.9	3.64	98.54	1 970.81	7.159	5.168 5
09 广汽集 MTN1	—	96.722	96.76	—	96.735	2.697	99.433	14 914.91	4.249	4.436 5
09 三一 MTN2	99.978	98.94	98.94	－1.004	98.94	2.537	101.477	10 147.7	1.249	4.258 3
09 昊华 MTN1	97.801	97.479	99.073	0.07	97.859	3.555	101.413	21 296.73	4.29	5.558 4
09 川化 MTN1	99.546	99.546	99.728	0.123	99.66	2.33	101.99	8 159.22	2.447	4.33
09 包钢 MTN1	—	97.851	97.851	—	97.851	2.251	100.102	30 030.64	4.548	5.488 7
09 国联 MTN1	—	100.219	100.219	—	100.219	1.701	101.921	10 192.08	2.633	4.5
09 陕高速 MTN1	99.846	99.837	99.837	0.004	99.837	1.365	101.202	40 480.89	4.712	4.733 9
09 湘高速 MTN1	100.88	100.87	101.178	0.155	101.024	0.595	101.619	20 323.71	2.885	4.657 8
09 凤传媒 MTN1	99.879	99.848	99.848	－0.018	99.848	0.548	100.396	20 079.2	2.885	4.703 4
09 同煤 MTN1	100.363	99.907	99.907	－0.281	100.067	0.249	100.316	15 047.46	4.951	4.773 3

［资料来源］和讯网。

表 1－15　　交易所债券市场公司债券行情（2010 年 1 月 13 日）

名称	收盘价	票面期限（年）	剩余期限（天）	应计利息（元）	息票利率（%）	到期收益率（%）
09 南钢联	100.19	7	2 234	5.374 2	6.13	6.53
08 奈伦债	102.2	7	1 951	5.216 4	8	7.47
09 华菱债	98	10	3 319	4.701 4	5.2	5.98
09 连中小	101.57	6	1 929	4.651 5	6.53	6.16
09 闽漳龙	94.5	6	1 925	4.252 9	5.88	7.16
03 沪轨道	96.47	15	2 956	4.052 8	4.51	5.05
09 华西债	93.97	7	2 311	4.027 8	6.05	7.26
06 大唐债	93.48	20	5 873	3.808 8	4.2	4.79
09 许继债	98.6	6	1 895	3.705 2	4.6	5.46
09 百联债	100.07	3	801	3.331 4	4.15	4.11
04 长航债	99.96	10	1 592	2.701 4	3.98	4.26
06 鲁能债	95	15	4 213	2.001 1	4.4	4.98
08 苏高新	103.2	5	1 364	1.614 9	6.14	5.17
09 龙湖债	102.2	7	2 301	1.266 6	6.7	6.54

续表1-15

名称	收盘价	票面期限（年）	剩余期限（天）	应计利息（元）	息票利率（%）	到期收益率（%）
08 吉高速	100.96	5	1 378	1.253 8	5.65	5.36
08 东特债	103.5	7	2 170	0.369 6	7.1	6.37
08 海航债	104	6	1 805	0.352 9	6.78	6.38
07 中关村债	103.3	3	345	0.347 7	6.68	3.1
08 长兴债	103.31	7	2 182	0.155 9	8.13	7.7
03 浦发债	100.3	10	1 094	—	4.29	4.18

［资料来源］和讯网。

以上表中的 MTN 是指中期票据（Medium-Term Note）。作为一种由公司发行的直接债务工具，中期票据在性质上与公司债券并无差异。两者的区别主要体现在发行安排上。公司债券的发行通常采取大批量、时点分散的形式，而中期票据经常以小批量、连续滚动的形式发行。发行安排的不同使得两种债务工具对发行人而言各自具有一定的优势：公司债券因承销中的规模经济而具有一定的成本优势，中期票据因采用小批量滚动发行的方式而在融资期限和融资时机的选择上为发行人提供了灵活性。

1.6 抵押支持证券

抵押支持证券（Mortgage-Backed Securities，MBS）是抵押贷款（主要是住房抵押贷款）证券化的产物。银行等金融机构发放的住房抵押贷款按照其本金和利息的支付方式可以分为三类。第一类称为等额支付固定利率贷款，这是最传统也最常见的住房抵押贷款。这种抵押贷款的期限一般为 15～30 年，贷款利率在整个期限内固定不变，本金和利息均摊到每个月等额支付。第二类称为累进支付抵押贷款。这种贷款的利率也是固定的，但本金和利息的支付不是均摊到每个月等额支付，而是采用累进的方式，通常是最初几年中的每年的月支付额都比上一年的月支付额有所增长，而后在剩余的期限中保持相同的每月支付水平。由于人们的收入通常是逐步增加的，因此，与等额支付贷款相比，累进支付贷款可以使借款人的每月支付水平更好地适应其收入水平。但是，由于上述两类抵押贷款的利率在整个期限内固定不变，因而当市场利率上升时，贷款人就会遭受损失，因为银行等金融机构发放抵押贷款的资金通常来源于短期负债（主要是存款），当市场利率上升时，它们必须以更高的利率来吸收存款。正是这种利率风险促进了第三类抵押贷款的产生，那就是可调整利率抵押贷款。由于这种贷款的利率随着某个基准利率（如一年期国库券利率）的变化而定期调整，因而在很大程度上将利率风险转嫁给了借款人。当然，由于这个原因，银行等金融机构愿意对可调整利率抵押贷款要求比固定利率抵押贷款更低的利率。

抵押贷款的长期性大大降低了银行等金融机构资产的流动性，抵押贷款证券化正是适应银行等金融机构提高资产流动性的需求而产生的。在证券化过程中，原始权益人（抵押贷款的发起人）将抵押贷款打包后出售给由发起人或独立第三方专门为证券化而组建的特设载体，特设载体以该抵押贷款未来产生的现金流为支撑，发行可以在二级市场上流通的抵押支持证券。抵押贷款的发起人负责向原始债务人收取本金和利息，并通过特设载体支付给抵押支持证券的购买者。由于住房抵押贷款的借款人通常拥有提前偿还的权利，使得贷款的未来现金流难以精确确定，因而使抵押支持证券的购买者面临提前偿还的风险。这种情况十分类似于投资者购买附有赎回条款的债券。

抵押支持证券是在1970年由前面提到的美国政府国民抵押协会首次引入的。由于得到美国政府的担保，这种抵押支持证券在市场上的流通性很强。此后，联邦国民抵押协会和联邦住宅贷款抵押公司等政府机构以及一些从事住房抵押贷款业务的金融机构也开始以其持有的住房抵押贷款为保证，发行抵押支持证券。20世纪80年代以来，抵押支持证券已成为固定收益证券市场的重要组成部分。表1－16是摘自《华尔街日报》网站的部分美国抵押支持证券行情。

表1－16　　美国抵押支持证券行情

Mortgage-Backed Securities Tuesday, January 12, 2010							
Maturity	Price (Pts－32ds)	Price Change(32ds)	Avg Life (Years)	Spread to Avg Life(Bps)	Spread Change	PSA(Prepay Spread)	Yield to Maturity *
30－YEAR							
FMAC GOLD 4.00%	97－19	18	7.8	106	4	184	4.41
FMAC GOLD 4.50%	100－25	16	6.3	140	11	244	4.35
FMAC GOLD 5.00%	103－16	14	3.6	209	2	413	3.87
FNMA 4.00%	97－25	18	7.8	100	4	184	4.36
FNMA 4.50%	100－26	15	6.3	136	11	244	4.32
FNMA 5.00%	103－17	12	3.6	203	4	413	3.82
GNMA ** 4.00%	97－27	18	7.7	103	4	185	4.37
GNMA ** 4.50%	101－05	16	6.4	128	5	236	4.28
GNMA ** 5.00%	103－27	14	4.5	174	6	318	3.98
15－YEAR							
FMAC GOLD 4.00%	101－20	10	3.8	160	12	382	3.51
FNMA 4.00%	101－19	11	3.9	157	12	382	3.49

续表 1-16

Maturity	Price (Pts-32ds)	Price Change(32ds)	Avg Life (Years)	Spread to Avg Life(Bps)	Spread Change	PSA(Prepay Spread)	Yield to Maturity *
GNMA ** 4.00%	102-11	10	3.9	138	-2	192	3.3

* Extrapolated from benchmarks based on projections from Bear Stearns prepayment model, assuming interest rates remain unchanged.

** Government guaranteed.

［资料来源］http：//online. wsj. com，January 13，2010.

抵押贷款证券化的成功也促进了以其他形式的资产作为支撑的证券的出现，即资产支持证券（Asset-Backed Securities，ABS）。例如，在美国，学生贷款营销协会以保证学生贷款计划或其他联邦高等教育计划为支撑发行证券，汽车金融公司以汽车贷款为支撑发行证券，银行以信用卡应收款为支撑发行证券等。

中国最早引入资产证券化并不是在住房抵押贷款领域，而是作为处置银行不良贷款的手段。国内首宗证券化是由华融资产管理公司于2003年6月发起的，由256项不良贷款组成，筹集资金10亿元人民币。另一个以处置不良贷款为目的的证券化则由中国工商银行于2004年4月发起，以该行宁波分行价值人民币26亿元的不良贷款和准不良贷款作为标的资产。上述两宗证券化都是由一家在中国《信托法》下成立的信托公司以发行优先债券形式进行的。2005年4月，中国人民银行发布《信贷资产证券化试点管理办法》，标志着国内资产证券化的发展轨迹逐渐与国际市场趋同，证券化交易将更多地以银行的中长期信贷、住房按揭贷款等正常资产为标的。就在当年的12月15日，国家开发银行和中国建设银行分别发行41亿元开元信贷资产支持证券——2005年第一期开元信贷资产支持证券和30亿元抵押贷款支持证券——建元2005-1个人住房抵押贷款资产支持证券，正式拉开了中国国内抵押支持证券发展的序幕。目前，国内已有多家银行以自身的抵押贷款或信贷资产为支持发行了抵押支持证券或资产支持证券，这一市场规模已超过1 000亿元人民币。

1.7 国际债券

从借款人的角度来定义，国际债券是一国借款人在本国境外向外国投资者发行的以外国货币计价的债券。这些借款人主要包括一国的政府、政府机构、银行等金融机构、公司及一些国际组织。

根据债券发行所在国与计价货币是否一致，国际债券可分为两大类：外国债券和欧洲债券。外国债券的发行所在国与计价货币是一致的，即发行所在国之外的某个国家的借款人发行的以发行所在国的货币计价的债券。例如，中国的某个政府机构在美国发行以美元计价的债券，这就是外国债券。许多外国债券都有其特别的名称。例如，在美国发行的外国债券称为扬基债券，在日本发行的外国债券称为武士债券，在英国发行的外国债券称为猛犬债券。2005 年 10 月，国际金融公司（IFC）和亚洲开发银行（ADB）分别获准在中国的银行间债券市场发行 11.3 亿元和 10 亿元的人民币债券，标志着在中国发行的外国债券的诞生。这种债券被命名为熊猫债券。外国债券与债券销售所在国国内的其他债券一样，要受到该国有关法规的约束和主管机构的管理。

欧洲债券的发行所在国与计价货币不一致，即发行所在国之外的某个国家的借款人发行的以发行所在国之外的另一国货币计价的债券。例如，一家中国公司在美国境外发行以美元计价的债券，就称为欧洲美元债券；而如果在日本境外发行以日元计价的债券，就称为欧洲日元债券，等等。此处的“欧洲”为“离岸”之意。20 世纪 50 年代后期，东西方之间的“冷战”状态使苏联和东欧社会主义国家担心存放于美国银行的资产被冻结，遂将美元存款从美国的银行提出，转存于英国和法国境内的银行，由此产生了离岸的美元，即“欧洲美元”。为规避国内银行业务受到的限制，美国银行的境外分支机构和伦敦的一些银行开始开展欧洲美元信贷业务，由此形成了欧洲美元市场。20 世纪 70 年代末，欧佩克国家的大量美元外汇盈余寻求投资途径，导致大量美元流入欧洲的金融市场，进一步推动了欧洲美元市场的迅速发展。在此期间，美国和其他国家的公司通过发行债券筹集欧洲美元，从而推动了欧洲美元债券市场的发展。

思考问题5：一家日本公司在英国发行以美元计价的债券，这应该是扬基证券、猛犬债券、武士债券还是欧洲债券？

除了债券发行所在国与计价货币是否一致这一区别外，外国债券与欧洲债券的区别还体现在发行主体类型和市场管制上。以扬基证券和欧洲美元债券为例，二者都是以美元计价的债券，区别在于扬基证券在美国境内发行和交易，而欧洲美元债券在美国境外发行和交易。除此之外，扬基证券多由信用等级较高的有国家主权的发行人或有国家主权担保的发行人发行，债券需要在美国证券交易委员会注册；而欧洲美元债券多由公司发行人发行，债券无需在美国证券交易委员会注册。正是由于欧洲货币市场在货币发行国的管辖范围之外，因此欧洲债券不受货币发行国法规的约束和管理当局的控制，加之债券发行所在国所给予的税收优惠（比如可以免除利息税），欧洲债券自 20 世纪 80 年代以来发展十分迅速。目前，欧洲债券的规模已经超过外国债券，成为国际资本市场中的一种重要投资品种。

1.8 小结

债券是资金需求者为获取一定量的现金而向资金供给者以借贷协议形式发行的证券，发行人、面值、到期日和息票利率是债券的必备要素。

国债是一国财政部门代表中央政府发行的债券。由于国债的发行以国家信用为基础，因此被认为是无信用风险的债券。根据票面期限的长短，国债可以分为短期国债、中期国债和长期国债。国库券大多为零息票债券，中长期国债则通常是息票债券。国债的发行通常采用招标的方式，发行之后可以在交易所内交易，也可以在场外进行交易。

政府机构债券是由中央政府所属的机构或中央政府主办的企业发行的债券。由于这些机构属于国有或由政府主办，因此政府机构债券被认为拥有隐性的国家信用支持，是具有很高安全性的资产。

地方政府发行的债券称为市政债券。市政债券对投资者最具吸引力之处在于其税收优惠。市政债券有一般责任债券和收入债券两种基本类型。

公司债券是公司为筹集资金而发行的债务工具。相对于国债，公司债券属于高风险、高收益的资产。公司债券可以按照发行人的产业类型、债券的期限、利息支付方式和债券发行时是否有担保等进行分类。大多数的公司债券在发行时都附有赎回条款，这相当于赋予了债券发行人提前购回债券的期权，因此需要有较高的收益率来补偿投资者可能遭受的损失。相比于国债的交易，公司债券的交易经常显得很“清淡”，这使得投资于公司债券具有一定的流动性风险。

抵押支持证券是抵押贷款证券化的产物。由于住房抵押贷款的借款人通常拥有提前偿还的权利，因而使抵押支持证券的购买者面临提前偿还风险。

国际债券是一国借款人在本国境外向外国投资者发行的以外国货币计价的债券。国际债券分为外国债券和欧洲债券，两者的区别体现在债券的发行所在国与计价货币是否一致，还体现在发行主体类型和市场管制上。

习题

1. 一家公司需要对一个周期较长的项目进行融资，作为公司的财务经理，你预计未来利率将会上升。如果决定以发行债券的方式融资，请说明你如何考虑债券的期限问题，并简述理由。

2. 几乎同时发行的一种国债和一种公司债，到期期限都是10年，都是每半年支付一次利息，国债的息票利率为4.5%，而公司债的息票利率为7%。两者息票利率的这个差异意味着什么？

3. 如何从一张息票利率为8.5%、每半年付息一次的15年期债券得到期限分别为5年、10年和15年的零息票债券？这些零息票债券的面值分别是多少？

4. 某机构参与了息票国债发行的招标，招标采用单一价格机制。该机构投标的收益率是3.5%，最终开标的收益率是3.9%。该机构将以3.5%还是3.9%的收益率获得这一期国债的认购？

5. 从表1-5可以看到，2003年发行的7年期国债的息票利率为2.66%，而2004年发行的7年期国债的息票利率为4.86%。这反映出什么信息？

6. 东方电气公司拟发行15年期债券，附有提前赎回条款。作为该债券的承销人员，你如何为该债券设计赎回条款？请具体描述。

7. 从抵押支持证券的最终债务人的性质和这类证券的产生机制，谈谈这类证券对投资者的吸引力主要体现在什么地方。

8. 赎回条款对于投资者而言是很有吸引力的，因为可以在债券到期之前按高于面值的价格获得本金偿还，从而既节约时间成本，又获得较高收益。这种说法是否正确？为什么？

2 债券的创新

债券的创新可谓层出不穷，并且从未间断。作为一种金融工具，债券创新的基本出发点是如何更好地满足发行人和投资者双方的需求。发行人通过发行债券筹集资金，其根本需求在于降低融资成本；投资者购买债券，其根本需求在于提高收益和降低风险。如果一种创新能够较好地满足上述需求，就极有可能迅速获得认同并发展起来。本章所讨论的几种债券，都可谓是债券发展历史上经典的创新品种。

2.1 通胀指数债券

投资者购买债券是要承担通货膨胀风险的。例如，某个投资者购买了价值10 000元的某种债券，3年后收回投资，总收益率为12%。但这只是名义收益率，如果3年期间的通货膨胀率为10%，则实际收益率大致为2%，远远低于12%的名义收益率。通胀指数债券正是由于能够帮助投资者规避这种风险而受到欢迎。

通胀指数债券（Inflation Indexed Bond）在美国被称为通胀保护国债（Treasury Inflation-Protected Security，TIPS），美国财政部在1997年开始发行这种债券。尽管TIPS这个专业名词不像“通胀指数债券”那么正式，并且从字面上看似乎应该是通胀指数债券当中的一种，但实际上TIPS已经被广泛用作通胀指数债券的代名词。表2-1是摘自《华尔街日报》网站的美国通胀保护国债的行情。

表2-1　美国通胀保护国债行情

Treasury Inflation-Protected Securities						
Tuesday, January 12, 2010						
Maturity	Coupon	Bid	Asked	Chg	Yield *	Accrued principal
2010 Jan 15	4.25	100	100	-1	4.206	1 285
2010 Apr 15	0.875	100.15	100.15	unch.	-0.941	1 141
2011 Jan 15	3.5	104.01	104.02	2	-0.51	1 242

续表 2 - 1

Maturity	Coupon	Bid	Asked	Chg	Yield *	Accrued principal
2011 Apr 15	2. 375	103. 15	103. 15	2	-0. 384	1 089
2012 Jan 15	3. 375	107. 17	107. 18	4	-0. 371	1 217
2012 Apr 15	2	105. 03	105. 04	4	-0. 267	1 065
2012 Jul 15	3	108. 06	108. 07	4	-0. 267	1 202
2013 Apr 15	0. 625	102. 15	102. 16	4	-0. 137	1 023
2013 Jul 15	1. 875	106. 04	106. 05	4	0. 119	1 177
2014 Jan 15	2	106. 22	106. 23	5	0. 311	1 170
2014 Apr 15	1. 25	104. 08	104. 09	3	0. 241	1 021
2014 Jul 15	2	106. 31	107	6	0. 433	1 147
2015 Jan 15	1. 625	105. 02	105. 03	7	0. 591	1 132
2015 Jul 15	1. 875	106. 17	106. 18	9	0. 662	1 111
2016 Jan 15	2	106. 29	106. 3	14	0. 817	1 089
2016 Jul 15	2. 5	110. 05	110. 06	15	0. 885	1 070
2017 Jan 15	2. 375	109. 07	109. 08	16	1. 004	1 072
2017 Jul 15	2. 625	111. 09	111. 1	18	1. 053	1 043
2018 Jan 15	1. 625	103. 19	103. 2	18	1. 152	1 032
2018 Jul 15	1. 375	101. 14	101. 15	19	1. 195	1 002
2019 Jan 15	2. 125	107. 15	107. 16	21	1. 242	1 007
2019 Jul 15	1. 875	105. 06	105. 07	22	1. 292	1 012
2025 Jan 15	2. 375	106. 16	106. 17	28	1. 875	1 147
2026 Jan 15	2	101. 14	101. 15	26	1. 893	1 089
2027 Jan 15	2. 375	106. 11	106. 12	34	1. 934	1 072
2028 Jan 15	1. 75	97. 01	97. 02	32	1. 944	1 032
2028 Apr 15	3. 625	124. 28	124. 29	39	1. 992	1 336
2029 Jan 15	2. 5	108. 14	108. 15	35	1. 964	1 007
2029 Apr 15	3. 875	130	130. 01	40	1. 99	1 315
2032 Apr 15	3. 375	125. 02	125. 03	45	1. 976	1 218

* Yield to maturity on accrued principal.

［资料来源］http：//online. wsj. com，January 13，2010.

下面的例子可以说明 TIPS 的机制。表 2 - 1 中的 TIPS 发行日期为 2010 年 1 月 9 日，发行价格为 100 元，期限为 10 年，实际年息票利率为 3%，每年支付一次利息。若 TIPS

发行日的消费物价指数（CPI）为100，并且1年后付息日时的CPI为102，即年度通货膨胀率为2%，则在该付息日根据通货膨胀率将TIPS本金调整为：

$100 \times 1.02 = 102$（元）

然后将这个经指数化调整的本金用于利息的计算，即：

$102 \times 3\% = 3.06$（元）

这样，该TIPS持有一年的名义收益率（关于债券收益率的计算将在第5章加以讨论）就是：

$$\frac{102 - 100 + 3.06}{100} = 5.06\%$$

这个收益率高于实际收益率3%。实际上，在上述机制下，TIPS的名义收益率可以计算如下：

TIPS的已实现名义收益率 =（1 + 实际收益率）×（1 + 通货膨胀率）- 1

在这个公式中，如果用传统债券的名义收益率代替TIPS的名义收益率，可以得到所谓的“均衡通货膨胀率”，即：

$$\text{均衡通货膨胀率} = \frac{1 + \text{传统债券的名义收益率}}{1 + \text{TIPS 的实际收益率}} - 1$$

例如，假定传统债券的名义收益率为5%，TIPS的实际收益率为3%，则可以计算出均衡通货膨胀率为1.94%。

均衡通货膨胀率的含义是，当现实的通货膨胀率与均衡通货膨胀率相等时，购买传统债券和购买TIPS对于投资者而言就是没有差异的。这就意味着，如果现实的通货膨胀率与均衡通货膨胀率不相等，则投资者应当在传统债券与TIPS之间做出选择。例如，如果现实的通货膨胀率高于上面例子中的均衡通货膨胀率1.94%，则说明传统债券的收益率被低估了，即投资者购买这种债券是以过低的收益率水平贷出资金（在后面章节的讨论中将看到，债券收益率被低估也就是价格被高估），因此，投资者应当选择TIPS，甚至可以采取卖空传统债券、买入TIPS的策略。相反，如果现实的通货膨胀率低于1.94%的均衡通货膨胀率，则说明传统债券的收益率被高估了，因此，投资者应当选择传统债券，或者采取卖空TIPS、买入传统债券的策略。

2.2 浮动利率债券

2.2.1 浮动利率债券的吸引力

浮动利率债券（Floating-Rate Bond）是指息票利率以指定的参考利率为基准且在指定日进行调整的一种债券，其本质特征是息票利率在债券存续期内是变化的。与浮动利率债券相对的是固定利率债券（Fixed-Rate Bond）。由于息票利率是固定的，固定利率债券发行后，发行人和投资者都会面临市场利率水平变动带来的风险。如果市场利率水平上升，则投资者会遭受损失，因为他贷出资金（即购买债券的资金）的收益率被锁定在了一个较低的利率水平上。在后面章节的讨论中将会看到，投资者的这种损失也可以表现为市场利率上升会造成固定利率债券的价格下跌。相反，如果固定利率债券发行后市场利率水平下降，则发行人将遭受损失，因为他的融资成本被锁定在了一个较高的利率水平上。浮动利率债券由于息票利率可以随市场利率水平的变动而调整，因而能够帮助发行人和投资者双方规避利率风险。当然，由于债券发行人经常担心市场利率水平上升而希望将融资成本锁定，因此，浮动利率债券在大多数情况下对投资者而言更具有吸引力。

浮动利率债券于20世纪60年代后期出现于欧洲债券市场，70年代初开始在美国发行。如今，浮动利率债券已经在各国及国际债券市场上广泛发行和交易，第1章所述的以发行人性质划分的所有类型的债券都各自包含了浮动利率债券。

2.2.2 浮动利率债券的参考利率和利差

浮动利率债券的息票利率通常每半年、每季度、每月或每周重新调整一次，调整息票利率的日子称为重设日。浮动利率债券息票利率的通行表达方式是：

息票利率 = 参考利率 + 利差

参考利率通常为某种重要的货币市场利率。在美国，最常用的四种参考利率是伦敦银行同业拆借利率（London Interbank Offered Rate，LIBOR）、国库券利率、优惠利率及国内大额存单利率。LIBOR也是欧洲国家的债券市场及欧洲债券市场最常用的参考利率。在中国，目前最为常用的浮动利率债券参考利率是7天期回购利率、1年期定期存款利率和上海银行同业拆借利率（Shanghai Interbank Offered Rate，SHIBOR）。

一些较为专业化的债券类型，如抵押支持证券和市政债券，则经常使用一些与该类债券收益率相关性更强的利率或指数作为参考利率。例如，美国抵押支持证券的浮动利率债券最为常用的参考利率包括1年期固定到期日国债（Constant Muturity Treasury，CMT）利率、第11区资金成本（11th District Cost of Funds）、6个月期LIBOR和全国月度资金成本指数中位数；浮动利率市政债券的参考利率通常是国库券利率或优惠利率，也使用某些市政指数，如肯尼指数（J. J. Kenney Index）、债券购买者 40 债券指数（Bond Buyer 40 Bond Index）和美林市政债券指数（Merrill Lynch Municipal Securities Index）等。

利差是对参考利率进行的调整，用基点（bp）来表示，它取决于债券发行人的信用等级。由于浮动利率债券所使用的参考利率大多是高信用等级的债务人进行短期借款时支付的利率，如 LIBOR 是大银行短期借款时支付的利率，国库券利率是财政部短期借款时支付的利率，等等。因此，通常情况下浮动利率债券的息票利率都是在参考利率的基础上有一个正的利差。

思考问题 1：在为浮动利率债券选定参考利率时应当考虑哪些因素？

2.2.3 浮动利率债券的上限和下限

不少浮动利率债券带有限定息票利率浮动范围的条款。具体而言，一些浮动利率债券对任一重设日所支付的息票利率设定了最大值，称为上限（Cap）。假设有这样一种浮动利率债券，其息票利率为 3 个月期 LIBOR +30 个基点，并且设定上限为 6.5%。如果在某个重设日 3 个月期 LIBOR 为 7%，则根据息票利率公式应将息票利率调整为 7.3%，但由于带有上限，因此息票利率调整为 6.5%。图 2－1 说明了带有上限的浮动利率债券的息票利率特性。

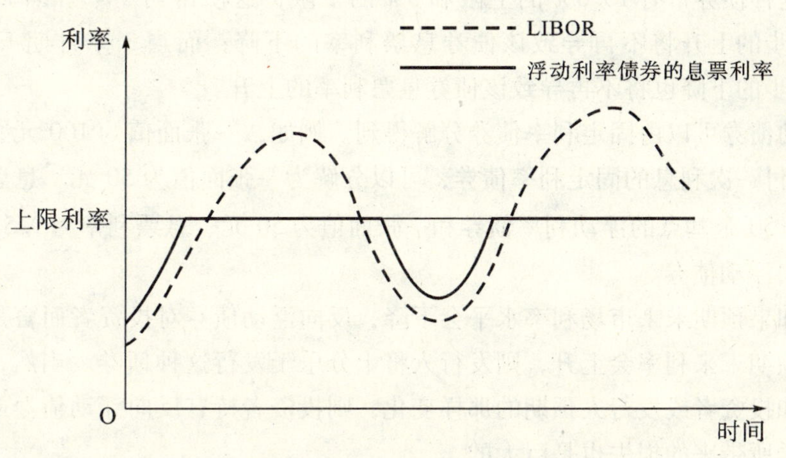

图 2－1 带有上限的浮动利率债券的息票利率

显然，上限对债券发行人是有利的，但对于投资者而言并不是一个具有吸引力的特征。

相反，另有一些浮动利率债券设定了息票利率的最小值，称为下限（Floor）。假设一种浮动利率债券的息票利率为 3 个月期 LIBOR +30 个基点，并且设定下限为 3.5%。如果在某个重设日 3 个月期 LIBOR 为 3%，则根据息票利率公式应将息票利率调整为 3.3%，但由于带有下限，因此息票利率调整为3.5%。显然，下限对于投资者而言是一个富有吸引力的特征。

一些浮动利率债券同时带有上限和下限，称为双限（Collar）。由于这种债券既为发行人的融资成本"封了顶"，又为投资者的利息收益"兜了底"，因此对双方来讲都具有一定的吸引力。特别是那些认为未来利率可能上升但又不会大幅上升的投资者，或者是那些认为未来利率可能下降但又不会大幅下降的发行人，更会青睐这种债券。

2.2.4 几种特殊的浮动利率债券

2.2.4.1 反向浮动债券

一些浮动利率债券的息票利率与参考利率的变化方向相反，称为反向浮动债券（Inverse Floaters）。反向浮动债券息票利率的通用表达形式为：

息票利率＝K－L×参考利率

式中的L称为息票杠杆因子，其意义是，每当参考利率变化一个基点，息票利率就沿相反的方向变化L个基点。例如，美国联邦住宅贷款银行于1999年4月发行了一种3年期的反向浮动债券，该债券按照下面的公式每季度支付利息：

息票利率＝18%－2.5×（3个月期LIBOR）

此外，这种债券带有15.5%的上限和3%的下限，这使得当3个月期LIBOR上升至6%时，进一步的上升将不再导致该债券息票利率的下降；而当3个月期LIBOR下降至1%时，进一步的下降也将不再导致该债券息票利率的上升。

反向浮动债券可以由固定利率债券分解得到。例如，一张面值为100元、息票利率为5%、半年支付一次利息的固定利率债券，可以分解为一张面值为50元、息票利率为6个月期LIBOR＋50个基点的浮动利率债券和一张面值为50元、息票利率为9.5%－6个月期LIBOR的反向浮动债券。

显然，如果预期未来市场利率水平会下降，反向浮动债券对投资者而言是极具吸引力的；而如果预期未来利率会上升，则发行人将十分乐于发行这种债券。当然，如果市场利率水平并未如投资者或发行人预期的那样变化，则投资者持有反向浮动债券或发行人发行反向浮动债券所带来的损失也是巨大的。

思考问题2：从投资者预期的角度来分析反向浮动债券的价格为什么对利率变化极为敏感。

2.2.4.2 阶梯式利差浮动债券

一些浮动利率债券的利差在债券存续期内按一定的时间间隔变化，称为阶梯式利差浮动债券（Stepped Spread Floaters）。例如，一种10年期的浮动利率债券，息票利率为6个月期LIBOR＋30个基点。从发行后的第六年开始，该债券的利差在每个重设日都上调5个基点，这样，至到期日时，该债券的息票利率将是 6 个月期 LIBOR + 80 个基点。

这种债券可以在一定程度上补偿持有人面临的信用风险，因此对于愿意长期持有的投资者具有吸引力。当然，如果发行人认为在债券存续期内自己的信用等级可能会上升，也可以发行利差逐步下调的阶梯式利差浮动债券。

2.2.4.3　设定范围票据

设定范围票据（Range Notes）是指息票支付取决于指定的参考利率落在预先规定的双限内天数的一种浮动利率债券。例如，美国学生贷款营销协会在 1996 年 8 月发行了一种按季度付息的 7 年期设定范围票据，参考利率为 3 个月期 LIBOR，规定的双限为 3% 与 9%。按照条款，对于 3 个月期 LIBOR 落在 3% 与 9% 之间的每一天，投资者的收益率为 LIBOR + 155 个基点，而对于 3 个月期 LIBOR 落在此双限范围之外的每一天，投资者的收益率为 0。

对于那些认为未来的市场利率水平不会有大的波动的投资者，这种债券是很有吸引力的；相反，对于发行人而言，如果担心未来利率可能出现大幅波动，则发行这种债券是很有利的。

2.3　可转换债券

2.3.1　可转换债券的吸引力

可转换债券（Convertible Bonds）是指持有人有权利在一定期限内按照约定的条件将债券转换为发行人的普通股的一种债券。从投资者的角度来看，可转换债券可以视为以下组合：

可转换债券 = 一般性债券 + 普通股看涨期权多头

一般性债券使投资者可以获得固定的利息支付和本金偿还，内嵌的期权则使投资者有机会分享发行人的普通股价格上涨带来的好处。也就是说，当发行人的普通股价格上涨时，可转换债券的价格也会因内嵌期权价值的增加而上涨，投资者可以通过在二级市场上出售可转换债券或者将可转换债券转换成普通股再在股票市场上卖出来实现价差收益。如果发行人的普通股价格下跌，可转换债券的价格也会下跌，但不会低于它作为一般性债券的价值。因此，可转换债券一方面为投资者提供了恶劣经济环境下的价格下跌保护，另一方面又让投资者有机会分享股价上涨的收益。这对于那些既想获取股票投资的高收益，又不愿意承担过高风险的投资者来说是极具吸引力的。

当然，投资者获得上述好处并不是没有代价的，他必须接受比相同信用质量的一般性债券更低的收益率，这一点在可转换债券发行时体现为息票利率低于相同信用质量的一般性债券息票利率。收益率上的损失实际上可以看成投资者因获得可转换债券的内嵌期权而支付的费用。

从发行人的角度来看，可转换债券的吸引力在于其较低的利息成本，这实际上是发行人因给予投资者普通股看涨期权而获得的报酬。例如，厦工机械股份有限公司于2009年8月发行的5年期可转换债券，采用逐年提高的阶梯式息票利率，第一年1.2%、第二年1.5%、第三年1.8%、第四年2.1%、第五年2.4%。不考虑资金的时间价值，平均年息票利率为1.8%，而几乎在同一时期发行的2009年第18期国债（5年期），息票利率为2.97%。

思考问题3：这种逐年提高的阶梯式息票利率对可转换债券的发行人和持有人而言有何意义？

当然，发行可转换债券对于发行人而言也并非在任何时候都是一种好的选择。例如，当发行人的经营前景十分糟糕时，发行可转换债券而不是发行普通股将使得发行人的利息负担加重，甚至面临破产风险，因为在发行人的经营前景变坏导致股价下跌的情况下，可转换债券的持有人是不会进行转股的。相反地，当发行人的经营前景一片光明时，如果发行可转换债券而不是发行一般性债券，则股价的大幅上涨将促使可转换债券的持有人积极转股，这会导致现有股东的权益被稀释。实际上，发行人选择可转换债券通常应该是在经营前景较为稳定或者预期不明确的情况下。

可转换债券的产生虽然可以追溯至19世纪末，但其真正大规模的发展开始于20世纪70年代，这一进程印证了上述关于可转换债券吸引力的讨论。一方面，1971年美元停止兑换黄金和1973年布雷顿森林国际货币体系解体导致全球汇率、利率波动加剧，市场利率水平上升，借款人对降低融资成本产生了巨大需求；另一方面，股票市场的剧烈波动使得投资者在希望获得股票投资高收益的同时又十分担心股价下跌带来的巨大损失。这两方面的因素成为促进可转换债券市场迅速发展的内在动因。

2.3.2 可转换债券的机制

除了到期期限、息票利率等与一般性债券相同的条款外，可转换债券在发行时需要约定的主要条款是转换价格或转换比率。转换价格是指将可转换债券转换成普通股时所使用的股价。转换比率是指每一张可转换债券能够转换获得的普通股股数。确定了转换价格，转换比率也就随之确定：

$$\text{转换比率} = \frac{\text{可转换债券面值}}{\text{转换价格}}$$

转换价格或转换比率在可转换债券发行时确定，之后除非因发行人送红股、转增股本、增发新股、配股以及派发股息等情况导致普通股价格除权或除息，转换价格或转换比率通常保持不变。但在另外的一些情况下，发行人仍然有可能对转换价格或转换比率进行调整。例如，恒源煤电股份有限公司于2007年9月发行5年期可转换债券，由于发行后普通股价格暴跌（上证指数于2007年9月达到6 000点以上，又于随后的一年多时间里跌至1 600多点），按照原来的转换价格已经不可能让持有人转股，于是发行人于2008年7月将转换价格由50.88元向下修正为30.09元，之后又于同年9月将转换价格再次向下修正为15.75元。当然，发行人调整转换价格或转换比率须在发行时设定一定的条件，只有条件满足后方能进行调整。例如，恒源煤电可转换债券设定的条件是，普通股收盘价连续20个交易日中超过10个交易日低于公司可转换债券当期转换价格的85%。

一般来讲，在可转换债券到期前的任何时候，持有人都可以将可转换债券转换成普通股，但也有许多可转换债券规定，在发行后的最初6个月或12个月内不能进行转换。

可转换债券发行后可以在交易所或场外市场进行交易，形成可转换债券的二级市场。表2-2是美国的部分交易活跃的可转换债券行情。

表2-2　美国可转换债券行情

Tuesday, January 12, 2010									
Most Active Convertible Bonds									
Issuer Name	Symbol	Coupon	Maturity	Rating	High	Low	Last	Change	Yield %
KKR FINANCIAL HLDS	KFN. GE	7.000%	Jul 2012	—/—/—	98.750	97.000	98.750	3.500	7.558
MEDTRONIC	MDT. GJ	1.500%	Apr 2011	A1/AA-/—	102.350	100.750	101.368	-0.452	0.402
MICRON TECHNOLOGY	MU. GC	1.875%	Jun 2014	—/B-/—	97.041	91.300	94.750	-3.779	3.168
ADVANCED MICRO DEVICES	AMD. GG	6.000%	May 2015	—/B-/B-	92.160	91.510	91.875	-0.250	7.904
ALCOA	AA. HX	5.250%	Mar 2014	Baa3/—/BBB-	263.084	243.500	252.049	-28.754	N/A
FORD MOTOR CO	F. GST	4.250%	Nov 2016	Caa1/CCC/CC	146.250	143.125	144.956	-2.669	-1.883
LIBERTY MEDIA	L. GF	4.000%	Nov 2029	B1/BB-/BB-	56.250	55.750	56.250	0.500	8.651
AMGEN	AMGN. GM	0.125%	Feb 2011	A3/A+/A	99.750	98.000	98.940	-0.280	1.149
SUNTECH POWER HLDS CO	STP. GD	3.000%	Mar 2013	—/—/—	80.000	79.375	79.625	-0.375	10.759
HUTCHINSON TECHNOLOGY	HTCH. GE	3.250%	Jan 2026	—/—/—	82.500	81.000	81.750	-0.250	4.910

[资料来源] http://online.wsj.com, January 13, 2010.

中国现有的可转换债券都是在上海证券交易所和深圳证券交易所上市交易，表2-3列出了这些可转换债券的行情。

表 2-3　　中国可转换债券行情（2010 年 1 月 13 日）

名称	收盘价	涨跌幅（%）	票面期限（年）	剩余期限（天）	应计利息（元）	息票利率*（%）	到期收益率（%）
山鹰转债	159	-2.8	5	965	0.712 3	1.4	-14.2
大荒转债	156.59	-2.74	5	1 070	0.143 8	1.5	-12.34
龙盛转债	155.3	1.12	5	1 704	0.331 5	1.0	-7.83
西洋转债	153.7	-0.84	5	1 692	0.361 6	1.0	-7.67
厦工转债	140.32	-1.19	5	1 687	0.453 7	1.2	-5.47
王府转债	140.1	-0.34	6	2 104	0.117 8	0.5	-4.58
新钢转债	134.8	-1.12	5	1 314	0.715 1	1.5	-5.87
博汇转债	133	-0.34	5	1 713	0.306 8	1.0	-4.57
澄星转债	131.55	-0.79	5	847	1.358 9	1.4	-8.71
锡业转债	154.22	-4.51	5	850	2.145 9	1.3	-13.75
安泰转债	151.95	-0.04	6	2 071	0.326	1.0	-5.84
唐钢转债	121.31	-0.5	5	1 064	0.115 1	0.8	-4.86

* 由于表中的可转换债券均采用逐年提高的阶梯式息票利率，故息票利率一栏给出的是该债券第一年的息票利率。

［资料来源］和讯网。

在任意时刻，投资者是否应该将手中的可转换债券转换成普通股，可以借助某些指标来加以判断。

转换价值是判断转股是否有利可图的重要依据，它是指一张可转换债券可以转换得到的普通股的市场价值，其计算公式为：

转换价值=普通股市价×转换比率

当可转换债券的市场价格高于其转换价值时，投资者不应该转股，而应该持有或者在二级市场上卖出可转换债券；反之，当可转换债券的市场价格低于其转换价值时，投资者应该转股。例如，某种面值为 100 元的可转换债券，转换比率为每张债券可转换 5 股普通股。普通股当前的市价为 22 元，则可转换债券的转换价值为 110 元。如果此时可转换债券的市价为 120 元，那么投资者宁可持有或者卖出可转换债券，而不应转股。假设一段时间后股价涨到 27 元，则转换价值为 135 元，如果此时可转换债券的市价低于 135 元，比如为 130 元，则投资者将可转换债券转换成普通股可以比直接卖出可转换债券多获得 5 元的收入。

投资者用以判断是否应该转股的另一个重要指标是转换平价。转换平价是使得可转换债券的转换价值与市场价格相等的普通股价格。因此，在转换价值的计算公式中，用可转换债券的市场价格代替转换价值，就得到转换平价的计算公式：

$$转换平价 = \frac{可转换债券市场价格}{转换比率}$$

由于当可转换债券的市场价格等于转换价值时，投资者是否进行转换是没有差异的，因此，转换平价实际上是可转换债券转股与否的盈亏平衡点。当普通股价格高于转换平价时，转股是有利的，否则不应转股。

通过比较可转换债券的市场价格与转换价值，或者通过比较普通股价格与转换平价，也可以判断在可转换债券与普通股之间是否存在套利机会。仍然以前面提到的面值为100元、转换比率为5股普通股的可转换债券为例，如果在某一时刻普通股的市场价格为22元，可转换债券的市场价格为105元，则由于可转换债券的市场价格低于转换价值（110元），或者说，由于普通股的市场价格高于转换平价（21元），因而存在套利机会。投资者可以按22元卖空5股普通股，按105元买入1张可转换债券并立即转股用于对冲普通股的空头，从而锁定5元的利润。但是，在相反的情况下不能进行套利。例如，可转换债券的市场价格为120元，高于转换价值，此时无法通过卖空可转换债券、买入普通股的方法来套利，因为买入的普通股不能逆向转化为可转换债券来对冲债券空头。事实上，也正因为如此，通常的情形是可转换债券的市场价格高于转换价值，称为转换溢价。

2.3.3 可转换债券的赎回条款和回售条款

大多数的可转换债券都带有赎回条款和回售条款。如前面所述，赎回条款是发行人拥有的提前购回部分或全部债务的权利。回售条款则是持有人拥有的一项权利，虽然在执行权利时也是由发行人提前购回部分或全部债务。与可转换债券的转换权一样，赎回权和回售权也都是内嵌于债券中的期权。从投资者的角度来看，可赎回债券和可回售债券可以分别视为以下组合：

可赎回债券 = 不可赎回债券 + 看涨期权空头

可回售债券 = 不可回售债券 + 看跌期权多头

因此，可赎回债券的收益率高于其他条件相同的不可赎回债券，高出的收益率就是投资者给予发行人赎回权所获得的补偿；相反，可回售债券的收益率则低于其他条件相同的不可回售债券，投资者损失的收益也就是发行人融资成本的降低，这可以看成发行人给予投资者回售权所获得的报酬。

拥有提前赎回的权利对于可转换债券的发行人具有重要意义。如前面所述，通常情况下可转换债券都存在转换溢价，此时投资者宁愿选择持有或卖出可转换债券而不愿意转股。如果转换溢价出现在可转换债券的市场价格高于面值的情况下，那么临近到期日时投资者将会转股，否则只能获得面值的本金偿还。然而，如果转换溢价出现在可转换债券的市场价格低于面值的情况下，比如上面例子中的面值为100元、转换比率为5股普通股的可转换债券，普通股市场价格为18元，因而转换价值为90元，而可转换债券的市场价格为95元，则投资者宁可将债券持有到期（因而获得面值的本金偿还）也不愿意转股，这就使得发行人必须履行按面值偿还债券本金的义务。因此，对于那些希望持有人转股从而不必承受本金偿还压力的发行人而言，需要利用某些条件促使持有人转股。赎回条款可以帮助发行人做到这一点。例如，山鹰纸业股份有限公司于2007年9月发行的5年期可转换债券（山鹰转债）的赎回条款为，自可转换债券发行12个月后，若发行人的普通股任意连续20个交易日的收盘价高于当期转换价格的125%，则发行人有权以面值的105%的价格（含当期利息）赎回部分或全部未转股的可转换债券。2009年12月28日至2010年1月28日，山鹰纸业先后五次发出关于赎回可转换债券的提示性公告：由于公司普通股自2009年11月30日至12月25日连续20个交易日的收盘价格高于当期转股价格的125%，已触发赎回条款，因此公司决定行使赎回权，对赎回登记日（2010年1月29日）之前未转股的山鹰转债全部赎回。在第一次公告的2009年12月28日，山鹰转债的收盘价为145.6元，远远高于面值。在此之前，尚有90%以上的山鹰转债未转股，而截至2010年1月28日第五次公告时，未转股的山鹰转债只剩下不足5%。在这个例子中，如果没有赎回条款让发行人抓住机会迫使持有人转股，则将来一旦普通股价格下跌导致可转换债券价格低于面值，持有人就可能会持有到期，使发行人不得不按面值偿还本金。

相反地，回售条款则对于投资者而言具有重要意义。如果发行人的普通股价格长期低迷，可转换债券的内嵌期权将失去价值，而其作为一般性债券所带来的利息收益又较低，这就必然使投资者遭受较大损失。回售条款能够在这种情况下对投资者的利益提供保护。例如，山鹰转债的回售条款为，自可转换债券发行24个月后，若发行人的普通股在任意连续20个交易日的收盘价低于当期转股价格的70%，或者发行人改变本次发行可转换债券募集资金用途，则持有人有权以面值的105%的价格（含当期利息）将持有的可转换债券部分或全部回售给发行人。

思考问题4：赎回条款对可转换债券的持有人有何影响？回售条款对可转换债券的发行人会产生什么作用？

2.4 附认股权证公司债券

2.4.1 附认股权证公司债券的吸引力

附认股权证公司债券是在发行时附送发行人的认股权证的一种债券。由于认股权证与普通股看涨期权性质相同，因此，附认股权证公司债券与可转换债券一样，一方面通过一般性债券为投资者提供了恶劣经济环境下的价格下跌保护，另一方面又通过期权让投资者有机会分享普通股价格上涨的收益。附认股权证公司债券按照认股权证的存在形式可以分为分离型与非分离型两种。非分离型附认股权证公司债券的认股权证与债券自发行日起就是不可分的，有相同的存续期，不能分开交易，因而与可转换债券的特性几乎完全一样。分离型附认股权证公司债券自发行之后认股权证和债券便可以分开交易，因此，如果权证市场比较活跃并且能够为投资者提供较高的收益，则相比于可转换债券，分离型附认股权证公司债券在发行时的息票利率可以更低。表 2-4 是中国的分离型附认股权证公司债券的行情，它们在中国被称为可分离交易可转换债券。

表 2-4　　中国的可分离交易可转换债券行情（2010 年 1 月 13 日）

名称	收盘价（元）	涨跌幅（%）	票面期限（年）	剩余期限（天）	应计利息（元）	息票利率（%）	到期收益率（%）
06 马钢债	96.94	-0.01	5	668	0.23	1.40	3.14
06 中化债	92.00	-0.05	6	1 051	0.21	1.80	4.84
07 云化债	90.01	0.12	6	1 110	1.15	1.20	4.80
07 武钢债	94.70	0	6	1 166	0.96	1.20	2.96
07 日照债	87.10	0	6	1 412	0.18	1.40	5.16
07 上汽债	86.60	0.22	6	1 434	0.05	0.80	4.60
08 赣粤债	85.60	-0.06	6	1 474	0.77	0.80	4.80
08 中远债	83.91	0.01	6	1 474	0.77	0.80	5.33
08 石化债	86.18	-0.01	6	1 497	0.72	0.80	4.57
08 上港债	97.68	0	3	402	0.54	0.60	2.76
08 青啤债	83.10	0.42	6	1 539	0.63	0.80	5.38
08 国电债	83.95	0.2	6	1 574	0.69	1.00	5.25
08 康美债	79.73	0.06	6	1 575	0.55	0.80	6.30
08 宝钢债	84.70	0.04	6	1 618	0.45	0.80	4.70
08 葛洲债	80.77	0.27	6	1 624	0.33	0.60	5.60
08 江铜债	71.60	0.25	8	2 442	0.31	1.00	6.34
09 长虹债	73.78	0.19	6	2 024	0.36	0.80	6.60

［资料来源］根据光大证券行情软件数据计算整理。

比较表 2-4 和表 2-3 的息票利率一栏可以看到，可分离交易可转换债券的息票利率比可转换债券的息票利率还要低一些（注意到表 2-3 中的息票利率为最低的第一年的息票利率），这主要是因为中国的权证市场交易十分活跃，并且存在很高的溢价率（权证价格加上行权价格后与标的股票价格的比率）水平，从而能够为在发行时认购可分离交易可转换债券的投资者提供较高的权证收益以补偿其过低的债券利息收益。

附认股权证公司债券最早出现于20世纪20年代，但其迅速发展则是在20世纪60年代的美国。一方面，在这一时期，美国的现代公司制度逐渐成熟，企业的债券融资偏好增强；另一方面，美国股市在20世纪40年代至60年代中期一直处于牛市，因此，如果在发行债券时能够让投资者分享股票价格上涨的好处，则债券的吸引力将会大大提高，由此可以降低发行人的利息成本。附认股权证公司债券因此而受到发行人和投资者的青睐。20世纪80年代，日本公司发行的附认股权证公司债券风靡欧洲，其原因也是类似的。一方面，这一时期日本公司由于大规模的海外扩张而产生了旺盛的融资需求；另一方面，日本股市的长期牛市使认股权证对债券投资者有着巨大的吸引力。

2.4.2 附认股权证公司债券与可转换债券的比较

一个有趣的问题是，附认股权证公司债券迅速发展的时间早于可转换债券迅速发展的时间，那么，为什么在几乎具有同样特性的附认股权证公司债券发展起来之后，还会出现可转换债券的迅速发展呢？

实际上，可转换债券可以被视为取代了非分离型附认股权证公司债券，而至于为什么在分离型附认股权证公司债券发展起来之后还会出现可转换债券的迅速发展，则是因为在某些情况下，前者的吸引力可能不如后者。首先，附认股权证公司债券不能像可转换债券那样，通过利用赎回条款迫使持有人转股来避免债券到期时的本金偿还，因而对发行人的吸引力下降。如前面所述，可转换债券的赎回条款可以帮助发行人利用债券存续期内出现的符合赎回条件的时机迫使持有人转股，而分离型附认股权证公司债券则没有这种机制。分离型附认股权证公司债券的认股权证与债券是分开交易的，权证持有人是否行权，唯一的决定因素是权证到期时普通股价格是否高于行权价格。也就是说，即便在权证有效期内出现过普通股价格高于行权价格的情形，但只要在权证到期时普通股价格未能高于行权价格，持有人就不会行权，从而使得发行人在债券到期时只能用自有资金而不是持有人行权缴纳的资金来偿还本金。其次，附认股权证公司债券也不像可转换债券那样，可以通过向下修正转换价格来促使持有人转股。其原因是，向下修正转换价格对可转换债券的市场价格不会有太大的影响，因为向下修正转换价格都是发生在普通股价格远低于转换价格的情况下，此时可转换债券的市场价格必定远高于转换价值，向下修正转换价格导致的转换价值提高并不会使可转换债券的市场价格出现大的上涨，而如果调整认股权证的行权价格，则会对其市场价格产生显著影响。

当然，分离型附认股权证公司债券的上述两个方面的劣势是对于发行人而言的，从投资者的角度来看反而是两大优势。不过，在大多数时候发行人是起主导作用的，他们如果更多地选择对自己更为有利的可转换债券，则必然带来可转换债券的迅速发展。此外，在上述两个方面的原因导致分离型附认股权证公司债券对发行人的吸引力下降的情况下，一旦股票市场和权证市场陷入低迷，使认股权证对投资者的吸引力也下降，则分离型附认股权证公司债券相对于可转换债券的劣势就会更加明显。

思考问题5：可分离交易可转换债券通常都不包含赎回条款，但通常都包含回售条款，原因是什么？

2.5 小结

债券创新的基本出发点是如何更好地满足发行人和投资者双方的需求。本章对债券发展历史上的几种经典的创新品种进行了讨论。

通胀指数债券因能够帮助投资者规避通货膨胀风险而受到欢迎。通胀指数债券在美国被称为通胀保护国债（Treasury Inflation-Protected Security，TIPS），其机制是定期根据 CPI 调整债券的本金和利息，从而消除通货膨胀带来的损失。投资者可以计算所谓的均衡通货膨胀率，并将其与现实的通货膨胀率相比较，以判断应购买传统债券还是购买 TIPS。

浮动利率债券由于息票利率可以随市场利率水平的变动而调整，因而能够帮助发行人和投资者双方规避利率风险。一些浮动利率债券的息票利率与参考利率的变化方向相反，称为反向浮动债券。如果预期未来市场利率水平会下降，反向浮动债券对投资者而言是极具吸引力的；而如果预期未来利率会上升，则发行人将十分乐于发行这种债券。一些浮动利率债券的利差在债券存续期内按一定的时间间隔变化，称为阶梯式利差浮动债券，它对于愿意长期持有的投资者具有吸引力。

可转换债券是指持有人有权利在一定期限内按照约定的条件将债券转换为发行人的普通股的一种债券。可转换债券一方面为投资者提供了恶劣经济环境下的价格下跌保护，另一方面又让投资者有机会分享股价上涨的收益。从发行人的角度来看，可转换债券的吸引力在于其较低的利息成本。可转换债券在发行时需要约定的主要条款是转换价格或转换比率。在任意时刻，投资者是否应该将手中的可转换债券转换成普通股，可以借助转换价值或转换平价两个指标来加以判断。大多数的可转换债券都带有赎回条款和回售条款，前者对可转换债券的发行人具有重要意义，后者对投资者而言具有重要意义。

附认股权证公司债券是在发行时附送发行人的认股权证的一种债券。附认股权证公司债券按照认股权证的存在形式可以分为分离型与非分离型两种。非分离型附认股权证公司债券与可转换债券的特性几乎完全一样。分离型附认股权证公司债券自发行之后认股权证和债券便可以分开交易，因此，如果权证市场比较活跃并且能够为投资者提供较高的收益，则相比于可转换债券，分离型附认股权证公司债券在发行时的息票利率可以更低。

习题

1. 某投资者以面值认购了一种新发行的20年期TIPS，息票利率为4%，每年付息一次。如果物价水平在一年内上涨了5%，那么该投资者持有该债券一年的收益率是多少？

2. 当前的6个月期SHIBOR为1.5%。中石油公司拟发行3年期的浮动利率债券。如果考虑到信用等级相当的中石化公司在一周前以2.8%的息票利率发行了3年期固定利率债券，那么中石油此次发行的浮动利率债券的利差应确定为多少？为什么？

3. 当前的10年期国债收益率为5.8%，同期限的TIPS的收益率为3.5%。如果当前的通货膨胀率为3.3%，你会在上述两种债券之间做怎样的选择？

4. 某投资者购买了面值为100元的5年期浮动利率债券，息票利率为3个月期LIBOR+100个基点，每半年付息一次，并附带有2.5%和9%的利率双限。如果在某个利率重设日3个月期LIBOR降到了1%，该投资者获得的利息将是多少？如果3个月期LIBOR升到了8.7%呢？

5. 王府井可转换债券的转换价格为33.56元。在2010年1月13日这一天，王府井普通股收盘价为34.8元，王府井可转换债券收盘价为140.1元。按收盘价计算，王府井可转换债券的转换价值是多少？如果某投资者在这一天以139.9元的价格购买了王府井可转换债券，需要在王府井普通股价达到多少时进行转换才是划算的？

6. 可转换债券通常情况下都存在转换溢价（市场价格高于转换价值）。简述为什么不能通过套利来消除这种溢价。

7. 由于所附送的认股权证可以与债券分开交易，因此分离型附认股权证公司债券在发行时可以比其他条件相同的可转换债券有更低的息票利率。这种说法正确吗？为什么？

3 债券的信用风险

如果债券发行人因财务状况恶化、破产等原因不能按照承诺支付利息和偿还本金，债券持有人就会遭受损失。由于这方面的因素给债券投资者的收益带来的不确定性称为信用风险。尽管国债通常被认为不存在信用风险，但公司债券却并非如此。所以，如果不考虑通货膨胀因素，信用风险和利率风险是债券最主要的两大风险。在本章中我们将首先考察信用风险，对于利率风险我们将在后面的各章中详细讨论。

3.1 债券发行人与债券信用风险

债券信用风险的大小从根本上讲取决于债券发行人的基本面因素，包括发行人所处的宏观经济环境和行业背景、发行人在行业中的竞争地位、发行人的财务状况以及管理者素质等方面。

3.1.1 宏观经济环境

宏观经济环境是指一个国家或地区的整体经济发展水平和发展阶段，以及经济增长速度和运行周期。经济增长率、收益率、通货膨胀率、利率、汇率、财政收支、国际收支、固定资产投资规模等都是分析和判断宏观经济环境的重要指标。如果经济发展处于较高的水平和阶段，或者经济运行呈现较高增长率和较低通胀率的良好态势，则大多数的债券发行人都会受益于市场需求旺盛和销售增长而呈现良好的经营状况，信用状况也会因此而得到改善和提升，信用风险降低；反之，如果经济发展水平低、经济运行不景气，则债券发行人可能由于销售下降、产品积压而陷入困境，信用状况也随之恶化，信用风险上升。

3.1.2 行业背景

行业因素对债券发行人的信用状况具有重大影响。行业背景是指债券发行人所属行业的基本特征和发展趋势，包括行业与经济周期的关系、行业的市场类型和行业的生命周期特征等。

行业的景气状况与宏观经济运行周期有着密切关系，但这种关系因不同的行业而存在较大差异。例如，地产、建材、煤炭、化工等行业通常对经济周期的敏感性很强，被称为周期性行业；而公用事业、食品、医药等行业受经济周期波动的影响较小，被称为防御性行业。在经济周期的复苏和繁荣阶段，周期性行业的债券发行人的信用状况可能会较防御性行业的债券发行人有更大的提升，但在经济周期的萧条和衰退阶段，防御性行业的债券发行人的信用状况则可能比周期性行业的债券发行人更为稳健。

行业按照其产品的市场类型可以划分为完全竞争型行业、垄断竞争型行业、寡头型行业和完全垄断型行业。完全竞争型行业的企业数量众多，任何一家企业都不可能影响产品的市场价格，加之产品的同质性，因而企业之间只能以价格竞争作为唯一的竞争手段，能否提高经营效率从而在价格上取得优势成为企业生存与发展的决定性因素。完全垄断型行业则正好相反，由于独家企业垄断了全部产品供给，能够决定和控制价格，因此其经营状况几乎完全取决于行业的发展状况。不过，完全竞争型行业和完全垄断型行业在现实当中极为少见，最为常见的是垄断竞争型行业和寡头型行业。垄断竞争型行业由于产品的差异性而使得垄断与竞争并存，企业对自身产品的价格有一定的控制力，企业之间的竞争除了采取价格竞争手段，还可以采取质量、品牌、售后服务等非价格竞争手段，因此，企业的经营状况和信用状况在很大程度上取决于它的综合竞争力。寡头型行业由为数不多的几家大企业垄断产品供给，它们各自拥有较大和较稳定的市场份额，对价格的影响力和控制力更强，因此其经营状况和信用状况主要取决于相互之间的博弈和行业的整体发展状况。

行业的生命周期通常包括初创、成长、成熟和衰退四个阶段。处于初创阶段的行业虽然蕴含着巨大的增长潜力，但由于产品的研发费用高、市场需求狭小（公众对该行业的产品尚缺乏了解），因而企业普遍处于亏损状态，信用状况不佳，通常难以通过发行债券融资。进入成长阶段的行业具有良好且稳定的增长前景，债券发行人有望通过经营业绩的持续增长使其信用状况得到不断改善。处于成熟阶段的行业通常存在较高程度的垄断，这使得整个行业因竞争动因不足而缺乏增长性，但同时也使企业可以获得稳定的经营收入和利润，因而债券发行人的信用状况大多保持比较稳定的状态。进入衰退阶段的行业的市场需求因新产品和大量替代品的出现而持续下降，企业经营困难，许多债券发行人可能因此而陷入财务困境，导致信用状况恶化。

3.1.3 竞争地位

如前所述，当所属行业处于生命周期的成长阶段，或者按市场类型划分属于垄断竞争型行业时，企业面临着激烈的竞争。寡头型行业中的中小企业也同样面临竞争压力，而寡头们尽管能够在很大程度上享受到垄断带来的好处，但相互之间的竞争仍然不可避免。在行业中的竞争地位实际上决定了企业在外部经营环境出现不利变化时获取现金的能力，因此对债券发行人的经营状况从而对信用状况具有重大影响。企业之间竞争的方面很多，并且随行业的不同而有所差异，但绝大部分都是基于质量和价格的竞争。企业在行业中的竞争地位可以通过市场占有率、成本结构、增收节支潜力、设备和技术水平等指标来衡量。

3.1.4 管理水平

管理水平在很大程度上决定了企业的竞争地位和可持续发展能力。企业管理水平的高低可以从企业发展战略、经营策略、组织结构及相关管理制度等方面体现出来，但要从质量和深度上准确评估企业的管理水平是比较困难的。对企业管理水平有负面影响的因素包括企业由某个人创建和领导，而此人即将退休却还没有明确的继承人选，管理团队年龄分布较为集中且偏大以及企业频繁地更换管理层和经营理念等。

3.1.5 财务状况

债券发行人财务状况的变动趋势与水平可以通过以下的指标来衡量：

3.1.5.1 偿债能力比率

偿债能力比率反映了发行人用收入支付各种费用的能力。常用的偿债能力比率有利息保障倍数和固定费用保障倍数。

$$\text{利息保障倍数} = \frac{\text{税息前利润}}{\text{应付利息}}$$

如果上述比率的水平过低或出现下降趋势，则意味着债券发行人可能会发生现金流动困难。

$$\text{固定费用保障倍数} = \frac{\text{扣除税金、利息和租金前的利润}}{\text{利息} + \text{租金} + \text{调整税项后的偿债基金支付款项}}$$

3.1.5.2 流动性比率

流动性比率反映了债券发行人对短期内即将到期的债务进行偿还的能力。最常用的流动性比率是流动比率和速动比率。

$$\text{流动比率} = \frac{\text{流动资产}}{\text{流动负债}}$$

$$\text{速动比率} = \frac{\text{流动资产} - \text{存货}}{\text{流动负债}}$$

3.1.5.3 资本结构比率

资本结构是企业的各种资金来源的构成比例，资本结构比率反映了债券发行人的总体偿债能力。主要的资本结构比率有资产负债率、负债对股东权益比率（又称为杠杆比率）等。

$$\text{资产负债率} = \frac{\text{负债总额}}{\text{资产总额}}$$

$$\text{负债对股东权益比率} = \frac{\text{负债总额}}{\text{股东权益总额}}$$

过高的资产负债率或负债对股东权益比率表明债券发行人债务负担较重，因而可能无法保证拥有足够的偿债能力。

思考问题1：尽管资产负债率较低表明发行人的债务负担较轻，但并不意味着这个比率越低越好。请说明原因。

3.1.5.4 盈利能力比率

盈利能力比率是债券发行人财务状况的综合反映。常用的盈利能力比率有资产收益率、股东权益收益率、销售利润率等。

$$资产收益率=\frac{净利润}{资产总额}$$

$$股东权益收益率=\frac{净利润}{股东权益总额}$$

$$销售利润率=\frac{利润总额}{销售收入}$$

这些比率过低或出现下降趋势，将会削弱债券发行人在资本市场上的筹资能力，从而降低其债务偿还的保障程度。

3.1.5.5 现金流量比率

现金是企业最具活力的经济资源和最可靠的还款保证，因而现金流量比率最为真实、客观地反映了债券发行人的偿债能力。常用的现金流量比率有销售现金收入对销售收入比率、经营活动现金流量对流动负债比率和现金流量对负债比率。需要指出的是，在根据上述比率衡量债券发行人的财务状况时，必须结合发行人所属的行业，因为不同行业之间在上述比率上的标准存在较大差异。

3.2 债券的保护性条款与债券信用风险

债券契约中关于保护持有人利益的条款也是影响债券信用风险的一个重要方面，债券投资者应当对这些条款加以分析。这些保护性条款包括与担保、次级债务、偿债基金和红利限制等有关的内容。

3.2.1 担保

按照有无担保，债券可划分为担保债券和信用债券。担保债券是以发行人的特定资产作为抵押，或者由第三方提供保证而发行的债券。如果以特定资产作为抵押，则意味着当发行人违约时，债券持有人将得到抵押品价值的部分或全部。充当抵押品的资产通常是发行人拥有的不动产、有价证券或设备等，以不动产为抵押品发行的债券称为抵押债券，以有价证券为抵押品发行的债券称为质押信托债券。如果是由第三方为发行人提供保证，则当发行人违约时，保证人将承担还本付息的义务，这种债券也称为保证债券。信用债券是没有抵押品和第三方保证，仅以发行人的信用为基础而发行的债券。在其他条件都相同时，担保债券的风险小于信用债券，但也正因为如此，担保债券提供的收益率也低于信用债券。

3.2.2 次级条款

债券发行人未偿还债务总额是影响债券信用风险的一个重要因素。如果投资者在购买了某种债券后不久发现发行人未偿还的债务成倍扩大，他会觉得自己购买的债券信用风险增加了。债券的次级条款能够保护投资者这方面的利益。该条款规定了债券在发行人债务中的优先级别，普通债券优先于次级债券（次级债券是偿还顺序列于发行人的其他负债之后、股权资本之前的债券），先发行的债券优先于后发行的债券。这样，对于投资者购买的某种普通债券，如遇发行人破产或清算，则直到该债券被清偿，其后发行的债券才可能得到偿付；而直到所有的普通债券被清偿，次级债券才可能得到偿付。

思考问题2：从次级条款的含义说明为什么通过发行次级债券筹集的资金对于发行人而言具有资本金的性质。

3.2.3 偿债基金

偿债基金条款要求债券发行人设立偿债基金以将债务偿还分散至若干年内，而不至于因债务到期时的庞大现金支付造成流动性短缺。偿债基金可以按固定金额或已发行债券金额的一定比例提取，也可以按利润或销售收入的一定比例提取。该基金运作的典型方式是，由受托人（如商业银行）持有发行人的偿债基金存款，用于每年在流通市场上回购一小部分发行在外的债券，或者以一个在偿债基金条款中规定的价格购回部分债券。债券发行人拥有的是以市场价格还是以偿债基金价格进行回购的选择权。为了在债券持有人之间公平地分配偿债基金，被回购债券是通过数字序列的方式随机选择的。

偿债基金赎回与前面讨论的一般的债券赎回在三个方面存在差别：一是偿债基金赎回只能回购数量有限的债券（例如有些债券的契约规定偿债基金每年偿还所有未偿付债券的1%），而一般赎回可以回购全部未偿付债券；二是偿债基金价格通常就等于债券面值，而一般的赎回价格通常高于债券面值；三是偿债基金赎回对于债券发行人而言是一种义务，而一般赎回对于债券发行人而言是一种权利。

尽管偿债基金被认为以分期回购的方式保护了债券持有人的利益，但它实际上也可能对持有人的利益造成损害。当债券价格由于市场利率下降而上涨时，发行人按偿债基金价格回购部分债券（此时债券持有人是不能拒绝的）实际上是从中获益了，与这种收益相对应的就是持有人的损失。

3.2.4 红利限制

在股东财富最大化观念的作用下，或者是出于维持公司股价等方面的考虑，债券发行人可能出现对股东的过度分红，而这种过度分红必然带来较大的现金支付压力，从而威胁到债券持有人的利益。红利限制条款限制了发行人向其股东支付红利的数额，由此起到保护债券持有人利益的作用。一个典型的限制内容是，如果发行人有史以来的红利支付超过了累积净收益与股票销售收入之和，就不得继续向股东支付红利。

3.3 债券的信用评级

3.3.1 评级机构

债券信用风险的测定由信用评级机构负责。世界上著名的信用评级机构有美国的穆迪投资者服务公司、标准普尔公司和欧洲的惠誉国际评级公司（1997 年底由美国的惠誉投资者服务公司和英国的 IBCA 公司合并而成）等。这些机构都提供商业公司的财务信息并对大公司发行的债券和市政债券进行信用评级。中国目前主要的信用评级机构有中诚信国际信用评级公司、大公国际资信评估公司和联合资信评估公司等，它们负责对国内包括企业债券在内的各种债务工具和发债主体进行信用评级。

信用评级机构从上述决定债券信用风险的几个方面，通过定量分析和定性分析对债券进行信用评级。它们用字母来表示受评债券的信用等级，不同的信用等级对应着不同的信用风险程度，如 AAA 或 Aaa 代表最高信用等级，信用风险最小。在每个信用等级中，穆迪公司使用 1、2 或 3 作为后缀，标准普尔公司和惠誉国际及国内信用评级机构使用 + 或 - 作为后缀，以便做出更精确的等级划分。表 3-1 列出了穆迪公司、标准普尔公司和大公国际的债券信用等级划分和各个等级的含义。

标准普尔的 BBB 及以上等级、穆迪的 Baa 及以上等级、中诚信的 BBB 及以上等级、大公国际的 BAA 及以上等级的债券都被认为是投资级债券；反之，信用等级低于上述级别的债券则被称之为投机级债券或垃圾债券。在国外，像保险公司、养老基金这样的机构投资者通常被禁止投资于投机级债券。在中国，证券投资基金、社保基金和保险公司等机构投资者通常只对 AA 级及以上等级的企业债券感兴趣。然而，低信用等级的债券也并非没有市场。20 世纪七八十年代，信用等级极低的所谓垃圾债券在美国就曾辉煌一时。不具备投资级信用的公司乐于发行垃圾债券，因为这为它们开启了比银行贷款成本更低的筹资渠道。对于投资者而言，垃圾债券可能获得的高收益成为吸引他们的最主要特性。

表 3－1　　债券的信用等级划分

等级符号				含义	
标准普尔	穆迪	中诚信	大公国际		
AAA	Aaa	AAA	AAA	极高信誉	信用程度高，清偿能力很强，风险很小；资金实力雄厚，资产质量优良，各项指标先进，经营状况佳，盈利能力强；不确定性因素对其经营与发展的影响极小，企业陷入财务困境的可能性极小。
AA	Aa	AA	AA	极高信誉	信用程度较优，清偿能力较强，风险小；资金实力较强，资产质量较好，各项指标先进，经营状况较佳，盈利水平较高；不确定性因素对其经营与发展的影响很小。
A	A	A	A	高信誉	信用程度较好，在正常情况下清偿能力较强；资金实力、资产质量尚可，各项经济指标处于中上等水平，盈利能力和偿债能力有时会受经营环境和其他内外部条件不良变化的影响，但风险较小。
BBB	Baa	BBB	BAA	高信誉	信用程度尚可，有一定的清偿能力，但易受经营环境和其他内外部条件不良变化的影响；资产和财务状况一般，各项经济指标处于中等水平，偿债能力有波动，目前尚有能力还本付息。
BB	Ba	BB	BA	投机性	信用能力不足，清偿能力较弱，风险相对较大，对经营环境和其他内外部条件变化较为敏感，具有较大的不确定性；资产和财务状况及经济指标处于较低水平，含有投机性因素。
B	B	B	B	投机性	信用程度一般，清偿能力弱，风险相对越来越大，对经营环境和其他内外部条件变化较为敏感，容易受到冲击；一旦处于较为恶劣的经济环境下，有可能发生逃债。
CCC	Caa	CCC	CAA	极低信誉	信用较差，清偿能力弱，盈利能力下降；对债权人和投资者保障较小，存在重大风险和不稳定性。
CC	Ca	CC	CA	极低信誉	信用很差，清偿能力很弱，已处于亏损状态；对债权人和投资者具有高度的投机性。
C	C	C	C	极低信誉	信用极差，亏损较为严重；债务清偿能力极低，濒临破产。
D	D			极低信誉	信用极差，亏损严重；基本丧失清偿能力，濒临破产。

3.3.2 信用评级变化对债券价格的影响

如果债券的信用评级发生变化，会对债券价格造成什么影响？这是一个令人感兴趣的问题。容易想到的是，债券信用等级的升降会在很大程度上导致债券价格的涨跌。但事实并非如此。Weinstein（1977）发现，在债券评级发生变化的当月内，债券价格没有明显反应，反倒是在公告评级变化之前的一年内有较明显的反应。① Griffin 和 Sanvicente（1982）对股票价格的分析得出了与 Weinstein 相似的结论。他们发现，公司股票价格在债券评级变化公告之前的 11 个月内有显著反应，而在评级变化公告的当月反应不明显。② Hand、Holthausen 和 Leftwich（1992）发现，债券评级变化的预警消息比实际的评级变化更能影响债券价格，并且投机级债券价格的反应大于投资级债券价格。③ Hite 和 Warga（1997）发现，债券价格对评级下降的反应大于对评级上升的反应，对升入和跌出投资级的反应大于对其他评级变化的反应。④

上述研究表明，总体而言，债券评级的变化只是在事后给出了债券价格变动的原因，而并不是引导了债券价格的变动。这说明投资者主要是根据自己对债券发行人基本面情况的分析作出决策，而并不是在评级机构的评级公告之后才采取行动。

思考问题 3：对上面提到的 Leftwich（1992）的发现应如何解释？

3.4 小结

信用风险和利率风险是债券最主要的两大风险，本章对影响债券信用风险的主要因素和债券信用评级的有关问题进行了讨论。

债券信用风险的大小从根本上讲取决于债券发行人的基本面因素，包括发行人所处的宏观经济环境和行业背景，发行人在行业中的竞争地位，发行人的财务状况以及管理者素质等方面。

---

① MARK I. WEINSTEIN. The Effect of a Rating Change Announcement on Bond Price［J］. Journal of Financial Economics, Dec1977, Vol. 5, Issue 3: 329 - 350.

② PAUL A. GRIFFIN, ANTONIO Z. SANVICENTE. Common Stock Returns and Rating Changes: A Methodological Comparison［J］. Journal of Finance, Mar1982, Vol. 37, Issue 1: 103 - 119.

③ JOHN R. M. HAND, ROBERT W. HOLTHAUSEN, RICHARD W. LEFTWICH. The Effect of Bond Rating Agency Announcements on Bond and Stock Prices［J］. Journal of Finance, Jun1992, Vol. 47, Issue 2: 733 - 752.

④ GAILEN HITE, ARTHUR WARGA. The Effect of Bond-Rating Changes on Bond Price Performance［J］. Financial Analysts Journal, May/Jun1997, Vol. 53, Issue 3: 35 - 51.

债券契约中关于保护持有人利益的条款也是影响债券信用风险的一个重要方面，这些保护性条款包括与担保、次级债务、偿债基金和红利限制等有关的内容。

债券信用风险的测定由信用评级机构负责，这些机构通过定量分析和定性分析对债券进行信用评级。尽管从理论上讲债券信用等级的升降应该在很大程度上导致债券价格的涨跌，但事实却并非如此，债券评级的变化通常只是在事后给出了债券价格变动的原因，而并不是引导了债券价格的变动，这说明投资者主要是根据自己对债券发行人基本面情况的分析作出决策，而并不是在评级机构的评级公告之后才采取行动。

习题

1. 经济正处于稳定复苏的时期。一家医药公司和一家房地产公司目前具有相同的信用等级。如果两家公司发行的债券在到期期限、息票利率等方面的条款都基本相当，你愿意选择购买哪家公司发行的债券？为什么？

2. 假设中国联通公司将发行一种10年期债券，它的条款中包括设立偿债基金等。

（1）试描述一下偿债基金条款。

（2）解释偿债基金条款对以下两项的影响：

①该债券的预期平均有效期；

②该债券在有效期内的总的本金与利息支付。

（3）从投资者的角度，解释为什么需要偿债基金条款。

3. 你购买了某公司发行的两种债券，其中一种将在几个月后到期，另一种则距离到期还有大约7年。该公司最新的财务报告显示，公司的流动比率略高于行业平均水平，资产负债率略低于行业平均水平，但经营活动现金流量对流动负债比率却明显低于行业平均水平，并且较上期大幅下降。你是否会对这两种债券的利息支付和本金偿还产生疑虑？为什么？

4. 向股东派发红利越多，说明发行人的盈利能力越强且现金流充沛，因此对债券持有人的还本付息越有保障。这种说法是否正确？为什么？

5. 如果评级机构在某一天宣布将某家公司的信用评级从原来的投资级以下调升至投资级以上，或者相反，从原来的投资级以上调降至投资级以下，该公司的债券价格会发生明显变化吗？为什么？

6. 由于经济开始出现衰退迹象，一位投资者认为公司债券相对于国债的违约溢价将会上升。你认为他的这个观点是否正确？为什么？

7. 当前的5年期利率水平是5%左右。一家公司发行的还有5年到期的债券，息票利率为9%，但售价只有不到70元（债券面值为100元）。造成该债券如此低价的原因是什么？你认为该债券是否值得投资？为什么？

第2部分

债券的价格与收益

4 债券定价

如何从理论上估算一种债券的价格是债券投资者十分关心的问题。本章将给出债券的定价公式，并在此基础上对影响债券价格的因素和付息日之间交割债券的定价问题进行讨论。我们将看到，债券价格与市场利率之间呈反向变动关系，这使得债券投资存在利率风险。从本章开始的内容都与利率风险密切相关。

4.1 终值和现值

4.1.1 终值

考虑一笔3 000元的投资。如果在当前时刻投资3 000元，那么3年后的本利和是多少？换一种投资方式，如果从当前时刻起每年投资1 000元，那么3年后的本利和是多少？这两种投资方式下的现金流如图4－1所示。

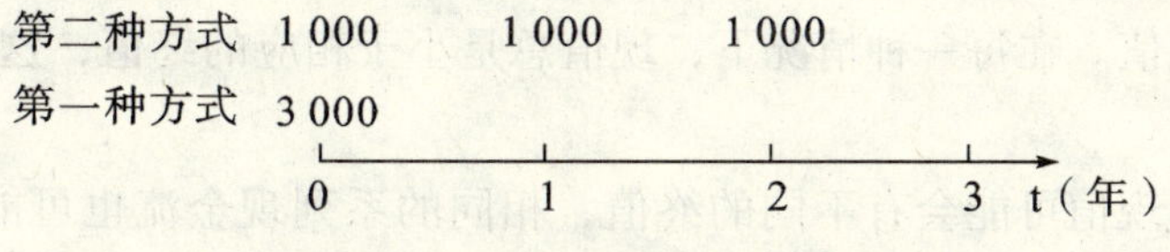

图4－1 两种投资方式下的现金流

这里所要计算的本利和实际上就是期初投资现金流的终值（Future Value，FV）。显然，答案取决于投资者在这项投资上所预期的或者所要求的收益率，称为必要收益率。例如，给定每年的预期收益率为8%，则对于第一种投资方式，终值为：

$$FV = 3\,000\ (1+8\%)^3 = 3\,779.14\ (元)$$

对于第二种投资方式，终值为：

$$FV = 1\,000\ (1+8\%)^3 + 1\,000\ (1+8\%)^2 + 1\,000\ (1+8\%) = 3\,506.11\ (元)$$

4.1.2 现值

现在考虑与上述投资相反的情形。第一种情形是，如果要在3年后收入3 000元，那么在当前时刻应投资多少元？另一种情形是，如果要在未来的第一年、第二年和第三年各收入 1 000 元，那么在当前时刻应投资多少元？这两种情形下的现金流如图 4－2 所示。

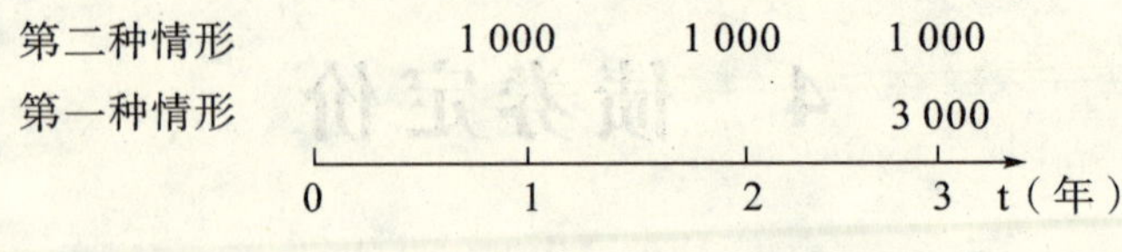

图 4－2　两种情形下的现金流

这里所要计算的当前时刻的投资额实际上就是未来收入现金流的现值（Present Value，PV）。显然，答案也取决于投资者预期的或者要求的收益率，即必要收益率。例如，给定每年的预期收益率为 8%，则对于第一种情形，当前的投资额即现值为：

$$PV=\frac{3\ 000}{(1+8\%)^3}=2\ 381.50\ （元）$$

对于第二种情形，当前的投资额即现值为：

$$PV=\frac{1\ 000}{1+8\%}+\frac{1\ 000}{(1+8\%)^2}+\frac{1\ 000}{(1+8\%)^3}=2\ 577.10\ （元）$$

等式中的收益率 8% 称为折现率，$\frac{1}{(1+8\%)^t}$称为折现因子，即 t 时刻 1 元的现值。

由上面的例子可知，对于当前的一个现金流（现值），可以按某个收益率计算其在未来某个时点的终值；反过来，对于未来某个时点的现金流（终值），可以按某个收益率（折现率）将其折算为当前的现值。对于在一段时期内若干时点上产生的系列现金流（称为年金，Annuity），既可以按某个收益率计算其在未来某个时点的终值，也可以按某个折现率将其折算为现值。在每一种情况下，现值总是小于相应的终值，这体现了资金的时间价值。

显然，相同的现值可能会有不同的终值，相同的系列现金流也可能会有不同的终值。同样，相同的终值或相同的系列现金流也可能会有不同的现值。这都取决于预期的收益率。例如，对于在 3 年后收入的 3 000 元（终值），投资者甲由于预期每年的收益率为 8%，因而愿意在当前投资$\frac{3\ 000}{(1+8\%)^3}=2\ 381.50$ 元，即认为 3 000 元的现值为 2 381.50 元；而投资者乙由于预期每年的收益率为 10%，因而在当前只愿意投资$\frac{3\ 000}{(1+8\%)^3}=$ 2 253.94 元，即认为 3 000 元的现值为 2 253.94 元。

思考问题 1：两项投资具有相同的终值，但现值不同，为什么？

4.2 债券定价公式

一种金融工具的价格等于其预期现金流的现值。这一定价原则有时被称为“收入的资本化”，意即为了获得一种金融工具的预期收入现金流而需要在当前支付的投资金额。一张息票债券给持有人带来的收入现金流是到期前每一期的利息支付和到期时按面值偿还的本金。因此，这个系列现金流按某个折现率折算的现值就是为了获得这些收益而在当前时刻所需的投资金额，即债券的价格。

设 A 为息票债券的面值，C 为每次付息额，T 为剩余的付息次数，m 为付息频率（每年付息次数），r 为必要收益率（以年率表示），P 为债券价格，则：

$$P=\sum_{t=1}^{T}\frac{C}{(1+\frac{r}{m})^{t}}+\frac{A}{(1+\frac{r}{m})^{T}} \qquad (4-1)$$

这里的必要收益率 r 是与该债券的风险特性相适应的一个预期收益率。对于国债而言，由于不考虑信用风险，因此必要收益率与一般市场利率水平相当。对于其他债券，在给定必要收益率时则需要在一般市场利率的基础上加上一个违约风险溢价。

现举例说明债券定价公式（4－1）的应用。

例4.1　某种国债，面值为100元，息票利率为3.6%，12年到期，每半年支付一次利息。市场利率为4%（年率）。由这些条件可知，该债券的付息频率为2（每年付息2次），每次付息额为1.8元，剩余的付息次数为24。所以，根据公式（4－1），这种国债的价格为：

$$P=\sum_{t=1}^{24}\frac{1.8}{\left(1+\frac{0.04}{2}\right)^{t}}+\frac{100}{\left(1+\frac{0.04}{2}\right)^{24}}=96.22(\text{元})$$

如果其他条件不变，只是付息方式改为每年支付一次利息，则计算该国债的价格应为：

$$P=\sum_{t=1}^{12}\frac{3.6}{(1+0.04)^{t}}+\frac{100}{(1+0.04)^{12}}=96.25(\text{元})$$

在这个例子中，如果息票利率等于必要收益率，则可以计算出债券的价格等于其面值。实际上，无论何种期限，也无论何种付息方式，只要息票利率等于必要收益率，根据公式（4－1）都可以得到债券价格等于面值的结论。在前面的讨论中经常提到，大多数的息票债券都是按面值发行的，这意味着债券发行时，息票利率的确定应当与市场上类似债券的收益率接近，过低会导致投资者不愿意购买，而过高又会增加发行人的融资成本。

公式（4－1）暗含了两个假设。第一个假设是，所有时点的现金流的折现率相同，即不同期限的必要收益率相同。在实践中，不同期限的收益率通常是不同的，因此不同时点的现金流会有不同的折现率。这里我们暂时先作这样的简化，在第6章中将讨论如何根据不同期限的收益率对息票债券进行定价。第二个假设是，债券的交割正好是在付息日，也就是说距离下一个付息日正好是6个月（一个付息周期），而通常投资者购买和交割债券是在两个付息日之间。稍后将对此做进一步讨论。

4.3 影响债券价格的因素

4.3.1 债券价格与收益率的关系

从公式（4－1）我们可以得到影响债券价格的三个因素：必要收益率、到期期限和息票利率。由于一种债券在其有效期内息票利率是固定不变的（除非是浮动利率债券），因此息票利率与债券价格的变动之间并无关系，只是会影响到不同债券之间的相对价格水平。例如，债券A和B都是7年期国债，必要收益率都是5%，A的息票利率为8%，B的息票利率为6%，根据公式（4－1），显然债券A的价格高于债券B。

对于债券价格的变动，必要收益率和到期期限是两个重要的影响因素。公式（4－1）表明，债券价格与必要收益率之间呈反向变动的关系。这很容易理解，因为债券在其有效期内的利息支付和按面值偿还的本金是固定不变的，因此，当必要收益率上升时，这些支付的现值就会下降。如前面所述，一种债券的必要收益率是和它的风险程度相适应的，由一般市场利率和风险溢价两部分构成。所以，市场利率变动和债券自身的风险程度变化（如债券发行人的信用等级发生变化等）都会引起必要收益率的变动，从而引起债券价格的反向变动。在例4.1中，如果市场利率上升到5%（从而该国债的必要收益率也上升到5%），则根据公式（4－1）容易计算出债券价格将下降到87.48元。图4－3是例4.1中的国债的价格—收益曲线。

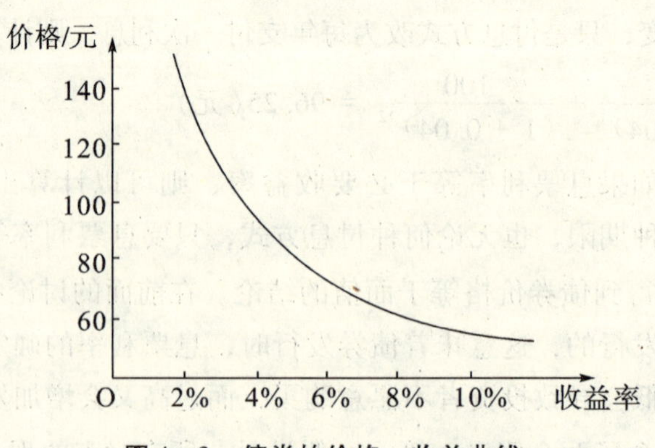

图4－3 债券的价格—收益曲线

4.3.2 债券价格的时间轨迹

在必要收益率保持不变的情况下，债券价格还会随着到期期限的变化而发生变动。公式（4-1）表明，当债券临近到期日时，即当 T→0 时，债券价格→面值。因此，随着到期期限的缩短，一张溢价交易（价格高于面值）债券的价格将逐渐降低并接近其面值，而一张折价交易（价格低于面值）债券的价格则相反。债券价格的这种时间轨迹如图 4-4 所示。

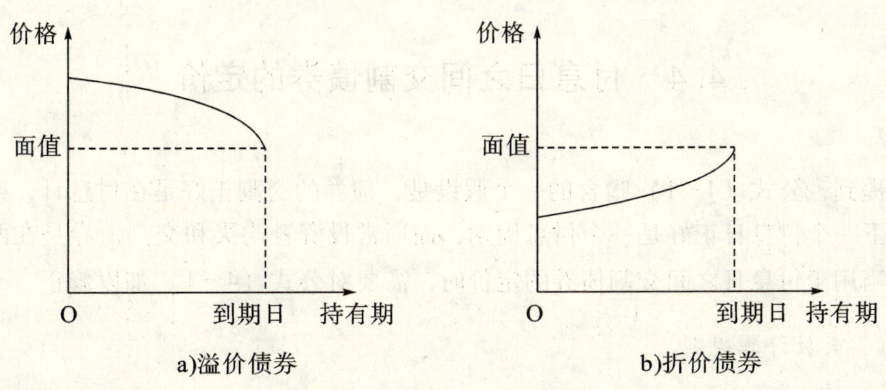

图 4-4 债券价格的时间轨迹

例 4.2 某公司债券面值 100 元，到期期限为 15 年，息票利率为 9%，每年付息。在给定必要收益率为 8% 的条件下，该债券的价格为：

$$P = \sum_{t=1}^{15} \frac{9}{(1+0.08)^t} + \frac{100}{(1+0.08)^{15}} = 108.56(\text{元})$$

如果必要收益率保持不变，则 5 年后该债券的价格为：

$$P = \sum_{t=1}^{10} \frac{9}{(1+0.08)^t} + \frac{100}{(1+0.08)^{10}} = 106.71(\text{元})$$

如果直至债券到期前一年必要收益率仍然保持不变，该债券的价格将为：

$$P = \frac{9+100}{1+0.08} = 100.93\ (\text{元})$$

例 4.3 某公司债券面值 100 元，到期期限为 15 年，息票利率为 7%，每年付息。在给定必要收益率为 8% 的条件下，该债券的价格为：

$$P = \sum_{t=1}^{15} \frac{7}{(1+0.08)^t} + \frac{100}{(1+0.08)^{15}} = 91.44(\text{元})$$

如果必要收益率保持不变，则 5 年后该债券的价格为：

$$P = \sum_{t=1}^{10} \frac{7}{(1+0.08)^t} + \frac{100}{(1+0.08)^{10}} = 93.29(\text{元})$$

如果直至债券到期前一年必要收益率仍然保持不变，该债券的价格将为：

$$P=\frac{7+100}{1+0.08}=99.07\text{（元）}$$

例4.2和例4.3表明，无论是溢价交易还是折价交易的债券，在必要收益率保持不变的情况下，随着到期日的临近，债券价格都将收敛于面值。

思考问题2：公式（4-1）能否用于零息票债券的定价？随着时间的推移，零息票债券的价格会发生怎样的变化？

4.4 付息日之间交割债券的定价

前面提到，公式（4-1）暗含的一个假设是，债券的交割正好是在付息日，或者说交割日距离下一个付息日正好是一个付息周期，而通常投资者购买和交割债券是在两个付息日之间。当用于付息日之间交割债券的定价时，需要对公式（4-1）加以修正。

4.4.1 天数计算规则

对付息日之间交割的债券进行定价涉及天数计算的问题，即交割日距上一个付息日或下一个付息日有多少天。天数计算规则通常表示为X/Y的形式。X定义为两个日期之间天数的计算方式，Y定义为参考期限总天数的度量方式。对不同的债券发行者，或者在不同的国家，采用不同的天数计算规则。实际操作中常用的天数计算规则有以下6种：

（1）实际天数/实际天数，采用这种规则的有美国中长期国债、加拿大国债、法国国债、澳大利亚国债等；

（2）实际天数/365，采用这种规则的有中国国债、英国国债等；

（3）实际天数/365（闰年366）；

（4）实际天数/360，采用这种规则的有美国的短期国债和其他货币市场工具；

（5）30/360，采用这种规则的有美国的公司债券、政府机构债券、市政债券等；

（6）30E/360，采用这种规则的有德国国债、瑞士国债、意大利国债、欧洲债券等。

第一种规则对交割日与付息日之间的天数（X）和付息周期的天数（Y）都按实际天数计算。第二种规则对交割日与付息日之间的天数（X）按实际天数计算，但对于付息周期的天数（Y）则按一年365天的假设来计算。第三种规则和第四种规则与第二种规则类似，区别在于，第三种规则下的闰年按366天计算，而第四种规则按一年360天的假设来计算。

第五种规则假设每月为30天，并根据以下规则确定上一个付息日至交割日或交割日至下一个付息日之间的天数：

设前一个日期为 Y_1 年 M_1 月 D_1 日，后一个日期为 Y_2 年 M_2 月 D_2 日。

ⅰ）若 D_1 为31，则转换为30；

ⅱ）若 D_2 为31，D_1 为30或31，则将 D_2 转换为30，否则保留 $D_2=31$；

ⅲ）两个日期之间的天数为：

$(Y_2-Y_1)\times360+(M_2-M_1)\times30+(D_2-D_1)$

第六种规则假设每月30天，并根据以下规则确定上一个付息日至交割日或交割日至下一个付息日之间的天数：

仍然设前一个日期为 Y_1 年 M_1 月 D_1 日，后一个日期为 Y_2 年 M_2 月 D_2 日。

ⅰ）若 D_1 为31，则转换为30；

ⅱ）若 D_2 为31，则转换为30；

ⅲ）两个日期之间的天数为：

$(Y_2-Y_1)\times360+(M_2-M_1)\times30+(D_2-D_1)$

例4.4　假设投资者于2008年5月30日购买了面值100元、息票利率7%的某种债券，5月31日交割。前、后两个付息日分别为2008年3月15日和2008年9月15日。

按照第一种规则（比如这种债券是美国的中长期国债），上一个付息日至交割日之间的天数为：3月15日至3月31日，16天；4月份，30天；5月1日（含5月1日）至5月31日，31天；共计77天。类似地，交割日至下一个付息日之间的天数为：5月31日至6月30日，30天；7月份，31天；8月份，31天；9月份，15天；共计107天。两个付息日之间的天数为实际天数184天。

按照第二种规则（比如这种债券是中国国债），上一个付息日至交割日之间的天数及交割日至下一个付息日之间的天数与第一种规则相同，分别为77天和107天，但两个付息日之间的天数为365/2=182.5天，而不是184天。

按照第三种规则，尽管2008年是闰年，但两个付息日之间没有包含2月份，因而天数计算与第二种规则相同。

按照第四种规则（比如这种债券是美国短期国债），上一个付息日至交割日之间的天数及交割日至下一个付息日之间的天数仍然分别为77天和107天，而两个付息日之间的天数则为360/2=180天。

按照第五种规则（比如这种债券是美国的公司债券、政府机构债券或市政债券），上一个付息日至交割日之间的天数计算如下：

$D_2=31$，但 $D_1\neq30$ 或31，因而保留 $D_2=31$。

所以，两个日期之间的天数为：

$(5-3)\times30+(31-15)=76$（天）

交割日至下一个付息日之间的天数计算如下：

因为 $D_1=31$，所以将其转换为 30。$D_2=15$。所以，两个日期之间的天数为：

$(9-5)\times30+(15-30)=105$ （天）

两个付息日之间的天数为 360/2 = 180 天。

按照第六种规则（比如这种债券是欧洲债券），上一个付息日至交割日之间的天数计算如下：

因为 $D_2=31$，所以将其转换为 30。$D_1=15$。所以，两个日期之间的天数为：

$(5-3)\times30+(30-15)=75$ （天）

交割日至下一个付息日之间的天数计算如下：

因为 $D_1=31$，所以将其转换为 30。$D_2=15$。所以，两个日期之间的天数为：

$(9-5)\times30+(15-30)=105$ （天）

两个付息日之间的天数为 360/2 = 180 天。

4.4.2 华尔街规则

对于付息日之间交割债券的价格，按照“华尔街规则”的计算方法是：

$$P=\sum_{t=0}^{T-1}\frac{C}{(1+\frac{r}{m})^{t+W}}+\frac{A}{(1+\frac{r}{m})^{T-1+W}} \tag{4-2}$$

式中 A 为息票债券的面值，C 为每次付息额，T 为剩余的付息次数，m 为付息频率（每年付息次数），r 为必要收益率（以年率表示），P 为债券价格。W 为交割日至下一个付息日之间的天数折算为付息周期的比例，其计算如下：

$$W=\frac{\text{交割日至下一个付息日之间的天数}}{\text{付息周期的天数}} \tag{4-3}$$

例 4.5　中国国债市场上的一种国债，面值为 100 元，息票利率为 7%，每半年支付一次利息，到期日为 2017 年 9 月 15 日。假设现在是 2008 年 5 月 30 日，投资者如果在今天交易，则交割日为第二天，即 5 月 31 日。给定必要收益率为 5%，该国债的理论价格应该是多少？

根据该国债的条款可知，付息日为每年的 3 月 15 日和 9 月 15 日，因此，交割日处于两个付息日之间，如图 4-5 所示。

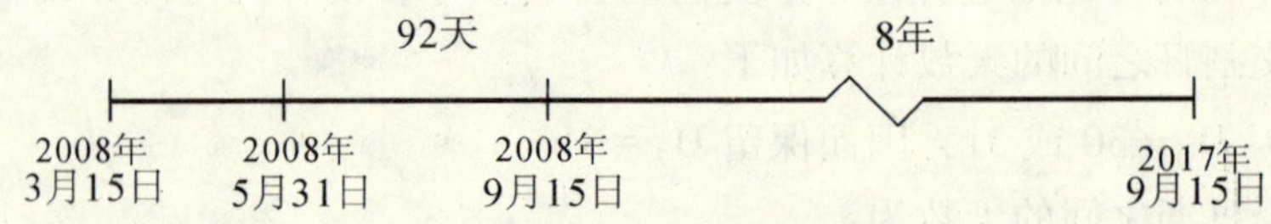

图 4-5　例 4.5 的时间图

首先根据式（4－3）计算W。中国国债采用实际天数/365的天数计算规则，2008年5月31日至9月15日的实际天数为107天，因此有：

$$W=\frac{107}{182.5}=0.5863$$

再根据式（4－2）计算债券价格：

$$P=\sum_{t=0}^{16}\frac{3.5}{(1+0.025)^{t+0.5863}}+\frac{100}{(1+0.025)^{16+0.5863}}=114.71(\text{元})$$

4.4.3 应计利息与净价交易

付息日之间交割的债券还会涉及应计利息的问题。如果买方在两个付息日之间购买债券，在交割时他必须向卖方支付应计利息，即下一次利息支付额中应由卖方获得的部分。应计利息的计算也涉及天数计算规则，其计算公式为：

$$\text{应计利息}=\text{一次息票支付额}\times\frac{\text{上一个付息日至交割日之间的天数}}{\text{计息周期的天数}}$$

上面例子中的债券如果是美国中长期国债，则按照第一种天数计算规则，应计利息为30×77/184＝12.55元。如果该债券是中国国债，则按照第二种天数计算规则，应计利息为30×77/182.5＝12.66元。依此类推，如果是其他种类的债券，则按照相应的天数计算规则计算应计利息。

在债券交易中，买方向卖方支付的价格中包含了应计利息，这个价格称为全价（Dirty Price或Full Price）。不包含应计利息的价格称为净价（Clean Price或Lat Price）。所以，全价与净价的关系为：

全价＝净价＋应计利息

思考问题3：根据式（4－2）计算得到的债券价格是全价还是净价？

国际市场上债券的交易普遍采用净价交易，即将债券的价格与应计利息分解，以净价进行报价和成交。中国的银行间债券市场从2001年7月2日开始实行净价交易，上海证券交易所和深圳证券交易所的债券交易则从2002年3月25日开始实行净价交易。与净价交易相对的是全价交易，即报价和成交价格中包含了应计利息。相比于全价交易，净价交易的显著优点在于能够更直观地反映市场利率的变化对债券价格的影响。由于应计利息每天都在变化，因此，如果债券的成交价格中包含应计利息，则难以直观地反映市场利率的变化对债券价格的影响。例如，在一个付息周期当中，即便市场利率并未发生变化，债券的价格也会由于应计利息的逐日增加而上升，而在付息日的次日又会因应计利息降为零而突然下降，这使得投资者难以直接根据债券价格的变化判断市场利率状况。净价交易让债券价格只反映本金价值的变化，因而能够更直观地反映市场利率的变化对债券价格的影响。净价交易的另一优点是能够为债券投资收益的税务处理提供便利。从各国的现实情况来看，对债券投资中的利息收益和资本利得收益所征收的税率是不同的，例如，国债利息税率通常很低，市政债券的利息收益可以免税，而资本利得税率通常比较高。净价交易使债券买卖中的利息收益和资本利得收益很容易分辨，从而为税务处理提供了便利。

需要指出的是，在净价交易方式下，以净价进行报价和成交，而以全价进行交割，即以成交价格和应计利息额之和作为交割价格。例如，在前面的例子中，假设该债券为中国国债，成交价格为108.35元（中国国债一般都是100元面值），手续费率为2‰，则买方购买1手国债（1 000元面值称为1手）的成本为：

购买成本 = 交割价格 × 成交数量 + 交易费用

= （成交价格 + 应计利息） × 成交数量 + 成交价格 × 成交数量 × 手续费率

= （108.35 + 1.266） × 10 + 108.35 × 10 × 2‰

= 1 098.327（元）

相应地，卖方的出售收入为：

出售收入 = 交割价格 × 成交数量 − 交易费用

= （成交价格 + 应计利息） × 成交数量 − 成交价格 × 成交数量 × 手续费率

= （108.35 + 1.266） × 10 − 108.35 × 10 × 2‰

= 1 093.993（元）

4.5 小结

本章给出了债券的定价公式，并在此基础上对影响债券价格的因素和付息日之间交割债券的定价问题进行了讨论。

终值是当前的一笔现金流投资一定时期后的本利和，现值则是为取得未来的一笔现金流而在当前所需的投资额。给定现值求终值或给定终值求现值，结果都取决于投资者给出的必要收益率。

一张息票债券给持有人带来的收入现金流是到期前每一期的利息支付和到期时按面值偿还的本金。因此，这个系列现金流按某个必要收益率折算的现值就是为了获得这些收益而在当前时刻所需的投资金额，即债券的价格。必要收益率和到期期限是影响债券价格变动的两个重要因素。定价公式表明，债券价格与必要收益率之间呈反向变动的关系，而在必要收益率保持不变的情况下，债券价格还会随着到期期限的变化而发生变动。

对于付息日之间交割债券的价格，可以按照“华尔街规则”来计算，其中最关键的是要计算出交割日至下一个付息日之间的天数折算为付息周期的比例，这涉及天数计算规则。天数计算规则通常表示为X/Y的形式。X定义为两个日期之间天数的计算方式，Y定义为参考期限总天数的度量方式。实际操作中常用的天数计算规则有6种。

付息日之间交割的债券会涉及应计利息的问题。在债券交易中，买方向卖方支付的价格中包含了应计利息，这个价格称为全价，不包含应计利息的价格称为净价。净价交易的优点是能够更直观地反映市场利率的变化对债券价格的影响。

习题

1. 你在一个回收期为3年的项目上投资了10万元，预期每年的收益率为15%。到期时你将收回多少资金？如果预期收益率不变，而每年有5 000元的现金收入，则到期时你一共可以收回多少资金？

2. 一种5年期债券，息票利率为3.5%，当前的到期收益率为4.7%。如果利率保持不变，一年后这种债券的价格会更高？更低？还是不变？

3. 当前市场利率为4%。一张面值100元、息票利率7%的5年期债券，每半年付息一次。比较市场利率下跌至3%引起的资本利得和市场利率上升至5%引起的资本损失。

4. 新发行的一种10年期零息债券，到期收益率为8%，票面额为10 000元。持有人在第一年、第二年和第三年分别可以获得多少利息收入？

5. 假定今天是9月15日，现有一种息票利率为9%的债券，每隔半年，分别在5月27日和11月27日各付息一次（以实际天数/365为计息基础）。今天该债券的市场报价是101.12元。投资者购买该债券时支付的现金价格是多少？

6. 假定今天是2008年1月12日，一种息票利率为8%、每半年付息一次（以实际天数/365为计息基础）的债券，上一次付息日是在2007年10月30日，当前的到期收益率为6.7%。该债券的理论价格是多少？如果是以实际天数/实际天数为计息基础呢？

7. 债券A和债券B是两种到期期限为8年的可赎回债券，赎回价格均为106元。债券A的息票利率为6.5%，债券B的息票利率为8.5%，都是每半年付息一次，当前的到期收益率均为7.3%。假设只要债券的理论价格超过其赎回价时就立即赎回，如果市场利率突然降为6.3%，每种债券的资本利得各为多少？

8. 债券A和债券B有相同的到期期限和息票利率。债券A为可赎回债券，当前的价格为107元；债券B不可赎回，当前的价格为113元。哪一种债券有较高的到期收益率？说出两个使得这种债券有较高到期收益率的可能原因。

5 债券的收益率

第 4 章中我们讨论了在给定预期收益率的情况下如何对债券定价的问题。投资者在购买某种债券时关心的另一个重要问题是，如果以当前价格买入该债券，能够获得的收益率是多少。本章将对此进行讨论。

5.1 当期收益率和持有期收益率

投资收益率的一般定义是：

$$收益率 = \frac{投资收益}{投资本金}$$

债券投资的潜在收益来源包括三个部分：利息收益；利息的再投资收益；债券到期、被赎回或出售时的资本利得。按照对潜在收益来源考虑的不同，可以有多种衡量债券收益率的指标。当期收益率（Current Yield）定义为利息收益与债券市场价格之比，其计算公式为：

$$当期收益率 = \frac{年利息收益}{市场价格} \tag{5-1}$$

由于投资者是以市场价格买入债券，因此公式中的市场价格实际上就是投资者的投资本金。当期收益率由于仅仅考虑了利息收益，因而对债券收益率的衡量并不精确。但对于短期投资者而言，用这一指标来衡量收益率是完全可行的，因为债券的短期投资无需考虑利息的再投资收益，而且债券价格在短期内的波动通常都很小，从而使得资本利得很小。

如果在考虑利息收益的同时还考虑了资本利得，就得到持有期收益率（Holding Period Return），其计算公式为：

$$持有期收益率 = \frac{年利息收益 + 年资本利得}{市场价格} \tag{5-2}$$

如果用 r 代表持有期收益率，E（I）代表持有期间预期可获得的利息收益，P_0 代表买入价格，E（P_1）代表预期的出售或被赎回的价格，或者是债券到期时偿还的价格（通常为面值），n 代表持有期的年数，则公式（5-2）可写为：

$$r=\frac{\frac{E(I)}{n}+\frac{E(P_1)-P_0}{n}}{P_0}$$

或者：

$$r=\frac{E(I)+E(P_1)-P_0}{nP_0} \tag{5-3}$$

例 5.1　某种债券息票利率为 7%，每半年支付一次利息，还有 3 年到期，当前的价格为 101.2 元。该债券的当期收益率是多少？如果投资者预期持有半年后能够以 101.5 元的价格卖出，持有期收益率是多少？如果按持有到期来计算呢？

根据式（5-1），容易得到当期收益率为：

$$\frac{7}{101.2}=6.92\%$$

如果预期半年后以 101.5 元卖出，由于半年内获得了 3.5 元的利息收益和 101.5 - 101.2 = 0.3 元的价差收益，所以根据式（5-3），持有期收益率为：

$$\frac{3.5+101.5-101.2}{0.5\times101.2}=7.51\%$$

如果按持有到期来计算，则持有期收益率为：

$$\frac{7+\frac{100-101.2}{3}}{101.2}=6.52\%$$

上述计算公式涉及收益率的年化问题。尽管投资周期通常都不会恰好是 1 年，但收益率通常都以年率表示，以便于在不同期限的投资收益率之间进行比较。收益率的年化可以有两种方法。

一种方法是将计算所得的收益率除以投资周期的年数（1 年以 365 天计），称为债券等值收益率（Bond-Equivalent Yield）。例如，3 年收益率为 21%，则年收益率为 21%/3 = 7%；半年收益率为 10%，则年收益率为 10%/0.5 = 20%。

另一种方法是考虑复利因素，用下面的公式来计算：

$$年收益率=(1+期间收益率)^{\frac{1}{n}}-1 \tag{5-4}$$

式中 n 为投资周期的年数。这样计算出的年化收益率称为有效年收益率。

虽然有效年收益率因为考虑了复利因素而更为准确，但实际上市场参与者却更多地使用债券等值收益率。

思考问题 1：银行的半年期定期存款为 2%，这是一个等值年化收益率，你的 10 000 元半年期定期存款到期时将获得多少利息？

5.2 到期收益率

持有期收益率由于不仅考虑了利息收益，而且考虑了持有期间的资本利得，因而较当期收益率更能够全面地衡量债券的收益率。但持有期收益率仍然存在不足之处，即没有考虑利息的再投资收益。为此，我们引入另一个重要的、应用最为广泛的债券收益率衡量指标——到期收益率（Yield to Maturity）。

5.2.1 到期收益率的计算公式

到期收益率定义为使债券未来收入的现值与其当前价格相等的比率。这样的表述看起来似乎脱离了收益率的一般定义，而实际上，当考虑了债券投资的上述全部三项收益来源时，到期收益率完全可以从收益率的一般定义出发得到。推导如下：

假设投资者以 P 的价格买入某种债券，该债券的剩余付息次数为 T，每半年付息一次，每次付息金额为 C，到期按面值 A 偿还。另设投资者买入后持有到期的期间收益率为 r，平均每年的收益率（即到期收益率）为 YTM，并假设每次获得的利息收益都以 YTM/2 的半年收益率进行再投资至债券到期。根据收益率的一般定义，有：

$$r=\frac{C\left(1+\frac{YTM}{2}\right)^{T-1}+C\left(1+\frac{YTM}{2}\right)^{T-2}+\cdots+C+A-P}{P}$$

而根据式（5－4）可知期间收益率 r_n 与到期收益率 YTM 有如下关系：

$$r=\left(1+\frac{YTM}{2}\right)^{T}-1$$

两式联立并整理可得：

$$P=\sum_{t=1}^{T}\frac{C}{\left(1+\frac{YTM}{2}\right)^{t}}+\frac{A}{\left(1+\frac{YTM}{2}\right)^{T}} \quad (5-5)$$

式（5－5）与式（4－1）在形式上完全一致，区别在于：式（4－1）是在给定预期收益率的条件下计算债券的理论价格，这个预期收益率称为必要收益率；而式（5－5）是在给定债券价格的条件下计算债券的预期收益率，这个预期收益率称为到期收益率。

根据式（5－5）并不能直接求解未知变量 YTM，此时可以借助财务计算器或者某些软件（如 Excel）来计算。如果没有这些工具，则需要使用试错法，即先假设 YTM 等于某个值，代入式（5－5）求出相应的价格。如果这个价格等于已知价格，则说明假设的 YTM 值正是要求解的 YTM 值；否则改变假设值后重新代入式（5－5）计算。如此反复，直至得到正确的 YTM 值。在使用试错法的过程中，若注意利用第 4 章中关于价格与收益率关系的规律，能够大大提高试错获得正确值的效率。

例 5.2　利用试错法计算例 5.1 中债券的到期收益率。

将已知条件代入式（5－5）得到：

$$101.2 = \sum_{t=1}^{6} \frac{3.5}{(1+\frac{YTM}{2})^{t}} + \frac{100}{(1+\frac{YTM}{2})^{6}}$$

由于债券价格高于面值，因此到期收益率应低于息票利率。令 YTM＝6.5％，代入等式右边，得到的价格为 101.34，高于 101.2，说明 6.5％偏低了；令 YTM＝6.7％，代入等式右边，得到的价格为 100.8，低于 101.2，说明 6.7％偏高了；再令 YTM＝6.55％，代入等式右边，得到的价格正好为 101.2。因此，结果为：

YTM＝6.55％

思考问题 2：平价交易债券的息票利率、当期收益率和到期收益率之间是什么关系？

5.2.2　到期收益率与违约风险

上面例子中到期收益率的计算是在不考虑违约风险，即假定债券的每一期利息按时足额支付、到期时按面值偿还本金的条件下进行的，这可以看成发行人承诺的到期收益率。实际上，除非是像国债这样的没有违约风险的债券，对于其他种类的债券而言，投资者在购买债券时预期的到期收益率都会小于承诺到期收益率。

例 5.3　考虑一家公司发行的债券，息票利率为 7％，每半年付息一次，还有 5 年到期。由于公司面临财务困境，投资者预期公司虽然有能力支付每期利息，但在到期日很可能破产，届时债券持有人只能收回面值的 50％。该债券当前的价格为 71 元。根据公式（5－5），投资者可以按照表 5－1 的数据计算该债券的到期收益率。

表 5－1　**债券的到期收益率计算**

变量	承诺到期收益率	预期到期收益率
C（元）	3.5	3.5
T（期）	10	10
A（元）	100	50
P（元）	71	71

计算结果为，承诺到期收益率 15.56％，预期到期收益率 4.52％。

思考问题 3：如果预期公司对利息只能支付 70％，最后的本金只能支付 50％，那么预期的到期收益率是多少？

在期限和息票利率相同时，相对于没有违约风险的国债而言，公司债券等其他种类的债券具有更高的到期收益率。这些债券与国债的到期收益率之差称为违约溢价（Default

Premium），它补偿了可能发生的违约。违约风险越大的债券，提供的违约溢价越高，因而到期收益率也越高。到期收益率与违约风险之间的这一关系有时被称为“利率的风险结构”（Risk Structure of Interest Rates）。

5.2.3 到期收益率与实际复利收益率

到期收益率虽然是衡量债券收益率的适当指标，但它通常并不等于投资者持有债券到期时的实际复利收益率，原因是到期收益率的计算实际上是基于这样一条假设，即每一期的利息收益以等于到期收益率的收益率进行再投资，而这一假设并不切合实际。考虑例5.1中的债券。如果假设每一期的利息收益都以3.275%（即到期收益率6.55%的一半）进行再投资，则到期时的实际复利收益率正好等于到期收益率6.55%；反之，如果每一期利息收益的再投资收益率不等于到期收益率，比如说以5%的年收益率进行再投资，则到期时的实际复利收益率不等于到期收益率。图5－1说明了这一点。在情形a中，再投资收益率等于到期收益率，债券投资的终值为122.797，由

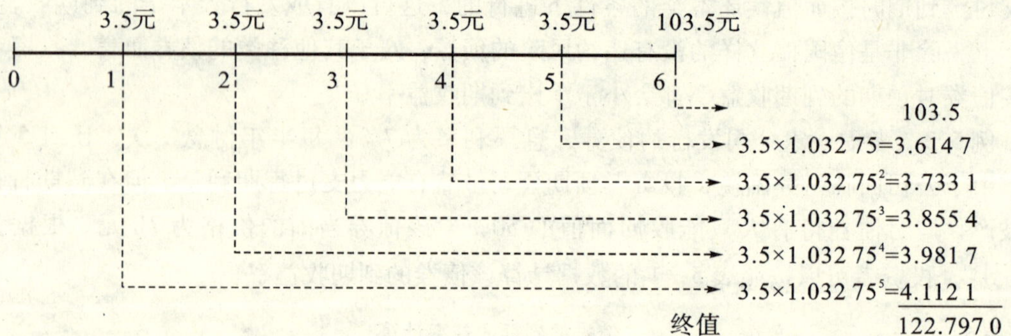

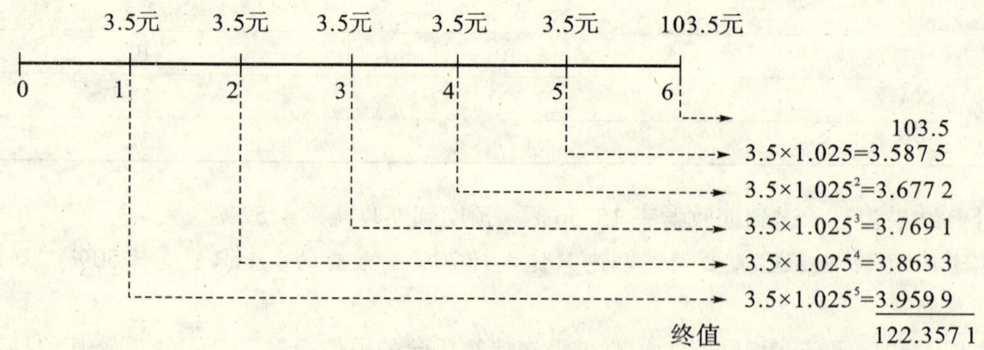

图5－1 债券投资的终值

$$101.2\left(1+\frac{R}{2}\right)^{6}=122.797$$

可以得到实际复利收益率 R = 6.55%，与到期收益率相等。在情形 b 中，再投资收益率不等于到期收益率，债券投资的终值为 122.357 1，由

$$101.2\left(1+\frac{R}{2}\right)^{6}=122.3571$$

可以得到实际复利收益率 R = 6.43%，与到期收益率不相等。

思考问题 4：到期收益率通常并不等于投资者持有债券到期时的实际复利收益率，但为什么到期收益率仍然被广泛用于衡量债券的收益率？

5.3 赎回收益率

对于可赎回债券，投资者除了关注到期收益率，还会对另一个收益率指标——赎回收益率（Yield to Call）感兴趣，因为如果债券被提前赎回，则付息次数和最终支付额都会不同于债券到期，因而收益率也就存在差异。

第 1 章从再投资的角度讨论了赎回条款给债券投资者带来的风险。实际上，从债券价格与利率关系的角度更容易理解这种风险：当市场利率下跌时，债券价格本应上涨，但赎回条款将限制价格的上涨，使投资者损失价差收益。图 5－2 说明了可赎回债券的风险。

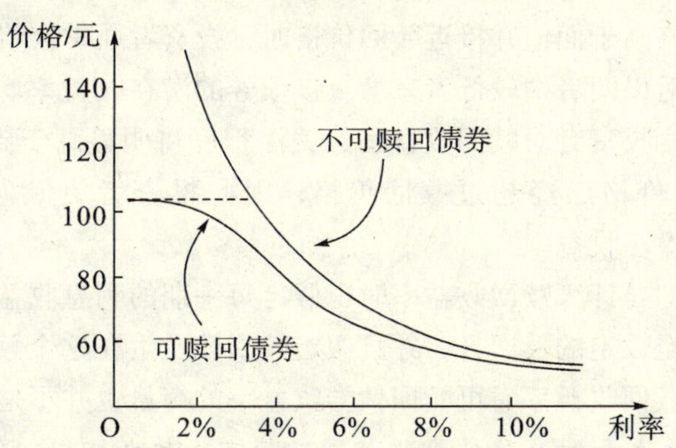

图 5－2　可赎回债券的价格—收益曲线

从图 5－2 中可以看到，当利率较高（高于债券的息票利率）时，债券处于折价交易状态，赎回的可能性极小，赎回风险可忽略不计，此时可赎回债券与不可赎回债券的价格很接近。随着利率的下降，两种债券的价格上升，但赎回预期的增强使得两种债券的价格开始出现分化。当利率进一步降低使债券价格接近赎回价格（图中虚线所示）时，不可赎回债券的价格将继续上升，而可赎回债券则将被发行人以赎回价格赎回。

赎回收益率的计算方法与到期收益率基本相同，只是前者的计算是基于交割日至赎回日之间的现金流，而后者的计算是基于交割日至到期日之间的现金流。也就是说，计算赎回收益率时，需要将公式（5－5）中的剩余付息次数T替换为交割日至赎回日之间的付息次数，将债券面值A替换为赎回价格。计算赎回收益率时通常假定赎回发生在首次赎回日（First Call Date），这样得到的收益率有时被称为“首次赎回收益率”。当然，计算所有可能赎回日的收益率也是有意义的，因为大多数债券可能在首次赎回日之后的任何时间被赎回。

例5.4 息票利率为8%、每半年付息一次、还有10年到期的某种债券，当前价格为109元，在第5年可赎回，赎回价为105元。根据公式（5－5），投资者可以按照表5－2的数据分别计算到期收益率和赎回收益率。

表5－2 赎回收益率的计算

变量	到期收益率	赎回收益率
C（元）	4	4
T（期）	20	10
A（元）	100	105
P（元）	109	109

计算结果为，到期收益率6.75%，赎回收益率6.71%。

当债券的当前价格高于面值并接近赎回价格时，投资者通常会将到期收益率和赎回收益率都计算出来，然后以两者中较低者来衡量该债券的潜在收益率。当然，如果当前价格已经超过赎回价格，则投资者对赎回收益率的关注程度将明显高于到期收益率。在例5.4中，由于债券的当前价格已经超过赎回价格，因此投资者更倾向于将6.71%而不是6.75%作为该债券的潜在收益率。

与到期收益率类似，计算赎回收益率时也假定每一期的利息收益以等于赎回收益率的收益率进行再投资直至设定的赎回日，并且假定赎回就发生在这个赎回日，而这些假设并不切合实际，因此，赎回收益率对可赎回债券收益率的衡量也并不是完美的。

思考问题5：债券A和债券B的期限相同，赎回条款也相同，债券A当前价格为83元，债券B当前价格为102元。当市场利率下降时，两种债券的价格变化会有什么差异？

5.4 小结

债券投资的潜在收益来源包括三个部分：利息收益，利息的再投资收益，债券到期、被赎回或出售时的资本利得。按照对潜在收益来源考虑的不同，可以有多种衡量债券收益率的指标。当期收益率定义为利息收益与债券市场价格之比。如果在考虑利息收益的同时还考虑了资本利得，就得到持有期收益率。到期收益率定义为使债券未来收入的现值与其当前价格相等的比率，它也可以根据收益率的一般定义推导得到。收益率的年化可以有债券等值收益率和有效年收益率两种方法。

在不考虑违约风险，即假定债券的每一期利息按时足额支付、到期时按面值偿还本金的条件下计算的到期收益率可以看成发行人承诺的到期收益率。考虑违约风险后计算的到期收益率称为预期的到期收益率。

到期收益率通常并不等于投资者持有债券到期时的实际复利收益率，原因是到期收益率的计算实际上是基于这样一个假设，即每一期的利息收益以等于到期收益率的收益率进行再投资，而实际上每一期的利息并不一定是以到期收益率进行再投资的。

对于可赎回债券，投资者还会关注另一个收益率指标——赎回收益率。赎回收益率的计算方法与到期收益率基本相同，只是前者的计算是基于交割日至赎回日之间的现金流，而后者的计算是基于交割日至到期日之间的现金流。

习题

1. 面值100元的某公司债券，还有5年到期，息票利率为8%，每半年付息一次，当前价格为97.3元。计算当期收益率和到期收益率。

2. 某投资者以97.3元的价格购买了第1题中的债券，持有3年后以7.5%的收益率卖出。如果持有期间的再投资收益率为7%，则该投资者的实际复利收益率为多少？

3. 投资者以当前价格购买某种债券，假设持有到期按面值收回本金，以面值减去买价后的年化价差收益，加上年利息，然后除以买价，如此得到的收益率即为该债券的到期收益率。这种说法是否正确？为什么？

4. 某种债券的到期收益率以等值年化收益率表示是10%，但其利息是每季度等额支付。计算该债券的有效年化到期收益率。

5. 一种15年期的债券，息票利率9.5%，每半年付息一次，4年后可按108元提前赎回。该债券现在的到期收益率为8.3%。

（1）按赎回日计算的到期收益率是多少？

（2）如果赎回价格为103元，重新计算（1）。

（3）如果提前赎回价格仍为108元，但是是2年而不是4年后就可赎回，重新计算（1）。

6. 以下哪种证券有较高的年收益率？

（1）面值为100元，当前价格为98.1元的5个月期国库券；

（2）息票利率为8%、每半年付息一次的平价债券。

7. 假定现在是2008年9月27日。某种国债的息票利率为2.66%，每半年付息一次（以实际天数/365天为计息基础），到期日为2014年2月19日，当前的价格为83.77元。

（1）计算该债券的到期收益率；

（2）如果当前买入后在下一个付息日的次日以5.5%的收益率卖出，持有期的总回报率是多少？

（3）假定利息收入的税率为20%，资本利得收入的税率为10%，在（2）的情况下，税后持有期收益率是多少？

8. 当前市场上有三种信用等级相同的10年期债券。债券A是零息债券，面值100元；债券B的息票利率为8.5%，每年付息一次；债券C的息票利率为7%，每年付息一次。三种债券的到期收益率均为7%。某投资者准备在三种债券中选择一种进行一年的投资。如果投资者预期一年后这三种债券的到期收益率为5.5%，则对于每种债券，投资者的税前持有期收益率是多少？如果利息收入和资本利得分别按20%和15%的税率征收，则每一种债券的税后收益率是多少？

9. 某公司发行的两种10年期债券，赎回价格都是105元。第一种债券息票利率为2.3%，当前价格为65元。第二种债券息票利率8.5%，当前为平价交易。

（1）哪种债券的到期收益率更高？为什么会这样？

（2）如果预期利率在此后的两年中大幅下跌，投资者会选择哪种债券？

（3）为什么说折价债券提供了“隐性赎回保护”？

10. 某公司3年前发行了息票利率为10%的债券，每半年付息一次，现在还有7年到期，价格为87.5元。由于财务状况恶化，该公司希望债权人同意公司将利息支付减至原来的一半。则该债券的承诺的和预期的到期收益率各是多少？

11. 某公司7年前发行了一种息票利率为9%的债券，到目前为止还有3年到期。由于公司面临财务困境，投资者虽然相信公司有能力支付利息，但预期在到期日公司将被迫破产，债券持有人只能收回面值的60%。该债券当前的价格为78元。问：承诺的到期收益率和预期的到期收益率分别为多少？能否把两种收益率之差看成违约溢价？

6 利率的期限结构

在第4章的债券定价公式中，我们假定各期限的利率（折现率）是相同的，而实际上这种情况极为少见。在信用品质相同的条件下，债券的到期收益率因期限的不同而不同。到期收益率与期限之间的这种关系称为利率的期限结构（Term Structure of Interest Rates）。本章将对利率期限结构的有关概念、影响利率期限结构的因素和利率期限结构在债券定价及其他方面的应用加以讨论。

6.1 利率期限结构与收益率曲线

6.1.1 即期利率与远期利率

即期利率（Spot Interest Rate）定义为期间没有现金流的投资的到期收益率。例如，在图6-1中，y_3 代表从当前时刻开始计算，持续3年，中间没有任何现金流的投资的到期收益率（以年率表示），称为3年期即期利率，其余以此类推。显然，这样的投资与购买零息票债券是完全等价的，因此，n年期即期利率实际上就是n年期零息票收益率。

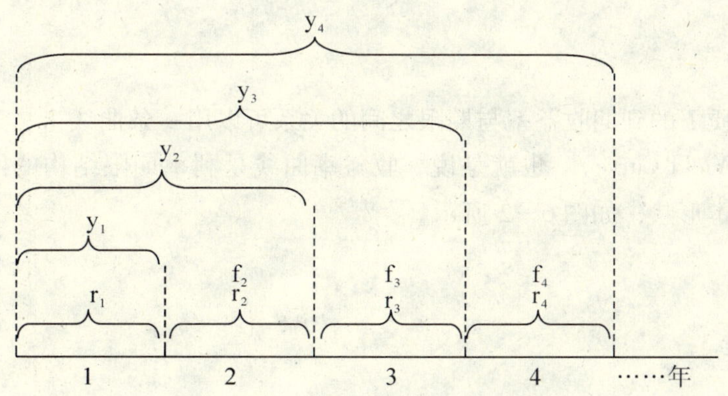

图6-1 即期利率与远期利率

远期利率（Forward Interest Tate）定义为由当前时刻的即期利率按以下方式隐含决定的将来某个期间的收益率：

$$f_n = \frac{(1+y_n)^n}{(1+y_{n-1})^{n-1}} - 1 \tag{6-1}$$

式中 f_n 代表第 n 年远期利率，y_n 代表 n 年期即期利率。

就内涵而言，远期利率是指借贷双方在当前时刻约定的将来某一时点进行某种期限的借贷所使用的利率。那么，由公式（6－1）定义的利率是否符合这一内涵呢？将公式（6－1）变换为：

$$(1+y_n)^n = (1+y_{n-1})^{n-1}(1+f_n)$$

等式左边是从当前时刻开始以 y_n 的收益率投资 n 年获得的本利和，等式右边是从当前时刻开始以 y_{n-1} 的收益率投资 n－1 年，在第 n－1 年末收回投资后再以 f_n 的收益率投资 1 年获得的本利和。因此，这个等式的含义就是，只要当前市场上存在收益率 y_{n-1} 和 y_n，即借贷双方既愿意以 y_{n-1} 的利率进行 n－1 年期的借贷，同时也愿意以 y_n 的利率进行 n 年期的借贷，那么就意味着，借贷双方在当前时刻将第 n－1 年末进行 1 年期借贷的利率约定为 f_n。

例如，如果当前市场上 3 年期和 2 年期零息票债券的到期收益率分别为 $y_3 = 8\%$ 和 $y_2 = 7\%$，则意味着市场在当前时刻将第 3 年的 1 年期利率确定为远期利率 f_3：

$$f_3 = \frac{(1+8\%)^3}{(1+7\%)^2} - 1 = 10\%$$

在图 6－1 中，第三年远期利率 f_3 为当前时刻确定的第 2 年末的 1 年期利率，而 r_3 为第 2 年末实际发生的 1 年期利率。显然，r_3 并不一定等于 f_3。其余的 f_n 和 r_n 以此类推。

思考问题 1：远期利率是存在于当前时刻的利率，还是出现于未来某个时刻的利率？

6.1.2　收益率曲线

相同信用品质下的到期收益率与期限之间的关系可以用一条曲线来描述，这条曲线称为收益率曲线（Yield Curve）。也就是说，收益率曲线是利率期限结构的图形表达。收益率曲线有三种基本形状，如图 6－2 所示。

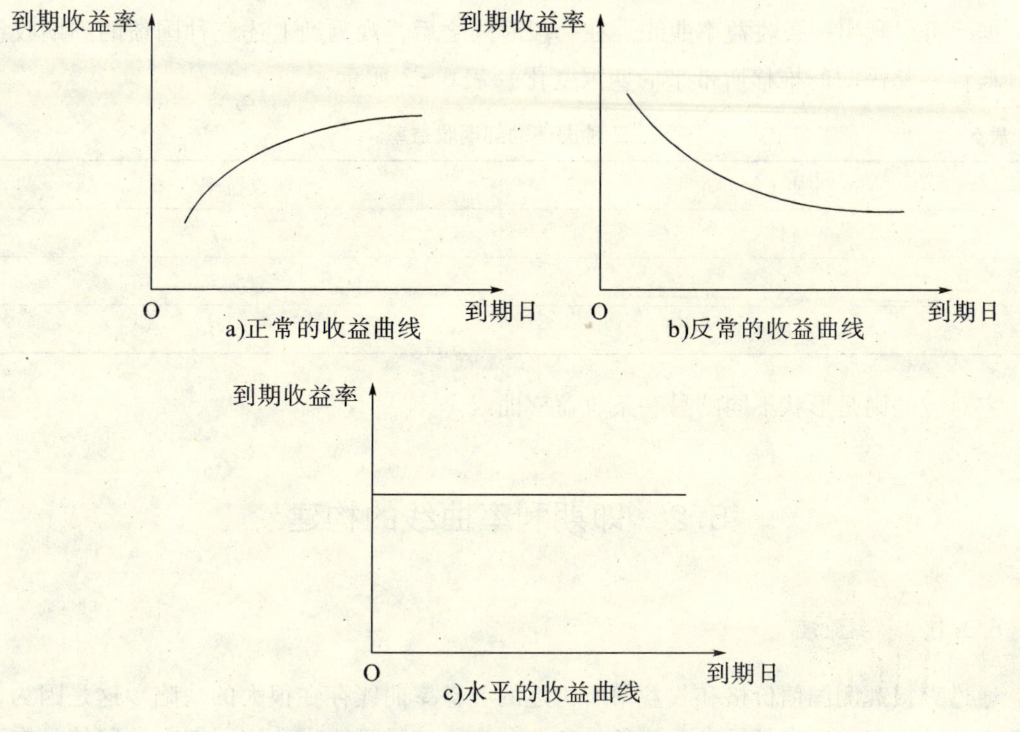

图 6－2 收益率曲线的三种基本形状

形状 a 表明长期收益率高于短期收益率，称为正常的或上升的收益率曲线；形状 b 表明长期收益率低于短期收益率，称为反常的或下降的收益率曲线；形状 c 表明各种期限的到期收益率都相同，称为水平的收益率曲线。

实际的收益率曲线是通过观测国债市场的价格和收益率来构建的。之所以选择国债，一方面是因为国债没有违约风险，不同期限的国债之间不存在信用品质的差异；另一方面是因为国债市场是交易最活跃、流动性最好的债券市场，其价格和收益率对期限因素的反映最为充分。

需要注意的是，收益率曲线是一种时点图，即不同的时点对应着不同的收益率曲线。例如，在某个时点观测到三种国债的价格并计算出它们的到期收益率如表 6－1 所示：

表 6－1 三种国债的到期收益率

期限（年）	到期收益率（%）
1	3.5
5	5.2
10	5.9

据此可以画出一条收益率曲线。在一段时间之后，观测到上述三种国债的到期收益率如（假设忽略因时间推移所带来的期限变化）表 6－2 所示：

表 6－2　　三种国债的到期收益率

期限（年）	到期收益率（%）
1	3.7
5	5.5
10	6.0

它对应的则是形状不同的另一条收益率曲线。

6.2　即期利率曲线的构建

6.2.1　方法原理

通过直接观测国债价格和收益率所构建的收益率曲线存在很大的缺陷。这是因为，市场上交易的大多数国债都是息票债券，息票利息的差异可能导致相同期限的国债具有不同的到期收益率，从而使得由此构建起来的收益率曲线不具有单值性，不能很好地描述到期收益率与期限之间的关系。例如，有两种债券，期限都是 3 年，每半年付息一次，债券 A 的息票利率为 3%，债券 B 的息票利率为 10%。当利率趋于上升时，由于投资者会预期投资于债券 B 较债券 A 可以在 3 年内更多地享受到利息再投资收益率上升带来的好处，因而债券 A 在当前需要比债券 B 提供一个更高的到期收益率；反之，当利率趋于下降时，债券 B 的到期收益率则高于债券 A。

零息票债券的到期收益率与期限之间的关系则不存在上述问题。所以，如果能够观测到各个期限的零息票国债的收益率，就可以构建一条具有单值性的零息票收益率曲线，也称为即期利率曲线。但不幸的是，以美国国债市场为例，财政部原始发行的零息票债券仅限于 1 年期以内的短期债券，而作为中长期零息债的 STRIPS 的期限品种少且流动性差，所以，必须利用观测到的零息票债券和息票债券的价格数据计算出即期利率，以构建即期利率曲线。

计算的方法是将息票债券的每一张息票看成一张独立的“微小”的零息票债券，从而将一张息票债券分解为若干张零息票债券，按照息票债券的价值等于分解所得的一系列零息票债券的价值之和的原则建立方程式，然后从短期开始，逐一求解各期限的即期利率。这种方法称为“自展”（Bootstrap）。

例 6.1　假设某一时刻观测到国债市场上的 10 只债券如表 6－3 所示，其中息票债券都是每半年付息一次。

表 6-3　　　　　　　　　　　10 只假想国债的数据

期限（年）	年息票利率（%）	到期收益率（%）	价格（元）
0.5	0	1.89	99.06
1.0	0	3.22	96.86
1.5	4.5	3.71	101.14
2.0	3.9	3.75	100.29
2.5	4.2	4.29	99.79
3.0	5.7	4.34	103.79
3.5	6.9	4.55	107.52
4.0	4.0	4.98	96.49
4.5	3.5	5.03	93.91
5.0	5.8	5.11	103.01

令 y_n 代表以半年率表示的 n 期即期利率。对于第一只债券，由

$$99.06=\frac{100}{1+y_1}$$

可以得出 $y_1=0.95\%$。

对于第二只债券，由

$$96.86=\frac{100}{(1+y_2)^2}$$

可以得出 $y_2=1.61\%$。

第三只债券为 1.5 年期的息票债券，可以将其分解为 4 张零息票债券，其中 3 张的面值为 2.25 元，期限分别为 0.5 年、1.0 年和 1.5 年，另一张的面值为 100 元，期限为 1.5 年。按照息票债券的价值等于分解所得零息票债券的价值之和的原则建立以下方程式：

$$101.14=\frac{2.25}{1+y_1}+\frac{2.25}{(1+y_2)^2}+\frac{102.25}{(1+y_3)^3}$$

将前面计算出的 y_1 和 y_2 代入，得出 $y_3=1.87\%$。

第四只债券为 2.0 年期的息票债券，进行息票分解后建立以下方程式：

$$100.29=\frac{1.95}{1+y_1}+\frac{1.95}{(1+y_2)^2}+\frac{1.95}{(1+y_3)^3}+\frac{101.95}{(1+y_4)^4}$$

将前面计算出的 y_1、y_2 和 y_3 代入，得出 $y_4=1.88\%$。

重复上述过程，逐一计算出 $y_5=2.16\%$、$y_6=2.19\%$、$y_7=2.31\%$、$y_8=2.52\%$、$y_9=2.54\%$、$y_{10}=2.6\%$，最后将这些结果分别乘以 2，得到以年率表示的相应期限的即

期利率。在收益率—期限坐标图上标出这 10 个点并连接，就得到一条即期利率曲线，如图 6－3 所示。

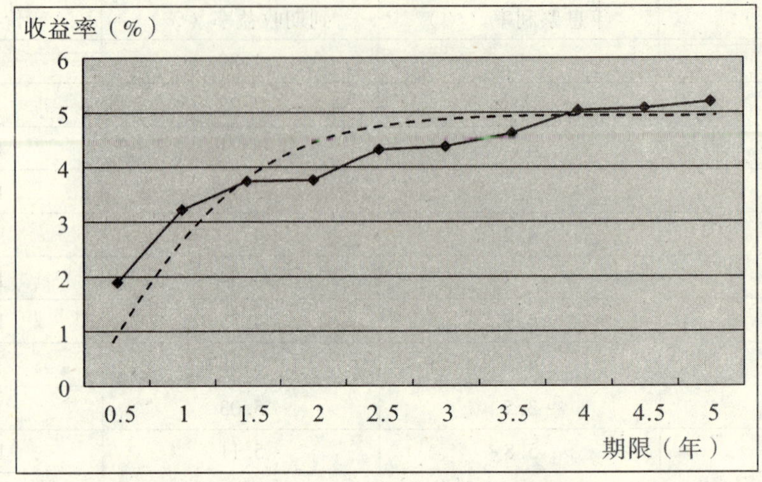

图 6－3　根据表 6－3 的 10 只国债数据构建的即期利率曲线

思考问题 2：在例 6.1 中，能否在计算出 y_1、y_2 之前就直接计算 y_3？能否在计算出 y_5 后就直接计算 y_7、y_8？由此理解这种方法何以被称为“自展”。

6.2.2　实际问题的处理

通过自展构建即期利率曲线的方法在原理上虽然清晰，但在实际应用中会碰到两个困难。第一个困难是，市场上国债的期限多种多样，并且通常都不会正好处于付息日，这样一来，自展求解过程将无法进行。例如，在某一时刻观测到的一组国债如表 6－4 所示：

表 6－4　某时刻观测到的一组国债的数据

期限（年）	年息票利率（%）	到期收益率（%）	价格（元）
0.15	0	1.53	99.78
0.78	0	2.55	98.04
1.23	4.5	3.61	101.06
1.91	5.3	3.72	102.89
2.89	3.8	4.29	98.68
3.85	6.5	4.87	105.65
5.28	4.9	5.10	99.08

此时，虽然可以直接计算出 0.15 年期和 0.78 年期即期利率，但无法利用后面 5 只息票债券的数据计算出相应期限的即期利率，因为自展求解所需的较短期限的即期利率无法

得到。比如对于1.23年期的息票债券，自展计算1.23年期即期利率时需要使用0.23年期和0.73年期的即期利率，而这无法得到。

第二个困难是，流动性、税收以及与债券有关的期权等因素都有可能使债券的市场价格存在“误定”，根据这些“误定”价格得到的收益率曲线不仅缺乏光滑性，而且不能真实地反映到期收益率与期限之间的关系。例如，由于表6-3中的债券价格可能存在“误定”，因而该时刻真实的即期利率曲线可能并不是图6-3中由10个样本点连接所得的那条线，而是比如图中虚线所示的另一条曲线。

对于第一个困难，一个简单的解决办法是采用线性插值的方法。例如，在表6-4中，可以由0.15年期和0.78年期即期利率插值得出0.5年期即期利率为2.1%，由0.78年期即期利率和1.23年期债券的到期收益率插值得出1.0年期债券的到期收益率为3.07%，同时假设该1年期债券为平价债券，得出其息票利率为3.07%，当前价格为100元。以此类推，插值得到1.5年、2.0年、2.5年、3.0年、3.5年、4.0年、4.5年和5.0年期平价债券的息票利率。然后，针对插值得到的一系列债券运用自展的方法得出即期利率曲线。

对于第二个困难，解决的办法是在自展所建立的方程式中加入一个误差项，得到下面的方程式：

$$P_i = d_1 C_i + d_2 C_i + \cdots + d_t (100 + C_i) + \varepsilon_i \tag{6-2}$$

式中 P_i 为第i只债券的价格，C_i 为第i只债券的每期利息支付额，d_t 为t时刻的折现因子，$d_t = 1/(1+y_t)^t$，ε_i 为误差项。

显然，式（6-2）中的 P_i 可以看成因变量，C_i 可以看成自变量，因此可以通过最小二乘法估计出系数 d_1、d_2、…、d_t，从而计算出各期限的即期利率并绘制曲线。不过，这种处理只适用于类似表6-3所示的所有债券都处于付息日的理想情况。对于像表6-4这样的一般情况，即大多数债券并不处于付息日，需要假定折现因子 d_t 是时间t的函数 $D(t)$。常用的函数包括McCulloch（1971，1975）提出的多项式样条函数，Vasicek和Fong（1982）提出的指数样条函数，以及Nelson和Siegel（1987）提出的使用双指数函数的Nelson-Siegel模型，和Svensson（1994）在该模型基础上扩展得到的Svensson模型等。以多项式样条法为例，设样条函数的区间为［0，20］年，分界点为5年和10年，则有三次样条函数：

$$D(t) = \begin{cases} D_0(t) = a_1 + b_1 t + c_1 t^2 + d_1 t^3, t \in [0,5] \\ D_5(t) = a_2 + b_2 t + c_2 t^2 + d_2 t^3, t \in [5,10] \\ D_{10}(t) = a_3 + b_3 t + c_3 t^2 + d_3 t^3, t \in [10,20] \end{cases}$$

由于对折现函数 $D(t)$ 而言显然有 $D(0)=1$，另外必须保证折现函数在整个定义域内连续且一、二阶可导，即：

$$D_0^{(i)}(5) = D_5^{(i)}(5)$$

$D_5^{(i)}(10)=D_{10}^{(i)}(10), i=0,1,2$

$D_0(0)=1$

因此，利用这 7 个约束条件可以将互相独立的参数减至 5 个：

$$D(t)=\begin{cases}D_0(t)=1+b_1t+c_1t^2+d_1t^3, t\in[0,5]\\ D_5(t)=1+b_1t+c_1t^2+d_1[t^3-(t-5)^3]+d_2(t-5)^3, t\in[5,10]\\ D_{10}(t)=1+b_1t+c_1t^2+d_1[t^3-(t-5)^3]+d_2[(t-5)^3-(t-10)^3]+d_3(t-10)^3, t\in[10,20]\end{cases}$$

代入式（6－2）并利用样本债券数据通过最小二乘法估计出参数 b_1、c_1、d_1、d_2、d_3，即可拟合出相应时刻的即期利率曲线。

6.3 解释利率期限结构

利率的期限结构反映了某一时点的收益率与期限之间的关系。那么，在该时点收益率与期限之间为什么会呈现这种关系？或者换一个角度，在该时点收益率曲线的形状反映了何种信息？利用期限结构理论可以对此加以解释。

6.3.1 纯预期理论

期限结构理论中最简单的是纯预期理论（Pure Expectation Theory）。纯预期理论认为远期利率等于市场整体对未来相应时期短期利率的预期，即 $f_n=E(r_n)$。在 6.1.1 节的例子中，按照纯预期理论，市场借贷双方之所以在当前时刻将第三年的 1 年期利率确定为 10%，是因为双方预期到那时的 1 年期利率为 10%。

在纯预期理论下，只要预期的总收益相等，长期投资与短期投资是没有差异的。考虑当前时刻将要进行的一项 3 年期的零息债投资计划，投资者可以有两种实施方案：第一种方案是长期投资，即购买 3 年期零息债（到期收益率为 y_3）；第二种方案是短期投资，即购买 2 年期零息债（到期收益率为 y_2），2 年后收回投资并购买 1 年期零息债。第一种方案的预期总收益（本利和）为 $(1+y_3)^3$，第二种方案的预期总收益为 $(1+y_2)^2[1+E(r_3)]$，其中 $E(r_3)$ 为投资者在当前时刻对 2 年后的 1 年期利率的预期值。根据纯预期理论，$f_3=E(r_3)$，因此总有 $(1+y_3)^3=(1+y_2)^2[1+E(r_3)]$，即市场在两种方案的预期总收益相等时达至均衡。

对于一条上升的收益率曲线，纯预期理论的解释是反映了市场预期未来利率会上升。具体分析如下：

通过循环迭代，式（6－1）可以变换为：

$$1+y_n=[(1+r_1)(1+f_2)\cdots(1+f_n)]^{\frac{1}{n}} \qquad (6-3)$$

可见即期利率实际上是每一期短期利率的几何平均值。对于一条上升的收益率曲线，由于 $y_{n+1}>y_n$，即加入新项 f_{n+1} 后的平均值大于原平均值，因此根据式（6-3）一定有 $f_{n+1}>y_n$。而根据纯预期理论，$f_{n+1}=E(r_{n+1})$，所以应当有 $E(r_{n+1})>y_n$。在上升的收益率曲线条件下，$y_n>r_1$，从而有 $E(r_{n+1})>r_1$，即市场预期未来利率会上升。

也可以从经济学意义上来加以分析。当预期未来利率上升时，投资者倾向于卖出长期债券而买入短期债券，发行人则倾向于发行长期债券而不发行短期债券，由此导致长期债券供大于求而短期债券供不应求，使得长期债券的收益率相对于短期债券呈上升趋势。在这种趋势下，如果假定市场原有的均衡状态是所有期限的收益率相等（水平的收益率曲线），则显然新的均衡状态将是长期收益率高于短期收益率（上升的收益率曲线）。

反之，对于一条下降的收益率曲线，纯预期理论的解释为，它反映了市场预期未来利率会下降。而对于一条水平的收益率曲线，纯预期理论认为反映了未来利率不变的市场预期。

6.3.2 流动性偏好理论

纯预期理论对收益率曲线的解释存在一个严重的缺陷。由于在现实当中观测到的收益率曲线形状通常都是上升的，按照纯预期理论，这应该意味着在大多数时候市场都预期未来利率会上升。显然这是不符合实际的，因为市场预期未来利率会下降的情况也并不少见。

与纯预期理论不同，流动性偏好理论（Liquidity Preference Theory）认为，由于投资者普遍存在流动性偏好，除非 $f_n>E(r_n)$，即远期利率相对于他们所预期的未来短期利率有一个溢价，否则他们不愿意在当前时刻约定这个短期利率，因此，远期利率等于市场整体对未来短期利率的预期加上一个流动性溢价（Liquidity Premium），即 $f_n=E(r_n)+p_n$。在6.1.1节的例子中，按照流动性偏好理论，市场借贷双方之所以在当前时刻将第三年的1年期利率约定为10%，并非因为市场预期第三年的短期利率为10%，而是因为市场预期第三年的短期利率为低于10%的某个值，比如9%，同时要求远期利率对未来短期利率有1%的流动性溢价。

在上面的3年期投资计划中，根据流动性偏好理论，$f_3=E(r_3)+p_3$，因此总有 $(1+y_3)^3=(1+y_2)^2[1+E(r_3)+p_3]$，即当市场达至均衡时，长期投资（第一种方案）需提供高于短期投资（第二种方案）的预期总收益。换句话说，当 $(1+y_3)^3=(1+y_2)^2[1+E(r_3)]$ 时，投资者将倾向于选择第二种方案，从而导致 y_2 下降，直至 $(1+y_3)^3=(1+y_2)^2[1+E(r_3)+p_3]$。

按照流动性偏好理论，一条上升的收益率曲线并不一定反映市场预期未来利率会上升。由于 $f_n=E(r_n)+p_n$，类似上面的推导容易得到 $E(r_{n+1})+p_{n+1}>r_1$。可见，上升的收益率曲线既可能缘于市场预期未来利率上升，也可能缘于流动性溢价的存在。从经济学意义上来看，当预期未来利率会上升时，原本就具有流动性偏好的投资者会更加倾向于卖出长期债券而买入短期债券，因而如前所述，将导致一条上升的收益率曲线。然而，当预期未来利率会下降时，流动性偏好却使得投资者不一定选择卖出短期债券而买入长期债券，因而并不一定导致下降的收益率曲线。也就是说，虽然预期未来利率会上升确实会导致一条上升的收益率曲线，但反过来并不成立。

思考问题3：假设投资者要求的流动性溢价为1.5%，当 f_3 为5%时，意味着投资者对未来第三年的短期利率有怎样的预期？

6.3.3 优先置产理论

优先置产理论（Preferred Habitat Theory）同样认为远期利率与市场对未来利率的预期有关，也接纳市场在利率预期基础上给予一定的风险溢价以确定远期利率的观点。但与流动性偏好理论不同的是，它认为投资者并不总是偏好流动性，在某些时候也会偏好长期投资（比如某些机构需要根据负债的性质来决定资产的持有期），因此，风险溢价并不总是为正，也有可能为负（即作为对资金借入者的补偿），并且不一定随期限的增长而增加。在6.1.1节的例子中，市场在当前时刻将第三年的1年期利率约定为10%，既可能是由于市场预期第三年的短期利率低于10%而给予了一个正的风险溢价，也可能是由于市场预期第三年的短期利率高于10%而给予了一个负的风险溢价，还可能是由于市场预期第三年的短期利率就是10%而同时给予了零风险溢价。

可见，优先置产理论实际上包含了纯预期理论和流动性偏好理论的观点。或者说，可以把纯预期理论和流动性偏好理论看成是优先置产理论的两个特例：当假定投资者对改变投资期限所要求的风险溢价为零时，就得到纯预期理论；而当假定市场为流动性偏好者所控制，从而改变投资期限的风险溢价为正时，就得到流动性偏好理论。

实际上，由于都认为远期利率与市场对未来利率的预期有关，因此纯预期理论、流动性偏好理论和优先置产理论都属于预期理论，只是后面两种理论认为远期利率是对未来利率预期的有偏估计，因而有时被称为有偏预期理论（Biased Expectation Theory）。

按照优先置产理论，收益率曲线的形状是由投资者对未来利率的预期和改变投资期限所要求的补偿共同决定的。由于改变投资期限所要求的补偿并不一定随期限的增长而增加，并且有正有负，因而收益率曲线呈现上升、下降、水平或隆起的形状都是可能的。

6.3.4 市场分割理论

市场分割理论（Market Segmentation Theory）认为，由于受到资产负债性质、法律规定和个人偏好等因素的制约，不同的贷款人或借款人都各自有着不同且较为固定的期限偏好，这使得不同期限的债券各自形成相互独立的市场，这些独立市场各自达成的均衡则决定了各种期限的利率。

按照市场分割理论，收益率曲线的形状决定于各个期限市场的均衡利率，一条上升的收益率曲线是由于较长期限市场的均衡利率较高导致的。由于通常情况下长期利率都高于短期利率，因此市场分割理论很好地解释了为什么收益率曲线通常是上升的。

市场分割理论存在的一个严重缺陷是，由于认为不同期限的市场相互独立，因而无法解释不同期限利率之间相互联系这一普遍存在的事实。前面三种预期理论则由于认为远期利率与市场对未来利率的预期有关，因而很好地解释了不同期限利率之间的联系。

思考问题4：前三种期限结构理论的共同点是什么？它们与市场分割理论的主要区别是什么？

6.4 收益率曲线的应用

6.4.1 作为债券及其衍生工具的定价基准

式（4-1）是在假定一条水平收益率曲线的基础上对债券进行定价的，然而实际上通常情况下收益率曲线都不会是水平的。这就意味着，如果在某个时刻市场上一只附息票债券是按式（4-1）定价的，而此时的收益率曲线并非水平，则会存在套利机会。

考虑一只息票利率4.5%的5年期国债，当前的市场价格为95.31元（到期收益率为5.59%）。假定此时的收益率曲线为图6-3中10个样本点连接所得的折线，则在理论上投资者可以通过以下方式进行套利：卖空表6-5所示的10张零息票债券（按表中第五列所示的价格），得到资金97.28元，然后用其中的95.31元购买1张息票债券。由于息票债券每一期的利息收入正好用于支付到期的零息票债券，例如，第一张零息票债券半年后到期，卖空者需支付2.25元，而此时息票债券正好产生2.25元的利息收入，以此类推，因而上述交易为投资者锁定了97.28-95.31=1.97元的利润。不过，在现实市场中通常难以获得这样的10张零息票债券，因此套利只能由交易商通过息票剥离的方法来完成，也就是以95.31元的价格买入息票债券，剥离得到表6-5所示的10张零息票债券，然后基于此时的收益率曲线按第5列所示的价格出售。

表6-5 由5年期国债息票剥离所得的零息票债券及其价格

期限（年）	面值（元）	以5.59%折现的价格（元）	即期利率（%）	以即期利率折现的价格（元）
0.5	2.25	2.19	1.9	2.23
1.0	2.25	2.13	3.22	2.18
1.5	2.25	2.07	3.74	2.13
2.0	2.25	2.02	3.76	2.09

续表6-5

期限（年）	面值（元）	以5.59%折现的价格（元）	即期利率（%）	以即期利率折现的价格（元）
2.5	2.25	1.96	4.32	2.02
3.0	2.25	1.91	4.38	1.98
3.5	2.25	1.86	4.62	1.92
4.0	2.25	1.80	5.04	1.84
4.5	2.25	1.76	5.08	1.80
5.0	102.25	77.62	5.2	79.10
总计		95.31		97.28

上面的例子是设定息票债券的实际市场价格低于基于利率期限结构计算的理论价格。如果相反，息票债券的实际市场价格高于理论价格，则理论上的套利应卖空息票债券，并用所得资金购买相应的零息票债券。而类似地，在现实条件下，只能将卖空息票债券所得资金按相应期限的即期利率贷出。显然，这样的套利行为阻止了债券的实际市场价格对其理论价格的大幅偏离。

除了债券本身，以债券或利率为标的的衍生工具的定价也需要基于利率期限结构，这一点将在第9章至第12章中进行讨论。

6.4.2 反映市场的利率预期状况

如前所述，收益率曲线的形状反映了市场对未来利率预期的状况。但由于决定收益率曲线形状的因素除了市场预期之外还有风险溢价，因此，为了从一条收益率曲线的形状获知市场对未来利率的预期状况，我们需要对风险溢价进行估计，然后从远期利率中减去这个估计值以得到预期利率。

下面我们以第三年远期利率 f_3 中隐含的流动性溢价 p_3 为例来说明估计风险溢价的方法。如图6-4所示，0代表当前时刻，-1、-2分别代表过去1年和过去2年的时刻。

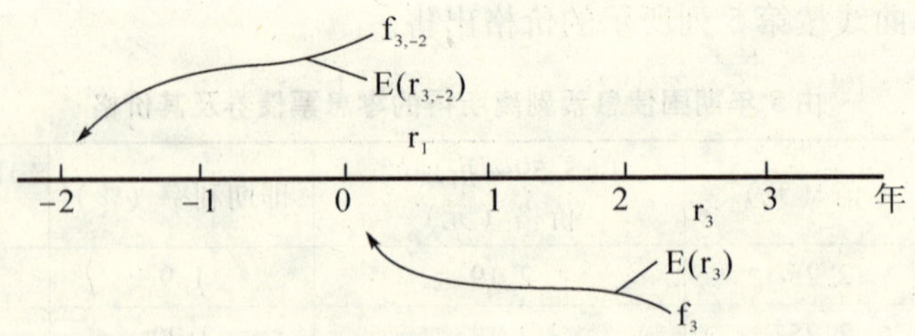

图6-4 估计第三年远期利率中隐含的流动性溢价

根据流动性偏好理论，在-2时刻有：

$$f_{3,-2}=E(r_{3,-2})+p_{3,-2} \tag{6-4}$$

式中 $f_{3,-2}$ 为 −2 时刻的第三年远期利率，$E(r_{3,-2})$ 为 −2 时刻对第三年短期利率的预期，$p_{3,-2}$ 为隐含在 −2 时刻的第三年远期利率中的流动性溢价。如果假定市场预期是准确的，则应该有：

$$E(r_{3,-2})=r_1 \tag{6-5}$$

而根据远期利率的定义有：

$$f_{3,-2}=\frac{(1+y_{3,-2})^3}{(1+y_{2,-2})^2}-1 \tag{6-6}$$

式中 $y_{2,-2}$ 和 $y_{3,-2}$ 分别为 −2 时刻的 2 年期即期利率和 3 年期即期利率。由式（6−4）、式（6−5）和式（6−6）可得：

$$p_{3,-2}=\frac{(1+y_{3,-2})^3}{(1+y_{2,-2})^2}-r_1-1 \tag{6-7}$$

由于 r_1、$y_{2,-2}$ 和 $y_{3,-2}$ 均可获得已知数据，因此由式（6−7）容易计算得到 $p_{3,-2}$。假定当前时刻的流动性溢价与过去相同，则得到 $p_3=p_{3,-2}$。也可以估计出过去多个时点的流动性溢价 $p_{3,-3}$、$p_{3,-4}$、$p_{3,-5}$ 等，然后假定当前时刻的 p_3 等于这些估计值的平均值。得到 p_3 后，由 $E(r_3)=f_3-p_3$ 即可获知市场在当前时刻对第三年短期利率的预期状况。

同样的方法可以估计出其余各期限的流动性溢价，然后从相应期限的远期利率中减掉，从而获知市场在当前时刻对未来相应时期短期利率的预期状况。

思考问题 5：如果想从当前的收益率曲线获知市场对未来第五年的利率的预期状况，假定有流动性溢价存在，你应怎么做？

6.5 小结

本章讨论了利率期限结构的有关概念、影响利率期限结构的因素和利率期限结构在债券定价及其他方面的应用。

即期利率定义为期间没有现金流的投资的到期收益率，n 年期即期利率实际上就是 n 年期零息票收益率。远期利率定义为由当前时刻的即期利率隐含决定的将来某个期间的收益率。就内涵而言，远期利率是指借贷双方在当前时刻约定的将来某一时点进行某种期限的借贷所使用的利率。

相同信用品质下的到期收益率与期限之间的关系可以用一条曲线来描述，这条曲线称为收益率曲线，即收益率曲线是利率期限结构的图形表达。收益率曲线有三种基本形状。

实际的收益率曲线是通过观测国债市场的价格和收益率来构建的，但直接通过观测国债价格和收益率所构建的收益率曲线存在很大的缺陷，必须利用观测到的零息票债券和息票债券的价格数据，通过“自展”的方法计算出即期利率，以构建零息票收益率曲线。

期限结构理论可以解释收益率曲线的形状。纯预期理论认为远期利率等于市场整体对未来相应时期短期利率的预期，因此一条上升的收益率曲线反映了市场预期未来利率会上升。流动性偏好理论认为，远期利率等于市场整体对未来短期利率的预期加上一个流动性溢价，因此一条上升的收益率曲线并不一定反映市场预期未来利率上升。优先置产理论认为风险溢价并不总是为正，也有可能为负，收益率曲线的形状是由投资者对未来利率的预期和改变投资期限所要求的补偿共同决定的。市场分割理论认为，不同的贷款人或借款人各自有着不同且较为固定的期限偏好，这使得不同期限的债券各自形成相互独立的市场，收益率曲线的形状决定于各个期限市场的均衡利率，一条上升的收益率曲线是由于较长期限市场的均衡利率较高导致的。

收益率曲线主要有两个方面的应用：一是作为债券及其衍生工具的定价基准，二是据以获知市场对未来利率的预期状况。

习题

1. 当前市场上1年期、2年期、3年期和4年期零息票债券的价格分别为99.01元、95.74元、91.78元和87.82元。计算相应期限的即期利率和远期利率。

2. 根据流动性偏好理论，如果预期未来通货膨胀会上升，则长期利率会高于短期利率。这种说法正确吗？为什么？

3. 根据流动性偏好理论，在以下四种情况下，分别会有什么样的收益率曲线？

（1）市场预期未来利率不变，并且对不同期限的债券有相同的流动性溢价；

（2）市场预期未来利率下降，并且流动性溢价随债券期限的延长而增加；

（3）市场预期未来利率下降，并且对不同期限的债券有相同的流动性溢价；

（4）市场预期未来利率上升，并且流动性溢价随债券期限的延长而增加。

4. 流动性偏好理论和优先置产理论都认为，一条向下倾斜的收益率曲线一定反映出市场预期未来利率将下降。这种说法正确吗？为什么？

5. 假定表6-6是由2010年1月5日观测到的上海证券交易所国债的价格数据计算出的零息票收益率：

表6-6　　国债零息票收益率

期限（年）	到期收益率（%）	期限（年）	到期收益率（%）
1	1.1	4	3.3
2	2.1	5	3.8
3	2.8	6	3.8

(1) 根据表中的数据计算2013 年1 月5 日的隐含的远期利率。

(2) 说明使该远期利率是对2013 年1 月5 日的一年期即期利率的无偏估计的条件。

(3) 假定一年前，即2009 年1 月5 日，上交所国债的主要的期限结构使得2013 年1 月5 日的一年期远期利率明显低于2010 年1 月5 日根据期限结构推出的相应的利率。根据期限结构的纯预期理论说明隐含的远期利率这一上升趋势的原因。

6. 当前的零息票收益率曲线为：1 年期1.5%、2 年期2.8%、3 年期3.5%。

(1) 假定流动性偏好理论是正确的，并且各期限的流动性溢价均为1%。如果市场预期是准确的，那么一年之后的零息票收益率曲线（1 年期和2 年期零息票收益率）是怎样的?

(2) 在当前时刻购买2 年期和3 年期零息票债券，那么哪一个持有一年的预期总收益率更高?

(3) 息票利率为8%、每年付息一次的3 年期债券，当前的价格是多少? 如果以该价格买入，则一年之后的预期总收益率是多少?

7. 投资者在市场上观察到，1 年期和2 年期零息债券的到期收益率分别为2%和3%，息票利率为5%（每年付息）的2 年期债券的到期收益率为2.7%。投资者是否有套利机会? 如何进行套利?

8. 当前市场上1 年期和2 年期零息票债券的价格分别为99.01 元、95.74 元。某投资者正考虑购买面值100 元的2 年期债券，息票利率为7%，每年付息。

(1) 2 年期零息债券和2 年期息票债券的到期收益率分别是多少?

(2) 第二年的远期利率是多少?

(3) 如果纯预期理论成立，该息票债券在第一年末的预期价格和预期持有期收益率各是多少?

(4) 如果流动性偏好理论成立，则预期持有期收益率是升高还是降低?

9. 表6-7 是2008 年9 月15 日某国债市场上5 种国债的收盘价。已知5 种国债的面值都是100 元，每年付息。如果当时的1 年期即期利率为2.27%，请你画出当时的零息票收益率曲线。根据纯预期理论，这条收益率曲线反映出当时的什么市场信息?

表6-7　国债收盘价

期限（年）	息票利率（%）	市价（元）
2	11.83	114.46
3	9.78	113.64
4	3.27	92.15
5	3.3	86.16
6	2.95	74.68

10. 表6－8是投资者观察到的美国国债市场2010年1月12日某个时刻的息票国债与Strips的到期收益率：

表6－8　息票国债与Strips的到期收益率

期限（年）	息票国债（%）	Strips（%）
3	1.59	1.64
5	2.67	2.79
7	3.27	3.49
10	3.79	4.18
12	4.07	4.45
15	4.3	4.74
20	4.53	4.89
28	4.62	4.89

解释为什么零息国债比同期限的息票国债的收益率高。

11. 同一公司发行的两种具有相同偿还顺序的债券，它们的特性如表6－9所示：

表6－9　两种债券的特性

项目	债券A	债券B
期限（年）	3	3
付息方式	每年支付	每年支付
息票利率（%）	5	15
到期收益率（%）	2.97	2.95

已知当前的1年期至3年期即期利率分别为1.5%、2.5%和3%。投资者应购买债券A还是债券B？为什么？

12. 某公司拟按面值发行一种每年付息的2年期债券。已知当前的1年期和2年期即期利率分别为1.8%和2.8%。

（1）该债券的息票利率应确定为多少？

（2）如果纯预期理论正确，则市场预期该债券发行一年后的价格会是多少？

（3）如果流动性偏好理论正确，且流动性溢价为0.9%，则市场预期该债券发行一年后的价格会是多少？

第3部分

债券组合管理

7 久期和凸度

通过前面的讨论我们已经知道，债券价格与利率之间呈反向变动关系。这种关系从债券定价的角度很容易解释：就某个债券而言，当市场利率水平上升/下降时，竞争性投资机会的比较使得投资者在该债券上所要求的预期收益率也相应提高/降低，由于债券在存续期内支付的利息和到期时按面值偿还的本金是固定的（不考虑违约风险），因此投资者愿意以更低/高的价格获得该债券，而基于这种态度的交易将使该债券的价格下跌/上涨直至其预期收益率达到与新的市场利率相应的水平。

利率变动导致的债券价格波动使得债券投资的价差收益存在不确定性，这是利率风险的一部分。利率风险的另一部分是利率变动导致的利息再投资收益的不确定性。管理利率风险的关键是对一定大小的利率变动造成的债券价格变动大小加以度量。久期和凸度是度量利率风险的最为常用且简单的两个指标。

7.1 债券价格的利率敏感性

7.1.1 利率敏感性的有关法则

尽管债券价格与利率之间呈反向变动关系，但具有不同特性（包括到期期限、息票利率和到期收益率）的债券在相等利率变动下的价格变动并不相等，即不同债券价格的利率敏感性不同。关于债券价格的利率敏感性，以下 6 条法则已经得到严格证明：

法则 1：债券价格与收益呈反向变动关系，即当收益上升时，债券价格下降；当收益下降时，债券价格上升。

法则 2：债券收益变化引起的价格变化具有不对称性，即由收益上升引起的价格下降幅度低于由收益的等规模（相同的基点或百分点）下降引起的价格上升的幅度。

法则 3：长期债券比短期债券具有更强的利率敏感性，即对于等规模的收益变动，长期债券价格的变动幅度大于短期债券。

法则 4：当到期期限延长时，价格对收益变化的敏感性以一个下降的比率增加，即债券价格的利率敏感性的增加低于相应的债券期限的延长。

法则5：债券的息票利率越高/低，由收益变动引起的价格变动的百分比越小/大。也就是说，息票利率较高的债券，其价格的利率敏感性低于息票利率较低的债券。

法则6：当债券的初始到期收益率较低时，价格的利率敏感性较高。

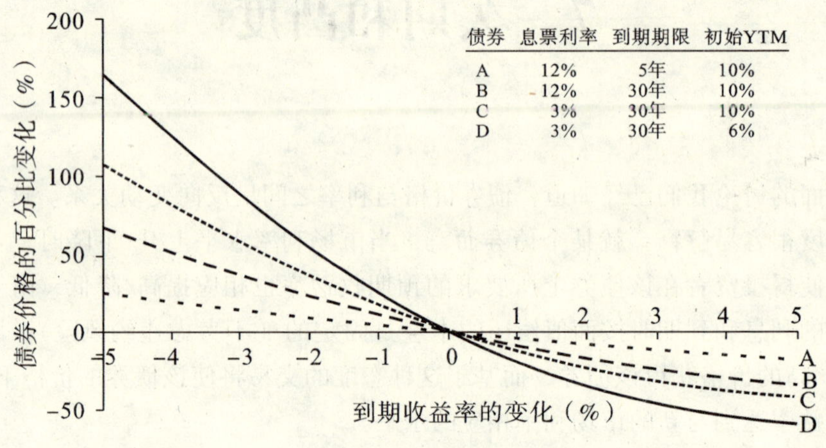

图7-1 债券价格的利率敏感性

图7-1可以说明上述6条法则。图中的四条曲线分别是A、B、C、D四种债券的价格变化百分比幅度与到期收益率变化百分点之间的关系曲线。四条曲线都是左高右低，并且都凸向坐标原点，表明随着收益率的上升，债券价格下降，并且收益率上升对价格的影响小于等规模的收益率下降对价格的影响，这就验证了法则1和法则2。比较债券A和债券B可以验证法则3：两种债券的息票利率和初始到期收益率相同，但债券B的期限更长，曲线显示它的利率敏感性也更强，即收益率上升时的价格下跌幅度和收益率下降时的价格上升幅度都大于债券A。另外，债券B的期限是债券A期限的6倍，但曲线显示债券B的利率敏感性远远没有达到债券A利率敏感性的6倍，这就验证了法则4。债券B与债券C相比较可以验证法则5：两种债券的到期期限和初始到期收益率相同，但债券B的息票利率更高，曲线显示它的利率敏感性也更小。法则6则可以通过比较债券C和债券D来验证：两种债券具有相同的息票利率和到期期限，但债券C的初始到期收益率更高，曲线显示它的利率敏感性小于债券D的利率敏感性。

思考问题1：从公式（4-1）如何解释法则5?

7.1.2 影响利率敏感性的因素

根据上述的法则3、法则5和法则6，我们可以总结出影响债券价格利率敏感性的三个因素：到期期限、息票利率和初始到期收益率。下面以表7-1中的9种假想的债券为例，说明这三个因素是如何影响利率敏感性的。假设表中的息票债券都是每半年支付一次利息。

表7-1　9种假想债券的价格及其变动

债券序号	息票利率	到期期限（年）	价格（元）				到期收益率由8%上升至9%	到期收益率由4%上升至5%
			到期收益率9.00%	到期收益率8.00%	到期收益率5.00%	到期收益率4.00%		
1	0.00%	3	76.81	79.05	86.24	88.81	-2.83%	-2.89%
2	0.00%	10	41.48	45.66	61.04	67.31	-9.14%	-9.31%
3	0.00%	30	7.14	9.52	22.75	30.50	-24.99%	-25.41%
4	5.00%	3	89.69	92.14	100.00	102.80	-2.66%	-2.72%
5	5.00%	10	73.99	79.62	100.00	108.17	-7.07%	-7.55%
6	5.00%	30	58.73	66.07	100.00	117.37	-11.11%	-14.80%
7	15.00%	3	115.46	118.33	127.52	130.78	-2.43%	-2.50%
8	15.00%	10	139.01	147.55	177.91	189.89	-5.79%	-6.31%
9	15.00%	30	161.90	179.16	254.50	291.12	-9.64%	-12.58%

债券1、债券2和债券3均为零息票债券，但到期期限不同，当到期收益率由8%上升至9%时，它们的价格下跌幅度分别为-2.83%、-9.14%和-24.99%，期限越长价格下跌幅度越大。比较息票利率均为3%的债券4、债券5和债券6，以及息票利率均为9%的债券7、债券8和债券9，可以看到相同的规律。

比较债券1、债券4和债券7，三种债券的到期期限均为3年，但息票利率不同，当到期收益率由8%上升至9%时，它们的价格下跌幅度分别为-2.83%、-2.66%和-2.43%，息票利率越高价格下跌幅度越小。比较到期期限均为10年的债券2、债券5和债券8，以及到期期限均为30年的债券3、债券6和债券9，可以看到相同的规律。

对于债券1，当初始到期收益率为8%时，到期收益率上升1个百分点（即到期收益率由8%上升至9%）导致的价格下跌幅度为-2.83%；当初始到期收益率为4%时，到期收益率上升1个百分点（即到期收益率由4%上升至5%）导致的价格下跌幅度为-2.89%，可见初始到期收益率越高价格下跌幅度越小。其余的8种债券也都体现出这一规律。

表中数据体现出的另外两条规律也值得注意：一是当到期期限较短时，息票利率和初始到期收益率对利率敏感性的影响较小，随着到期期限的增加，息票利率和初始到期收益率对利率敏感性的影响也越来越大。例如，3年期的债券1和债券4，当到期收益率由8%上升至9%时，它们的价格下跌幅度分别为-2.83%和-2.66%，差异很小；而30年期的债券3和债券6，当到期收益率同样由8%上升至9%时，它们的价格下跌幅度分别为-24.99%和-11.11%，差异明显扩大。二是当息票利率较低时，到期期限对利率敏感性的影响较大，随着息票利率的提高，到期期限对利率敏感性的影响也随之减小。例如，债券1和债券2为零息票债券，当到期收益率由8%上升至9%时，它们的价格下跌幅度分别为-2.83%和-9.14%，7年的到期期限差带来的利率敏感性差异是6.31个百分点；而债券4和债券5的息票利率为5%，当到期收益率由8%上升至9%时，它们的价格下跌幅度分别为-2.66%和-7.07%，利率敏感性差异缩小为4.41个百分点。

思考问题2：验证并解释为什么债券的到期期限越长，初始到期收益率对债券价格利率敏感性的影响越大。

7.2 债券的久期

7.2.1 久期的含义

Macaulay（1938）将久期定义为债券的每次息票利息或本金支付时间的加权平均，权重是每一时点的现金流的现值在总现值（即债券价格）中所占的比例。按照这一定义，可以写出久期的计算公式。

一张付息周期数为T的债券，t时刻的现金支付为 C_t（$1 \leqslant t \leqslant T$），与债券的风险程度相适应的必要收益率为y，则债券的价格为：

$$P = \sum_{t=1}^{T} \frac{C_t}{(1+y)^t} \tag{7-1}$$

债券久期为：

$$D = \sum_{t=1}^{T} t\left[\frac{\frac{C_t}{(1+y)^t}}{P}\right] \tag{7-2}$$

例7.1　计算表7-1中的债券1和债券4在到期收益率为9%时的久期。

表7-2给出了根据式（7-2）计算的过程。第二列是当前时刻至到期期限内各个支付日的时间，第三列是各个支付日的支付金额，第四列是将各个支付日的支付金额按4.5%的半年率折现的现值，第五列是各个支付日的支付金额现值在总现值中的比例，第六列是按第五列的权重对第二列求加权平均值。计算结果为，3年期零息票债券（表7-1中的债券1）的久期为3年，息票利率为5%的3年期债券（表7-1中的债券4）的久期为2.8111年。结果表明，零息票债券的久期就等于它的到期期限，而息票债券的久期比它的到期期限短。

表 7-2　　表 7-1 中的债券 1 和债券 4 的久期计算

(1) 债券名称	(2) 至支付日的时间（年）	(3) 支付（元）	(4) 按半年率 4.5% 折现支付（元）	(5) 权重	(6) (2)×(5)
债券 1（3 年期零息票债券）	0.5	0	0	0	0
	1.0	0	0	0	0
	1.5	0	0	0	0
	2.0	0	0	0	0
	2.5	0	0	0	0
	3.0	100	76.789 6	1.000 0	3.000 0
总计			76.789 6	1.000 0	3.000 0
债券 4（息票利率为 5% 的 3 年期债券）	0.5	2.5	2.392 3	0.026 7	0.013 3
	1.0	2.5	2.289 3	0.025 5	0.025 5
	1.5	2.5	2.190 7	0.024 4	0.036 6
	2.0	2.5	2.096 4	0.023 4	0.046 8
	2.5	2.5	2.006 1	0.022 4	0.055 9
	3.0	102.5	78.709 3	0.877 6	2.632 9
总计			89.684 3	1.000 0	2.811 1

思考问题 3：一张到期期限为 2.811 1 年的零息票债券，是否与例 7.1 中的债券 4 具有相同的利率敏感性？

如何理解久期的含义呢？从久期的定义和计算公式可以看到，久期可以看成考虑了债务工具的现金流状况的到期期限。也就是说，由于考虑了现金流状况，因此，如果将久期作为衡量一种债务工具期限的指标，则能够更加真实地反映这种债务工具的期限长短。例如，某借款人从银行获得了一笔 100 万元的贷款，期限 10 年，贷款利率为 8%。如果这笔贷款是到期时一次还本付息，则无论是按复利计息，偿还 $100\ (1+8\%)^{10}=215.89$ 万元，还是按单利计息，偿还 $100\ (1+10*8\%)=180$ 万元，都可以认为该借款人对这笔贷款使用了 10 年。然而，如果是在贷款期间分期支付利息，比如每半年支付一次，则应该认为借款人对这笔贷款的使用期限并非 10 年，而是等于这笔贷款的久期，即根据式（7-2）计算所得的 7.067 年。

7.2.2　利用久期测度利率敏感性

我们可以利用久期来测度债券价格的利率敏感性。

将式（7-1）看成 P 与 1+y 之间的函数并对 1+y 求导，可以得到：

$$\frac{dP}{d(1+y)} = -\sum_{t=1}^{T}\frac{tC_t}{(1+y)^{t+1}}$$

将式（7－2）代入上式，得到：

$$\frac{dP}{d(1+y)}=-\frac{1}{1+y}PD$$

即：

$$\frac{dP}{P}=-D\frac{d(1+y)}{1+y}$$

对于P和1＋y的微小变化，有：

$$\frac{\Delta P}{P}=-D\frac{\Delta(1+y)}{1+y} \tag{7-3}$$

这表明，债券价格的变动幅度与收益率的变动幅度成比例，其比例系数就是－D。也就是说，久期可以用来测度利率敏感性。

但$\frac{\Delta P}{P}$与$\frac{\Delta(1+y)}{1+y}$之间的关系并不是我们习惯使用的利率敏感性定义，因为通常把利率敏感性界定为$\frac{\Delta P}{P}$与Δy之间的关系。因此，在应用时需要对式（7－3）略作修改。令$D^*=\frac{D}{1+y}$，由于$\Delta(1+y)=\Delta y$，因此式（7－3）可以写为：

$$\frac{\Delta P}{P}=-D^*\Delta y \tag{7-4}$$

通常定义$D^*=\frac{D}{1+y}$为“修正久期”（Modified Duration）。式（7－4）表明，债券价格变化的百分比恰好等于修正久期与债券到期收益率变化的乘积。因此，修正久期可以用来测度债券在利率变化时的风险暴露程度。

在知道了久期是利率敏感性的度量指标之后，我们对久期含义的解释就可以不仅仅停留于把它作为一种时间度量，而是可以认为久期就是债券价格的利率敏感性。考虑到零息票债券的久期等于其到期期限，因此可以将这一含义更具体地表述为，久期就是相应期限的零息票债券价格的利率敏感性。对久期含义做这样的解释有助于理解某些复杂证券的久期。例如，某种利率期权的久期是15，其意义就是，这种期权的价格具有与15年期零息票债券相当的利率敏感性。

实际上，作为利率敏感性度量指标的修正久期可以用下面的公式来估算：

$$D^*=\frac{P_--P_+}{2P_0\Delta y} \tag{7-5}$$

其中，P_0为初始的债券价格，P_-为收益率下降Δy时的债券价格，P_+为收益率上升Δy时的债券价格。

与式（7－2）相比，式（7－5）的好处是可以涵盖内嵌期权债券的久期估算，因为内嵌期权债券的预期现金流可能会随着收益率的变动而改变，而式（7－2）在计算久期时并未考虑这一事实。也就是说，按照式（7－2）并除以 1＋y 计算出的修正久期只能用于测度不含期权的债券（或者说，预期现金流不随收益率的变动而改变的债券）价格的利率敏感性。对于内嵌期权的债券，需要用所谓的有效久期（Effective Duration）来测度其价格的利率敏感性。有效久期是在考虑了收益率变动及其所带来的预期现金流改变的基础上计算出式（7－5）中的 P_- 和 P_+，然后根据式（7－5）计算出的久期。

7.2.3 影响久期的因素

前面我们讨论了影响债券价格利率敏感性的三个因素——到期期限、息票利率和到期收益率，它们实际上也是影响久期的因素。以下的 4 条法则归纳了久期与这三个因素之间的重要关系，它们都可以从表 7－3 和图 7－2 得到验证。表 7－3 给出了 12 种假想债券的久期，图 7－2 则是不同息票利率和到期收益率的债券的久期—到期期限关系曲线。

表 7－3　　12 种假想债券的久期

债券序号	息票利率	到期期限（年）	久期	
			到期收益率 15%	到期收益率 10%
1	0.00%	3	3.000 0	3.000 0
2	0.00%	10	10.000 0	10.000 0
3	0.00%	20	20.000 0	20.000 0
4	0.00%	30	30.000 0	30.000 0
5	5.00%	3	2.792 2	2.808 0
6	5.00%	10	6.926 6	7.489 0
7	5.00%	20	8.089 6	10.375 6
8	5.00%	30	7.656 2	10.957 3
9	15.00%	3	2.522 9	2.553 7
10	15.00%	10	5.479 5	6.045 9
11	15.00%	20	6.769 5	8.462 2
12	15.00%	30	7.073 2	9.573 4

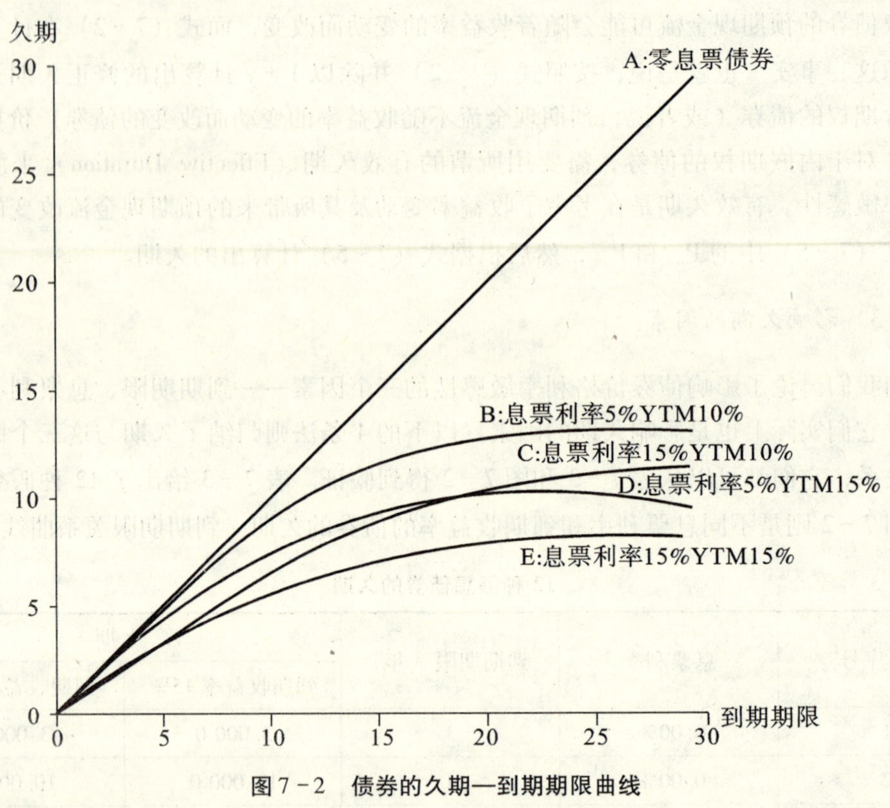

图7-2 债券的久期—到期期限曲线

久期法则1：零息票债券的久期等于它的到期时间。

这条法则很容易由久期计算公式得到证明：最后支付日之前的所有支付都会减小公式所计算的支付日时间的加权平均值，因此只在最后支付日有支付的零息票债券具有最长的久期，并且等于它的到期期限。从表7-3可以看到，在同为3年期的债券1、债券5和债券9当中，作为零息票债券的债券1具有最长的久期，并且等于其到期期限。同为10年期的债券2、债券6和债券10，同为20年期的债券3、债券7和债券11，以及同为30年期的债券4、债券8和债券12，也都体现出这一规律。图7-2清楚地表明，在到期期限相同的债券中，零息票债券总是具有最长的久期，并且其久期就等于到期期限。

久期法则2：在其他条件相同时，债券的久期随着息票利率的降低而延长。

由久期计算公式可知，债券的息票利率越高，较早支付日的权重就越大，支付日时间的加权平均值就越小，从而久期越短。这条法则在性质上与关于利率敏感性的法则5是一致的。从表7-3可以看到，同为3年期的债券1、债券5和债券9，随着息票利率的提高，久期逐渐延长。其他的同期限债券之间也都体现出这一规律。在图7-2中，债券B和债券C的到期收益率均为10%，但债券B的息票利率为5%，低于债券C的息票利率15%，因此曲线B在曲线C的上方。债券D和债券E之间也存在同样的关系。曲线A始终位于最上方，表明无论到期收益率如何，零息票债券的久期都比同期限的息票债券更长。

久期法则3：在其他条件相同时，债券的久期通常随着债券到期期限的延长而延长，但久期的延长速度慢于到期期限的延长速度。

这条法则的前半部分在性质上与关于利率敏感性的法则3一致，后半部分则与关于利率敏感性的法则4在性质上一致。

由久期计算公式似乎可以很直观地得出久期随着到期期限的延长而延长的结论，这的确也是大多数时候存在的规律。然而，令人惊奇的是，久期并不总是随着到期期限的延长而延长。对于大幅折价的债券，久期在一定时候反而会随着到期期限的延长而缩短。从表7-3可以看到，到期期限较长的债券基本上都具有更长的久期。例外的情况是，在息票利率为5%的债券中，30年期债券的久期反而比20年期债券的久期更短。实际上，根据久期的计算公式，久期与到期期限关系的这种“例外”并不难解释。考虑两种大幅折价的债券A和B，债券A的到期期限为20年，债券B的到期期限为21年，两种债券的息票利率均为5%，每年付息，到期收益率均为15%。首先根据式（7-1）计算出这两种债券的价格：$P_A=37.03$ 元，$P_B=36.53$ 元。然后，根据式（7-2）列出两种债券的久期计算公式：

$$D_A=1\times\frac{\frac{5}{1+15\%}}{37.03}+2\times\frac{\frac{5}{(1+15\%)^2}}{37.03}+\cdots+20\times\frac{\frac{105}{(1+15\%)^{20}}}{37.03}=8.68$$

$$D_B=1\times\frac{\frac{5}{1+15\%}}{36.53}+2\times\frac{\frac{5}{(1+15\%)^2}}{36.53}+\cdots+20\times\frac{\frac{5}{(1+15\%)^{20}}}{36.53}+21\times\frac{\frac{105}{(1+15\%)^{21}}}{36.53}=8.66$$

比较 D_A 计算公式的最后一项与 D_B 计算公式的最后两项，可以计算出，D_A 计算公式的最后一项等于3.465，D_B 计算公式的最后两项之和等于3.374。这意味着，虽然债券B比债券A多一个支付日，但债券B的最后两次支付对加权平均期限的贡献之和小于债券A的最后一次支付对加权平均期限的贡献。这一差异使得尽管 D_B 计算公式的前19项之和大于 D_A 计算公式的前19项之和（因为前者的分母36.53小于后者的分母37.03），但最终的计算结果却是 $D_A>D_B$。

图7-2显示，5条曲线中除了曲线D的远端之外，均由西南向东北倾斜，表明久期随着到期期限的延长而延长。但除了曲线A之外，其余4条曲线均凸向西北方，表明除了零息票债券的久期与到期期限同步延长外，其他债券的久期延长速度慢于到期期限延长速度。曲线D在到期期限大约为20的地方由上升转为下降，表明此后久期随着到期期限的延长而缩短。

久期法则4：在其他条件相同时，息票债券的到期收益率越低，久期越长。

这条法则适用于息票债券，它在性质上与关于利率敏感性的法则6是一致的。从表

7-3 可以看到，除了零息票债券之外，其余所有债券的久期都具有这样的特性，即在到期收益率为10%时的久期比在到期收益率为15%时的久期更长。零息票债券则无论到期收益率如何变化，其久期始终等于到期期限。在图7-2中，债券B和债券D的息票利率均为5%，但债券B的到期收益率为10%，低于债券D的到期收益率15%，因此曲线B在曲线D的上方。债券C和债券E之间也存在同样的关系。

思考问题4：期限相同的国债和公司债，息票利率也相同，哪种债券的久期更长？

7.2.4 几类债券的久期计算公式

根据公式（7-2）可以推导出关于某些特定债券的久期计算公式。对于期限较长的债券而言，这些公式的应用比公式（7-2）更为便捷。

7.2.4.1 无限期债券的久期

无限期债券的久期计算公式为：

$$D=\frac{1+y}{y} \tag{7-6}$$

式中y为无限期债券的到期收益率。例如，到期收益率为15%的无限期债券的久期为：

$$\frac{1+15\%}{15\%}=7.67\text{（年）}$$

到期收益率为10%的无限期债券的久期为：

$$\frac{1+10\%}{10\%}=11\text{（年）}$$

由此可见，债券的久期与到期期限之间的差异可以非常显著。事实上，在图7-2中，随着到期期限的延长，曲线B和曲线C将收敛于到期收益率为10%的无限期债券的久期即11年，而曲线D和曲线E将收敛于到期收益率为15%的无限期债券的久期即7.67年。

7.2.4.2 息票债券的久期

根据式（7-2）可以推导出息票债券的久期计算公式为：

$$D=\frac{1+y}{y}-\frac{1+y+T\ (c-y)}{c\left[\ (1+y)^{T}-1\right]\ +y} \tag{7-7}$$

式中c为息票债券每个支付期的息票利率，T为剩余的支付次数，y为每个支付期的到期收益率。例如，表7-2中的债券8，每期的息票利率为2.5%（即年息票利率为5%），剩余的支付次数为60次。在每期的到期收益率为7.5%（即年到期收益率为15%）时，根据式（7-7）可以计算出久期为15.3124半年，即7.6562年；在每期的到期收益率为5%（即年到期收益率为10%）时，根据式（7-7）可以计算出久期为21.9147半年，即10.9573年。

当息票债券的价格等于面值时，式（7－7）可以简化为：

$$D=\frac{1+y}{y}\left[1-\frac{1}{(1+y)^{T}}\right] \tag{7-8}$$

例如，表7－2中的债券12，每期的息票利率为7.5%（即年息票利率为15%），剩余的支付次数为60次。在每期的到期收益率为7.5%（即年到期收益率为15%）时，该债券的价格等于面值，根据式（7－8）可以计算出其久期为14.146 3半年，即7.073 2年，与根据式（7－7）计算的结果一致。

7.2.4.3 固定年金的久期

定期支付固定金额的年金称为固定年金（Fixed Annuity）。固定年金的久期由下式给出：

$$D=\frac{1+y}{y}-\frac{T}{(1+y)^{T}-1} \tag{7-9}$$

式中T为固定年金的支付次数，y为每个支付期的年金收益率。例如，收益率为9%、每半年支付一次的15年期固定年金的久期为：

$$D=\frac{1+0.045}{0.045}-\frac{30}{(1+0.045)^{30}-1}=12.294\ 5\text{（半年）}=6.147\ 3\text{（年）}$$

7.3 债券的凸度

用久期测度债券价格的利率敏感性虽然简单直观，但并不能做到完全精确。如果要更加精确地测度债券价格的利率敏感性，还需要考虑另一个指标——凸度。

7.3.1 久期的局限性

由于式（7－3）和式（7－4）的成立是以收益率y的微小变动为条件的，因此，当y出现较大变动时，用久期测度的利率敏感性会产生误差。例如，表7－3中的债券10，到期期限为10年，息票利率为15%，每半年支付一次利息。当到期收益率为15%时，根据式（7－2）或式（7－7）计算出其久期为10.959 0半年，所以修正久期为：

$$D^{*}=\frac{10.959}{1+7.5\%}=10.194\ 4\text{（半年）}$$

注意，由于需要使用每期的到期收益率，即半年利率7.5%，因此久期也必须以半年为单位，以保证单位的一致性。

当到期收益率（半年利率）上升5个基点（即0.05个百分点）时，根据式（7－4），债券价格的下跌幅度为10.194 4×0.000 5＝0.005 097，即0.509 7%。也就是说，根据修正久期，可以估计该债券的价格将由初始的100元跌至100（1－0.005 097）＝99.490 3元。同时，根据式（4－1）可以计算出此时该债券的价格为99.492 2元，即实际的下跌幅度为0.507 8%，与用久期估计的下跌幅度非常接近。

当到期收益率（半年利率）上升1个百分点时，同样根据式（7－4）可得到债券价格的下跌幅度为10.194 4×0.01＝0.101 944，即10.194 4%，由此估计该债券的价格将由初始的100元跌至100（1－10.194 4）＝89.805 6元。而根据式（4－1）计算出此时该债券的价格为90.536 7元，即实际的下跌幅度为9.463 3%，与用久期估计的下跌幅度存在较大差异，用久期估计的价格下跌幅度大于实际的价格下跌幅度。

可见，久期虽然是收益率微小变动条件下度量利率敏感性的一个良好指标，但在收益率发生较大变动时，它所度量的利率敏感性却存在较大误差。图7－3说明了这一点。曲

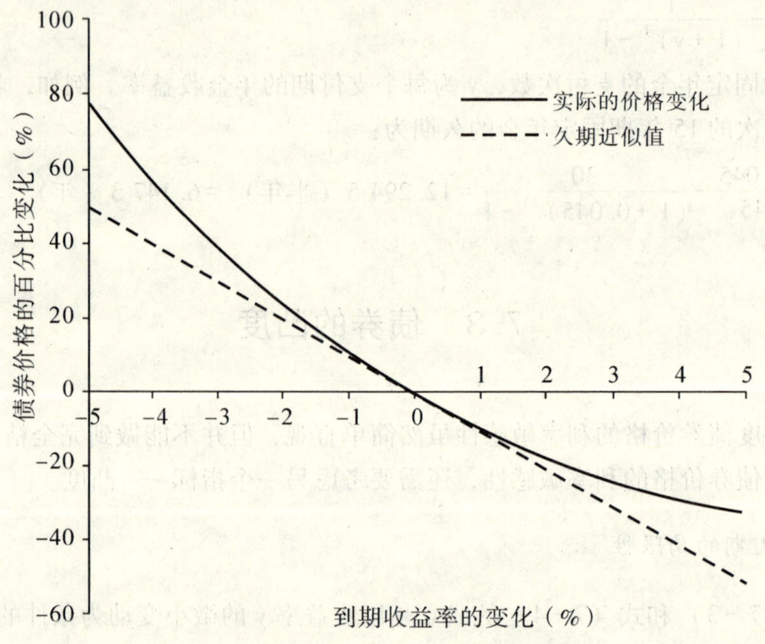

图7－3 用久期度量利率敏感性的误差

线是到期期限为10年、息票利率为15%、每半年支付一次利息、初始到期收益率为15%的债券的价格—收益曲线，即随着到期收益率的变动债券价格实际的百分比变化。直线是按久期测度的债券价格的百分比变化，即它的方程为：

$$\frac{\Delta P}{P} = -10.194\,4\Delta y$$

注意此处方程中的久期是以半年为单位的，Δy则是半年利率的变动。两条线在初始处相切。

从图 7－3 中可以看到，在初始点附近，两条线十分贴近，说明对于到期收益率的微小变化，久期可以给出利率敏感性的精确测度。但随着收益率变化程度的增加，两条线之间的间隔不断扩大，表明用久期测度的利率敏感性越来越不准确。

从图 7－3 中还可以看到，久期近似值总是在债券实际价格的下方。也就是说，当收益率下降时，它低估债券价格的增长程度；而当收益率上升时，它高估债券价格的下跌程度。这与上面例子所计算的结果是一致的。

7.3.2 凸度的计算

用久期度量利率敏感性存在误差源于债券的价格—收益曲线的凸性（Convexity），这一特性使得当到期收益率下降时，债券价格以更快的速率上升；而当到期收益率上升时，债券价格则以更慢的速率下降。关于利率敏感性的法则 2 概括了这一点。在图 7－4 中，债券 A 和债券 B 在初始处有相同的久期，相应的两条曲线在这一点相切，它们共同的切线是按久期测度价格百分比变化的直线。在初始点附近，债券 A 和债券 B 的两条曲线十分贴近，说明对于较小的收益率变动，两种债券价格的敏感性基本相同。然而，随着收益率变动程度的加大，两条曲线之间的间隔越来越大，债券 A 比债券 B 有更快的价格增长和更慢的价格下跌。之所以如此，是因为债券 A 比债券 B 具有更大的凸度。

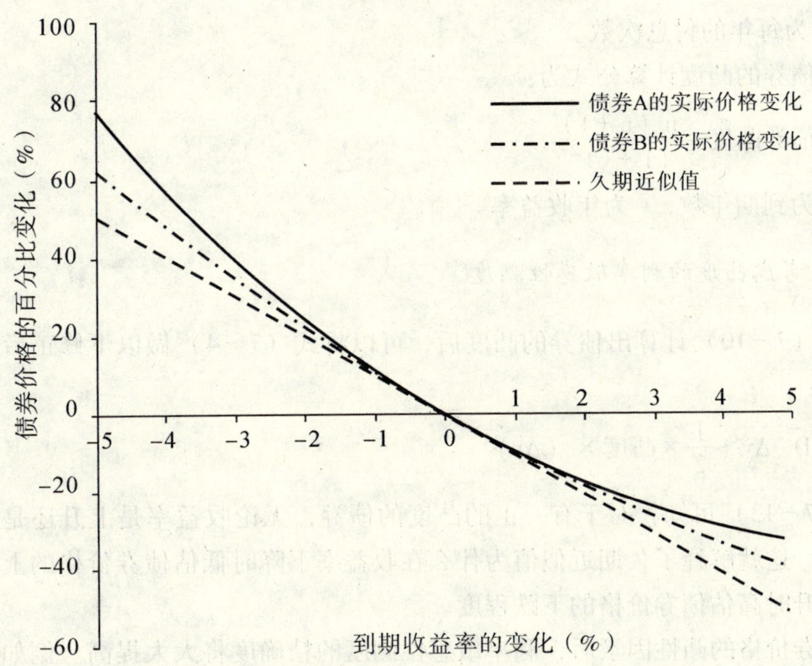

图 7－4 债券的凸性

债券的凸度实际上就是价格—收益曲线的曲率，即斜率的变化率。从图 7 - 4 可以看到，价格—收益曲线的斜率随着收益率而变化：在较高收益率时变得平缓，即斜率是较小的负值；在较低收益率时变得陡峭，即斜率是较大的负值。由式（7 - 4）可以得到：

$$D^* = -\frac{1}{P}\frac{dP}{dy}$$

可见，修正久期 D^* 是价格—收益曲线在当前价格下的斜率的相反数。凸度则定义为价格—收益曲线的二阶导数：

$$凸度 = \frac{1}{P}\frac{d^2P}{dy^2}$$

根据这一定义，由式（7 - 1）可以得到付息周期数为 T、周期收益率为 y 的债券的凸度计算公式：

$$凸度 = \frac{1}{P(1+y)^2}\sum_{t=1}^{T}\frac{t(t+1)C_t}{(1+y)^t} \tag{7-10}$$

其中，C_t 为 t 时刻的现金支付。

利用下面的公式可把按付息周期计算的凸度转化为按年计算的凸度：

$$凸度（按年计算） = \frac{凸度（按付息周期计算）}{m^2} \tag{7-11}$$

其中 m 为每年的付息次数。

零息票债券的凸度计算公式为：

$$零息票债券凸度 = \frac{n(n+1)}{(1+y)^2} \tag{7-12}$$

其中 n 为到期年数，y 为年收益率。

7.3.3　考虑凸度的利率敏感性测度

根据式（7 - 10）计算出债券的凸度后，可以将式（7 - 4）做以下修正后用于利率敏感性的测度：

$$\frac{\Delta P}{P} = -D^*\Delta y + \frac{1}{2}\times 凸度 \times (\Delta y)^2 \tag{7-13}$$

由式（7 - 13）可知，对于有一正的凸度的债券，无论收益率是上升还是下降，第二项总是正的。这就解释了久期近似值为什么在收益率下降时低估债券价格的上涨程度，而在收益率上升时高估债券价格的下跌程度。

考虑债券价格的凸性因素后，利率敏感性测度的精确度将大大提高。例如，对于前面例子中的到期期限为 10 年、息票利率为 15%、每半年支付一次利息、到期收益率为 15% 的债券，根据式（7 - 10）可以列出其凸度计算公式（注意此时价格 P = 100 元）：

$$凸度 = \frac{1}{100(1+0.075)^2}\sum_{t=1}^{19}\frac{t(t+1)\times 7.5}{(1+0.075)^t} + \frac{20\times(20+1)\times 107.5}{(1+0.075)^{20}}$$

由此得到该债券的按付息周期计算的凸度为155.059。

当半年收益率上升1个百分点时，按照式（7-13）估计的债券价格变化幅度为：

$$\frac{\Delta P}{P} = -10.1944\times 0.01 + \frac{1}{2}\times 155.059\times 0.01^2 = -0.094191$$

即价格下跌幅度为9.4191%，与前面根据式（4-1）计算的实际下跌幅度9.4633%很接近。

实际上，凸度还可以按下面的公式来估算：

$$凸度 = \frac{P_- + P_+ - 2P_0}{2P_0(\Delta y)^2} \qquad (7-14)$$

其中，P_0为初始的债券价格，P_-为收益率下降Δy时的债券价格，P_+为收益率上升Δy时的债券价格。

类似于按式（7-5）估算久期的意义，式（7-14）可以涵盖内嵌期权债券的凸度估算。式（7-10）仅适用于不含期权债券的凸度计算，这类债券总是具有正的凸度。但对于某些内嵌期权的债券而言，式（7-14）的分子可能会小于零，因而凸度有可能是负值。例如，当收益率处于较低水平时，可赎回债券具有负的凸度。图7-2说明了这一点。当收益率处于较低水平时，随着收益率的进一步下降，可赎回债券的价格—收益曲线不仅没有变得更陡峭，反而由陡峭变平缓，也就是斜率由较大的负值变为较小的负值（斜率增大）。收益率降低而曲线斜率增大，意味着二阶导数为负，即凸度为负。

思考问题5：凸度为负时对债券价格的利率敏感性的影响是怎样的？

7.4 小结

利率变动导致的债券价格波动使得债券投资的价差收益存在不确定性，这是利率风险的一部分。利率风险的另一部分是利率变动导致的利息再投资收益的不确定性。久期和凸度是度量利率风险的最为常用且简单的两个指标。

关于债券价格的利率敏感性，可以归纳为6条法则，根据这些法则又可以总结出影响债券价格利率敏感性的三个因素，即到期期限、息票利率和初始到期收益率。

Macaulay（1938）将久期定义为债券的每次息票利息或本金支付时间的加权平均，权重是每一时点的现金流的现值在总现值（即债券价格）中所占的比例。由此定义可以给出久期的一般计算公式。

利用久期可以非常直观地测度债券价格的利率敏感性。考虑到零息票债券的久期等于其到期期限，可以将久期的含义表述为：久期就是相应期限的零息票债券价格的利率敏感性。

对于内嵌期权的债券，需要用所谓的有效久期来测度其价格的利率敏感性。有效久期是在考虑了收益率变动及其所带来的预期现金流改变的基础上计算出的久期值。

影响债券价格利率敏感性的三个因素——到期期限、息票利率和到期收益率实际上也是影响久期的因素，久期与这三个因素之间的重要关系可以归纳为4条久期法则。

根据久期的一般计算公式可以推导出无限期债券、息票债券和固定年金等特定债券的久期计算公式。对于期限较长的债券而言，这些公式的应用比久期的一般计算公式更为便捷。

久期虽然是收益率微小变动条件下度量利率敏感性的一个良好指标，但在收益率发生较大变动时，它所度量的利率敏感性却存在较大误差。如果要更加精确地测度债券价格的利率敏感性，还需要考虑另一个指标——凸度。债券的凸度实际上就是价格—收益曲线的曲率，即斜率的变化率。凸度定义为价格—收益曲线的二阶导数，根据这一定义可以得到债券的凸度计算公式。考虑债券价格的凸性因素后，利率敏感性测度的精确度将大大提高。

习题

1. 一种息票利率为8%的3年期债券，每年付息一次，当前的到期收益率为5%。如果到期收益率升至7%，分别用两种方法计算该债券价格的下跌幅度。

2. 某投资者以面值认购了一张息票利率为6%、每年付息的3年期债券。计算市场利率下跌至5%引起的资本利得和市场利率上升至7%引起的资本损失是否相等。是什么原因导致了这种情况？

3. 一种息票利率为7%的3年期债券，每半年付息一次，当前的到期收益率为5.5%。该债券的久期是多少？一年后该债券的到期收益率仍为5.5%，其久期是多少？如果一年后到期收益率升至6.5%呢？

4. 从久期测度的角度，说明债券的到期期限和息票利率对利率敏感性的影响。

5. 一种息票利率为5%的3年期债券，每年付息一次，当前的到期收益率为5%。

（1）计算该债券的久期和凸度。

（2）如果到期收益率由5%升至7%，根据债券定价公式计算债券的价格。

（3）根据久期测度估算该债券的价格。这一方法的误差率是多少？

（4）根据久期—凸度测度估算该债券的价格。这一方法的误差率是多少？

6. 关于零息票债券的久期，判断下列说法是否正确，并说明理由。

（1）小于同期限的息票债券的久期。

（2）等于到期期限。

（3）等于到期期限除以到期收益率。

（4）随着到期期限的延长而延长，但延长速率递减。

7. 把下列两类债券按久期长短排序。

（1）债券 A：息票利率 8%，20 年到期，按面值出售；债券 B：息票利率 8%，20 年到期，折价出售。

（2）债券 A：不可赎回，息票利率 8%，20 年到期，按面值出售；债券 B：可赎回，息票利率 9%，20 年到期，也按面值出售。

8. 到期期限和息票利率都相同的国债和 BBB 级公司债，都是不可赎回的，哪一种债券具有更高的利率风险？为什么？

9. 某公司拟发行债券，发行价格、息票利率和到期期限等条款已经确定。现在公司想附加赎回条款。

（1）为了不降低债券的吸引力，需要对发行价格或息票利率作怎样的调整？

（2）对债券的久期和凸度有何影响？

10. 为什么久期可以用于测度债券价格的利率敏感性？这种测度在什么情况下会产生较大误差？为什么考虑了凸性后这个误差会减小？

11. 长期国债当前的到期收益率约为 5%。如果你预计利率会下降，在以下每种情况下，选择具有持有期收益的债券并简述理由。

（1）一种 BB 级债券，息票利率 4.7%，到期期限 25 年；

一种 AAA 级债券，息票利率 4.7%，到期期限 25 年。

（2）一种 AA 级债券，息票利率 3.5%，到期期限 20 年，可以按 105 元的价格赎回；

一种 AA 级债券，息票利率 7.7%，到期期限 20 年，可以按 105 元的价格赎回。

（3）长期国债，息票利率 4%、15 年到期、YTM = 5%；

长期国债，息票利率 7%、15 年到期、YTM = 5%。

12. 现在是 2010 年。表 7-4 是某公司发行的两种债券。

表 7-4　　两种债券的特性

项目	债券 A（可赎回）	债券 B（不可赎回）
到期期限	2018 年	2018 年
息票利率（%）	9.5	5.3
付息方式	每年	每年
当前价格（元）	124.4	100
赎回日	2012 年	–
赎回价格（元）	105 元	–

(1) 计算两种债券的修正久期。

(2) 比较两种债券在以下两种情况下的价格和收益情况：

①强有力的经济复苏同时伴随着高通胀预期；

②经济衰退及低通胀预期。

(3) 如果债券B的到期收益率下跌80个基点，计算它预期的价格变动。

(4) 试论述在分析债券A时严格限定为持有到赎回日或到期日的缺陷。

8 债券组合管理策略

债券组合管理中的各种策略都与债券价格的利率敏感性有着不同程度的联系，因此，作为利率敏感性度量指标的久期和凸度也就成为这些策略形成与运用的基础。债券组合管理策略可以划分为积极策略和消极策略两大类，两者无论在理论基础还是运行机制上都有很大差异。本章将首先考察各种积极管理策略，然后分别对消极管理策略中的指数策略和免疫策略加以讨论。

8.1 积极的债券组合管理

8.1.1 积极管理策略的理论基础

积极的债券组合管理策略的理论基础是，债券市场并不是完全有效的，影响债券价格的信息并未充分反映在当前价格中，市场中存在大量获取超常收益（即超过市场平均收益水平的收益）的机会，投资者通过占有和分析这些尚未充分反映的信息，可以把握这些机会从而获得超常收益。

市场有效性低所带来的潜在的获取超常收益的机会包括两个方面：

一是影响市场利率的信息尚未充分反映在债券价格中，投资者可以通过利率预测来获取超常收益。我们已经知道，市场利率是影响债券价格的重要因素。投资者通过对影响市场利率的信息，如市场利率变动的历史趋势特征、宏观经济运行状况以及利率政策变动等加以分析后，如果作出利率下降的预测，则可以通过增加债券组合久期的方法来更多地分享利率下降带来的资本利得，从而获得超常收益；反之，如果通过相关信息的分析后作出利率上升的预测，则可以减少债券组合的久期以减少利率上升造成的资本损失，这样也有可能使投资者的总收益超过市场平均收益水平，即获得超常收益。

二是影响债券违约溢价的信息尚未充分反映在债券价格中，投资者可以通过寻找价格被误定的债券以获取超常收益。从第3章的讨论我们已经知道，影响债券的信用质量从而影响其违约溢价的信息主要包括宏观经济环境、行业因素、公司的经营和财务状况等，投资者可以通过对这些信息的分析来评估一种债券当前的违约溢价是否过大或过小，并基于此采取相应的策略以获取超常收益。

这里需要强调的是“尚未充分反映”的含义。它意味着投资者必须在债券价格对相关信息作出充分反应之前采取相应的行动，否则就不能获得超常收益。这就要求投资者要么先于其他投资者得到相关信息，要么在掌握同样信息的条件下比其他投资者更快、更准确地作出分析和判断。例如，如果市场上大多数投资者都意识到利率会下降，那么此时采取增加债券组合久期的策略可能已经太迟了，因为当前的债券价格可能已经较为充分地反映了利率下降的市场预期，即长期债券的价格可能已经出现了相应的上涨。如果大多数投资者都认为一种债券的违约溢价过大，即该债券的价格被低估，那么这种债券的价格将会在短期内迅速上涨，获取超常收益的潜在机会也随之消失。

实际上，从积极管理策略的理论基础已经可以看到这种策略的风险。首先，投资者能否对相关信息作出准确的分析和判断。其次，即便对相关信息作出了较为准确的分析和判断，也可能难以确定当前的债券价格是否已经在很大程度上反映了这些信息。例如，当你在深入分析相关信息的基础上作出市场利率将会下降的预测时，面对已经有一定涨幅的债券价格，你会认为市场已经在相当程度上反映了利率下降的预期呢，还是认为市场的反应尚不够充分呢？因此，积极管理策略让投资者在有机会获得超常收益的同时也承担着相应的风险。

8.1.2 债券掉换

债券掉换（Bond Swaps）是最为典型的积极管理策略。根据实施掉换所依据的理由，这类策略大致可以归纳为以下 5 种方式：

8.1.2.1 替代掉换

替代掉换（Substitution Swap）是指在两种各方面特性相近的债券之间进行的掉换。在期限、息票利率、信用等级、赎回特征及偿债基金等条款上基本相同的两种债券应当有基本相同的价格或到期收益率，如果两种债券的市场价格或收益率之间出现较大差异，投资者就可以采用替代掉换策略以期获得超额收益。

例如，宝钢公司债券和武钢公司债券期限都是 8 年，息票利率都是 6.5%，都是在 3 年后可以 104 元的价格赎回。当前宝钢债券的到期收益率为 5.22%，武钢债券的到期收益率为 5.48%。如果投资者相信两种债券的信用等级相同，那么就可以卖出宝钢债券而买入武钢债券。当然，武钢债券的信用风险有可能确实大于宝钢债券，此时投资者的掉换策略就不一定能获得超常收益。

8.1.2.2 市场间价差掉换

市场间价差掉换（Intermarket Spread Swap）是指在债券市场的各个子市场（如国债市场和公司债市场）之间进行的掉换。如果债券市场的两个子市场之间的收益率差相对于历史平均水平过大或者过小，投资者就可以采用这种掉换策略。

例如，当前 15 年期的国债与 15 年期的 A 级公司债的收益率差为 1.8%，而过去 5 年内这一数据的平均值为 2.4%。如果投资者认为收益率差的这一偏离是暂时的，一段时间后将回到历史平均水平，则可以卖出公司债而买入国债。当然，投资者需要分析造成这一偏离的原因。例如，如果经济刚刚摆脱多年的衰退期而进入上升周期，则公司债与国债之间的收益率差缩小就可能是正常的，在这种情况下，上述掉换策略可能不会有什么效果。

思考问题 1：经济看来正陷入衰退。此时 A 级公司债相对于国债的收益率差明显高于近三年来的平均水平，投资者是否应当采用市场间价差掉换策略？

8.1.2.3 利率预测掉换

利率预测掉换（Rate Anticipation Swap）是指根据对未来利率变动趋势的预测，在不同久期的债券之间进行的掉换。当预期利率将会上升时，投资者可以把久期较长的债券掉换为久期较短的债券，以减少债券价格下跌带来的资本损失。相反，当预期利率下降时，投资者则可以把久期较短的债券掉换为久期较长的债券，以获取更多的资本利得。显然，这种策略的主要风险在于利率预测出现偏差甚至错误。

8.1.2.4 净收益增长掉换

净收益增长掉换（Pure Yield Pickup Swap）是指将到期收益率较低的债券掉换为到期收益率较高的债券。这种策略并不是基于某种价格误定或者对利率的预测而采取的，而是投资者愿意承担更多的风险以获取更高的收益。例如，在表 1-4 中，09 附息国债 29 的期限为 2.852 年，到期收益率为 2.478 3%，08 国债 23 的期限为 13.879 年，到期收益率为 3.980 1%。投资者可以将前者掉换为后者，只要在持有期间收益率曲线不发生大的上移或变得更陡峭，掉换就可以获得更高的持有期收益。当然这种策略也使投资者承担了更高的利率风险，因为一旦在持有期间收益率曲线出现较大的上移或变得更陡峭，持有长期债券将会遭受更大的资本损失。利用图 8-1 的息票债券收益率曲线可以说明这一点。假定投资者计划持有一年，如果一年后的息票债券收益率曲线和现在一样（此时两种债券的到期收益率都将由于期限缩短了 1 年而有所下降），或者虽有上移但幅度很小，未导致长期债券的收益率上升，则掉换策略将使投资者获得更高的持有期收益。但如果持有期间这些条件不成立，比如收益率曲线出现较大的上移使得 09 附息国债 29 的到期收益率高于 3.980 1%，或者变得更加陡峭，则投资者都将得不偿失。

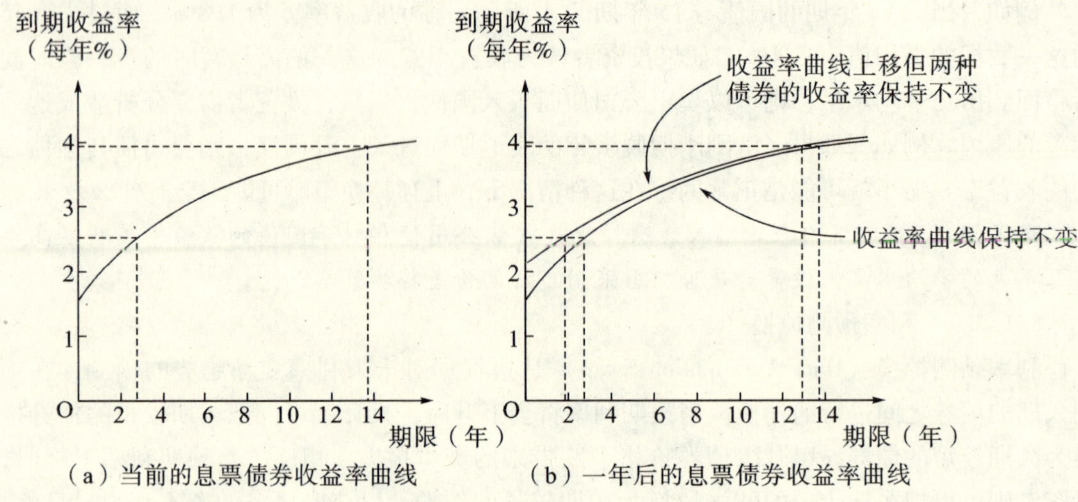

（a）当前的息票债券收益率曲线　　（b）一年后的息票债券收益率曲线

图 8－1　净收益增长掉换

类似地，投资者也可以将较高信用等级的债券掉换为较低信用等级的债券以获取更高的收益，只要他愿意承担更高的信用风险。

8.1.2.5　税收掉换

税收掉换（Tax Swap）是为了获得税收方面的好处而进行的掉换。例如，某投资者以 102 元购买的债券现在已经跌到了 97 元，他可以将这种债券掉换为另一种价格下跌幅度相当甚至更大的债券，这样，他实际上并没有“斩仓”出局（因为后一种债券未来的价格走势很可能与前一种债券基本一致，从而可以作为前者的替代物），却因为将前一种债券上的损失变现而可以获得税收方面的好处。当然，这种策略也是有风险的，那就是在掉换之后，换入债券的价格走势反而比换出债券的价格走势更差。

8.1.3　水平分析

水平分析（Horizon Analysis）是指对特定时期中某些时点上的收益率曲线以及期末的收益率曲线进行预测，并以此为基础，计算债券的持有期收益。通过不同债券之间的比较，选出具有最优持有期收益的债券。

例 8.1　一位基金经理承担了一笔资金的 5 年投资计划，为此他正在寻找具有最优持有期收益的债券。债券 A 期限为 8 年，息票利率 3.02%，半年付息，当前市价为 98.81 元。债券 B 期限为 15 年，息票利率 4.26%，半年付息，当前市价为 107.09 元。假定这位基金经理预测 5 年后的 3 年期息票债券的收益率为 3.2%，10 年期息票债券的收益率为 3.6%，并且预测 5 年中所有利息的再投资收益率为每半年 1.6%，那么他应该购买债券 A 还是债券 B?

根据基金经理对未来利率的预测，5 年后债券 A 的预期价格为：

$$P_A = \sum_{t=1}^{6} \frac{1.51}{\left(1 + \frac{0.032}{2}\right)^t} + \frac{100}{\left(1 + \frac{0.032}{2}\right)^6} = 99.49(\text{元})$$

5 年中的利息及再投资收益为：

$$I_A = 1.51 \sum_{t=0}^{9} (1 + 0.016)^t = 16.23(\text{元})$$

因此，债券 A 的 5 年持有期总收益率为：

$$Y_A = \frac{99.49 - 98.81 + 16.23}{98.81} = 17.11\%$$

类似地，5 年后债券 B 的预期价格为：

$$P_B = \sum_{t=1}^{20} \frac{2.13}{\left(1 + \frac{0.036}{2}\right)^t} + \frac{100}{\left(1 + \frac{0.036}{2}\right)^{20}} = 105.5(\text{元})$$

5 年中的利息及再投资收益为：

$$I_B = 2.13 \sum_{t=0}^{9} (1 + 0.016)^t = 22.89(\text{元})$$

因此，债券 B 的 5 年持有期总收益率为：

$$Y_B = \frac{105.5 - 107.09 + 22.89}{107.09} = 19.89\%$$

结论是：该基金经理应该购买债券 B。

水平分析的最大困难是准确预测利率并设定利率前景。从上面的例子可以看到，基金经理需要预测投资计划到期时的收益率曲线，以及计划持有期间各个利息支付时点的利率状况，所有这些都不是轻而易举能够做到的。

8.1.4 骑乘收益率曲线

骑乘收益率曲线（Riding the Yield Curve）也是基于利率预测的一种积极管理策略，在货币市场组合管理当中较为流行。如果投资者预计在投资期间收益率曲线保持不变，则有可能采用这种策略。其获取超常收益的机制是，在一条正向的收益率曲线保持不变的情况下，债券的到期期限随时间的推移而缩短将导致收益率“自然”下降，由此给投资者带来资本利得。

例 8.2　当前的收益率曲线如图 8－2 所示。一位货币市场基金经理预计未来三个月内收益率曲线将保持不变，因而决定采用追踪收益率曲线的策略。他以每季度 1.2% 的收益率购买了九个月期的国库券，据此可以计算出买入价格为：

$$\frac{100}{(1 + 0.012)^3} = 96.48\ (\text{元})$$

如果在三个月内收益率曲线果真保持不变，那么从图 8－2 可知，国库券的收益率将沿着收益率曲线从每季度 1.2% 降至 1.0%，因而国库券的卖价将为：

$$\frac{100}{(1+0.01)^2}=98.03\text{（元）}$$

这样，基金经理获得了$\frac{98.03-96.48}{96.48}=1.61\%$的持有期收益率，高于买入时的到期收益率。

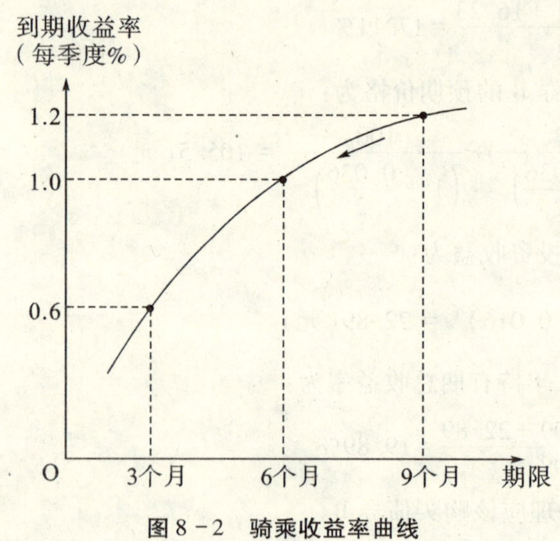

图 8－2　骑乘收益率曲线

该基金经理也可以每季度 1.0% 的收益率购买六个月期的国库券（买价为 98.03 元），三个月后如果收益率曲线保持不变，则卖价为：

$$\frac{100}{1+0.006}=99.4\text{（元）}$$

由此得到持有期收益为$\frac{99.4-98.03}{98.03}=1.4\%$，低于购买九个月期国库券的持有期收益。

通常来讲，如果有一条正向的收益率曲线并在投资期间保持不变，那么长期债券将提供更高的持有期收益。但也并不总是如此。在上面的例子中，如果当前的收益率曲线如图 8－3 所示（短端比长端陡峭得多），并且在三个月中保持不变，则六个月期国库券三个月后的卖价将为：

$$\frac{100}{1+0.003}=99.7\text{（元）}$$

由此可以得到它提供的持有期收益为$\frac{99.7-98.03}{98.03}=1.7\%$，高于购买九个月期国库券的持有期收益。

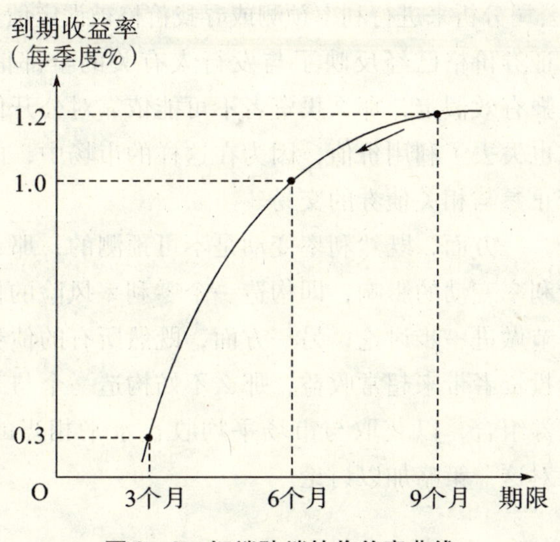

图8－3 短端陡峭的收益率曲线

骑乘收益率曲线的风险在于收益率曲线在投资期间可能会上升，而不是保持不变。果真如此，则骑乘收益率曲线的资本利得就会减少，甚至变为负数。实际上，根据预期理论，一条正向的收益率曲线的确反映出市场预期未来利率会上升。

思考问题2：水平分析和骑乘收益率曲线都是基于利率预测的积极管理策略。它们的主要区别是什么？

8.2 债券组合管理的指数策略

8.2.1 消极管理策略的理论基础

与积极管理策略相反，消极管理策略的理论基础则是有效市场假定（Efficient Market Hypothesis，EMH），即假定证券价格已经反映了全部的已知信息。根据“全部已知信息”含义的不同，有效市场假定分为三种形式：弱有效、半强有效和强有效。

弱有效假定认为，证券价格已经反映了全部能从市场交易数据中得到的信息，这些信息包括过去的价格走势和交易量等。如果债券市场满足弱有效假定，那么任何基于债券价格或利率变动的历史趋势分析的策略都将失去其价值，不可能给投资者带来超常收益。

半强有效假定认为，证券价格已经反映了与发行人前景有关的全部公开信息，这些信息除了包括过去的价格走势和交易量，还包括关于发行人基本面的全部公开信息，如管理质量、经营状况、财务状况和盈利前景等，以及关于影响发行人基本面的宏观经济运行状况、政策变动和行业因素的公开信息。如果债券市场满足半强有效假定，那么那些试图通过宏观经济分析、行业分析和公司分析来进行利率预测或寻找价格被误定债券的策略都将失效。

强有效假定认为，证券价格已经反映了与发行人有关的全部信息，甚至包括内幕信息。如果债券市场满足强有效假定，那么投资者不可能依靠对公开信息的分析研究获取超常收益，就连内幕消息也失去了利用价值，因为在这样的市场中，内幕信息的所有直接或间接知情者都被严格禁止参与相关债券的交易。

在有效市场假定下，一方面，既然利率变动是不可预测的，那么不妨采取某种措施使得债券组合的价值免受利率变动的影响，即构造一个零利率风险的债券组合——这就是免疫策略，我们将在下一节做进一步讨论；另一方面，既然所有的债券都是公平定价的，任何积极策略都不可能给投资者带来超常收益，那么不妨构造一个与某种债券市场指数的风险—收益特性相当的债券组合，以获取与市场平均收益水平相当的收益。这就是指数策略，本节的以下部分将对这一策略加以讨论。

8.2.2 债券市场指数

尽管债券市场在许多国家有着悠久的发展历史，并且其市场规模往往超过了广受关注的股票市场，但债券市场指数的发展历史却很短。比如，在美国，从1884年道·琼斯指数诞生算起，股票市场指数已经存在了一百多年，而债券市场指数直到20世纪70年代才出现。这可能部分缘于投资者对债券市场运行趋势的关注程度不如对股票市场那么高。不过，对于债券组合管理的指数策略而言，一个能够较好地反映市场趋势与特征的债券市场指数显然是不可或缺的重要基础。

美国的债券市场指数包括三类：投资级债券指数、高收益债券指数和全球政府债券指数。表8－1列出了美国主要的债券市场指数的基本情况。

表8－1　美国主要债券市场指数概要

指数名称	样本数	期限	样本种类	加权方法	定价方法	再投资假设
美国投资级债券指数						
雷曼兄弟综合	5 000以上	≥1年	政府、政府机构、公司、抵押支持和资产支持	市值加权	交易商报价及模型定价	无
美林综合	5 000以上	≥1年	政府、政府机构、公司和抵押支持	市值加权	交易商报价及模型定价	投资于特定债券
瑞安国债综合	118	≥1年	政府	市值加权及平均加权	市场价格	投资于特定债券
所罗门美邦综合	5 000以上	≥1年	政府、大部分投资级公司和抵押支持	市值加权	交易商报价	投资于1个月期国库券

续表8－1

指数名称	样本数	期限	样本种类	加权方法	定价方法	再投资假设
美国高收益债券指数						
第一波士顿	423	不限	综合的并依据级别	市值加权	交易商报价	有
雷曼兄弟	624	≥1 年	综合的并依据级别	市值加权	交易商报价	无
美林	735	≥1 年	综合的并依据级别	市值加权	交易商报价及模型定价	有
所罗门美邦	299	≥7 年	综合的并依据级别	市值加权	交易商报价	有
全球政府债券指数						
雷曼兄弟	800	≥1 年	综合的并包括 13 个国家和地区及美国政府债券	市值加权	交易商报价	有
美林	9 736	≥1 年	综合的并包括 9 个国家和地区及美国政府债券	市值加权	交易商报价	有
JP 摩根	445	≥1 年	综合的并包括 11 个国家和地区及美国政府债券	市值加权	交易商报价	按某种指数
所罗门美邦	525	≥1 年	综合的并包括 14 个国家和地区及美国政府债券	市值加权	交易商报价	按当地短期利率

［资料来源］弗兰克·J. 法博齐. 固定收益证券手册［M］. 6 版. 北京：中国人民大学出版社，2005：11.

从样本数量来看，投资级债券指数的样本数十分巨大，如雷曼兄弟综合债券指数、美林综合债券指数和所罗门美邦综合债券指数的样本数都在 5 000 以上。高收益债券指数和全球政府债券指数的样本数相对于投资级债券指数而言要少得多，但即使是样本数最小的所罗门美邦高收益债券指数也包含了 299 种债券，这相对于大多数股票指数来讲也是一个较大的样本数，而美林全球政府债券指数则拥有一个超过 9 000 种债券的样本。

从样本债券的期限来看，大多数债券指数（包括所有的投资级债券指数和全球政府债券指数）都是以 1 年期以上的债券为样本，两个例外分别是第一波士顿高收益债券指数和所罗门美邦高收益债券指数，前者将所有期限的高收益债券都纳入样本选择范围，而后者则要求样本债券的期限至少为 7 年。

从样本债券的种类来看，所有的投资级债券指数都只包含投资级（BBB 级及以上）债券，并剔除了可转换债券和浮动利率债券。高收益债券指数只包含投机级或垃圾债券，并且由于高收益债券市场上较多的违约和频繁的赎回，样本变化很快。此外，不同的高收益债券指数对违约债券的处理方法有很大的不同。美林从违约的那天起把违约债券从指数中剔除，而第一波士顿和雷曼兄弟则根据债券发行规模和其他约束条件将违约债券无限期地保留。

从指数计算的加权方法来看，几乎所有的债券指数都采用按未偿付债券的相对市值加权（Relative Market Value Weighting）的方法。这种加权方法的优点是反映了样本债券的相对经济重要性，但缺点是一些样本债券的提前赎回可能性使得未偿付债券市值不易准确计量。另一种加权方法是等量加权（Equal Weighting），也称为不加权（Unweighting），其优点是不需要考虑提前赎回等原因造成的未偿付债券市值的变动，缺点则是没有反映样本债券的相对经济重要性。事实上，瑞安研究所编制的政府债券指数系列既采用市值加权也采用等量加权。

从样本债券的定价方法来看，除了瑞安国债综合指数是基于市场交易价格外，其余债券指数都是基于交易商报价（可能是基于最近的实际交易，也可能是来自交易商的当前买入报价，或者说交易商做市时将要报出的价格），或者是将交易商报价和用模型计算出的价格结合起来作为指数计算的基础，这样做的原因是大多数债券都存在流动性问题，它们的连续交易价格难以获得。

从期间现金流的处理方法来看，除雷曼兄弟的综合债券指数和高收益债券指数外，大多数的债券指数都有再投资假设，但假定的再投资对象有所不同，如美林和瑞安编制的债券指数都是假定投资于特定债券，所罗门美邦的综合债券指数和全球政府债券指数分别假定投资于1个月期国库券和按当地短期利率投资，JP 摩根全球政府债券指数则假定按某种指数投资。

中国的债券市场由于分为交易所市场和银行间市场两个部分，因此债券市场指数也可以按照样本债券的交易场所分为交易所市场债券指数、银行间市场债券指数和跨市场债券指数三类。表 8-2 概括了中国的几种主要债券市场指数的特征。

表 8-2　中国主要债券市场指数概要

指数名称	期限	样本种类	息票类型	加权方法	再投资假设
交易所市场债券指数					
中信国债指数	≥1 年	国债	固定利率、一次还本付息、浮动利率	市值加权	指数
上证国债指数	≥1 年	国债	固定利率、一次还本付息	市值加权	指数
银行间市场债券指数					
同业中心银行间国债指数	≥1 年	国债	固定利率	市值加权	指数
中银银行间国债指数	≥1 年	国债	固定利率	市值加权	指数

续表 8-2

指数名称	期限	样本种类	息票类型	加权方法	再投资假设
跨市场债券指数					
中国债券指数	≥1 年	国债、金融债、企业债	固定利率、一次还本付息、浮动利率	市值加权	指数
中信全债指数	≥1 年	国债、金融债、企业债	固定利率、一次还本付息	市值加权	指数

8.2.3 指数策略的困难与分层抽样法

在股票市场上，普通投资者采用指数策略时会面临资金量太小而股票数量太多的困难。这一困难可以通过购买股票指数基金来解决，拥有庞大资产规模的投资基金构造一个包含数十种或数百种股票的指数组合并不算什么难事。然而，债券投资者采用指数策略所面临的困难则远不止于资金量方面，也就是说，即便是债券指数基金，在实施指数策略的过程中也会遇到比股票指数基金更多的困难。

首先，债券指数的样本数通常都比较大，而作为指数策略最主要投资对象的投资级债券指数的样本数更是达到数千种，要按照市值权重购买如此众多的债券以构建一个指数组合几乎是一件不可能完成的工作。即便是构建起了这样一个指数组合，日后的管理，比如根据未偿付债券市值的变动调整组合中债券的份额、根据指数样本债券的调整买入或卖出债券、对组合中债券产生的现金流收入进行再投资等，也将带来十分巨大的工作量。

其次，债券指数样本中的许多债券在市场中交易量很小，流动性很差，这意味着很难以一个公平的价格去购买或出售，从而使指数组合的构建和管理变得十分困难。

再次，当一只债券的到期年限低于 1 年时，就会从债券指数中剔除，而新发行的债券则不断补充进来。因此，与股票指数相比，债券指数的样本处于不断的变化中。这意味着债券指数基金管理者必须在调整或重新平衡他们的资产组合方面做更多的工作，以便使他们持有的资产组合的结构与指数中包括的样本债券的结构尽可能一致。

最后，大多数债券指数都有再投资假设，这意味着指数组合中的债券产生的现金流必须按指数要求进行再投资。而为数众多的样本债券产生的现金流收入十分频繁，这使得指数组合管理工作更为繁琐和复杂。

在实践中，债券指数基金要完全精确地复制债券指数是不切实际的。作为替代，经常采用的是分层抽样法（Stratified Sampling Approach），或者称为单元格方法（Cellular Approach）。图 8-4 说明了这种方法的思想。

到期期限	国债	联邦机构债券	抵押支持证券	工业债券	金融债券	公用事业债券	扬基证券
1～3年	10.5%						
3～5年	3.9%			5.8%			
5～7年			4.3%		5.1		
7～10年		1.6%					
10～15年							
15～30年	6.2%		11.7%			3.4%	
>30年							

图8-4　债券单元格划分图

首先，将债券市场按某些特性划分为若干个类别，每个类别作为一个单元格。例如，图8-4按债券的到期期限和发行人类型划分了49个单元格。也可以按照其他的特性如息票利率等来划分单元格，落在同一单元格内的债券被认为是同质的。其次，计算并报告每一单元格债券的市值占相关指数所包含的全部债券市值的百分比。最后，构建一个债券组合，组合中每一单元格的债券在组合中所占的比重与该单元格在全部债券中所占的比重相匹配。例如，图8-4中计算出3～5年期国债在指数中所占比重为3.9%，那么组合管理者应当在该指数样本的3～5年期国债中挑选出若干种进入自己的组合，并使得这些债券在组合中所占的比重大致为3.9%。

通过分层抽样法构建的债券组合，与有关债券指数在划分单元格所依据的特征如到期期限、发行人类型、息票利率等方面是相匹配的，因而这个组合的风险收益特性也与该指数的风险收益特性相匹配。同时，采用分层抽样法也较好地解决了指数策略的上述困难，因为组合管理者只需在每个单元格中挑选一小部分样本债券进入组合，而且在挑选时可以舍弃每个单元格中那些交易清淡、流动性差的债券。

当然，采用分层抽样法在解决问题的同时也付出了代价，那就是由于没有严格按照指数中的每一种样本债券及其权重复制指数而导致组合跟踪指数的效果下降。债券组合跟踪指数的效果可以用组合业绩与指数业绩之差即跟踪误差（Tracking Error）来测度。一般而言，债券组合对指数的跟踪误差最主要的来源是组合中的公司债券，因为公司债券之间的同质性较差，组合中的公司债券与指数的相应单元格在风险收益特性上存在较大差异。此外，跟踪误差也受到指数基金规模的影响。跟踪同一种债券指数时，一个10亿元的基金应该比一个1亿元的基金有更小的跟踪误差，因为前者可以对指数的样本债券按照更多特征划分出更细的单元格，并在此基础上构建指数组合。

思考问题3：在采用分层抽样法时，如果按照更多的债券特性划分出更多的单元格，有何利弊？

8.3 债券组合管理的免疫策略

虽然同为债券组合管理的消极策略，但与指数策略以承担市场平均风险换取市场平均收益不同，免疫策略试图构建一个利率风险几乎为零的组合。

8.3.1 免疫的含义

如果一个投资组合在持有期内完全不受利率波动的影响，可以确定持有期末的价值至少等于预期得到的价值，或者说，如果可以确定一个投资组合的已实现收益至少等于持有至期末的计算收益，那么就说这个投资组合是免疫的。举例来讲，假设目前的利率为7%，一个投资者有10 000元，如果他购买的一个投资组合能够使他在未来的5年内确定性地获得7%这个收益水平，或者是能够确定性地达到10 000 $(1+7\%)^5=14\ 025.52$元，那么他购买的就是一个免疫的投资组合。

基于这个例子，我们可以从两个角度来理解免疫的含义。第一个角度是净值免疫，即投资者的资产负债净值在持有期内不受利率波动的影响。在上面的例子中，投资者现有的10 000元可以看成一笔负债，他用这笔负债购买一个投资组合形成资产，资产和负债的现值都是10 000元，从而净值为0。由于资产和负债都将在第五年末达到14 025.52元的相同终值，因此，无论在持有期内的某个时点利率发生怎样的变动，资产和负债的价值都相等，即净值保持为0。第二个角度是目标日期免疫，即一个免疫的投资组合将在目标日期达到预期的价值，而不受持有期内利率波动的影响。仍然将例子中投资者的10 000元视为一笔负债，这样他将在第五年末偿还14 025.52元。如果他用这笔负债购买了一个免疫的投资组合，则在第五年末的目标日期他将获得14 025.52元的收入用于偿还债务。

8.3.2 免疫的实现机制

那么，如何实现免疫？答案是使资产的久期与负债的久期相匹配。从净值免疫的角度看，如果资产与负债的久期匹配，即满足等式 $D_A A=D_L L$，式中 D_A 和 D_L 分别为资产和负债的平均久期，A和L分别为资产和负债的价值，则当利率发生变动时资产和负债的价值将会有相同幅度的变化，因而净值保持不变。

实际上，通过资产负债久期匹配实现净值免疫正是银行等存款类金融机构感兴趣的一种管理利率风险的方法，一般称为缺口管理。由于银行的负债以存款为主，而存款的期限通常很短，因此银行负债的久期较短。相反，银行的资产以各类工商业贷款、消费贷款和抵押贷款为主，期限较长，所以银行的资产久期比负债久期更长。在这种情况下，当利率意外上升时，银行的净值会因为资产价值的下跌幅度大于负债价值的下跌幅度而受损。因此，在利率上升时期，银行需要尽可能地缩小资产与负债的久期缺口。增加浮动利率贷款的比重是银行缩短资产组合久期的一种有效方法，因为这类贷款的利率随市场利率的变化而定期调整，其久期和利率敏感性与短期债券相似。在负债方面，引入较长期限的固定利率存款单显然有助于银行负债久期的延长，从而缩小资产负债的久期缺口。

从目标日期免疫的角度看，如果资产与负债的久期匹配，则资产的累积价值将不受持有期内利率波动的影响，从而在目标日期达到与负债相同的终值。图 8－5 说明了目标日期免疫实现的机制。在 t^* 时刻，如果利率意外上升，则资产价值将突然下跌，但随后将以更快的速率上升，并在相应于久期 D 的时刻即目标日期达到预期价值；如果利率意外下降，则资产价值将突然上升，但随后将以更慢的速率上升，并同样在 D 时刻达到预期价值。

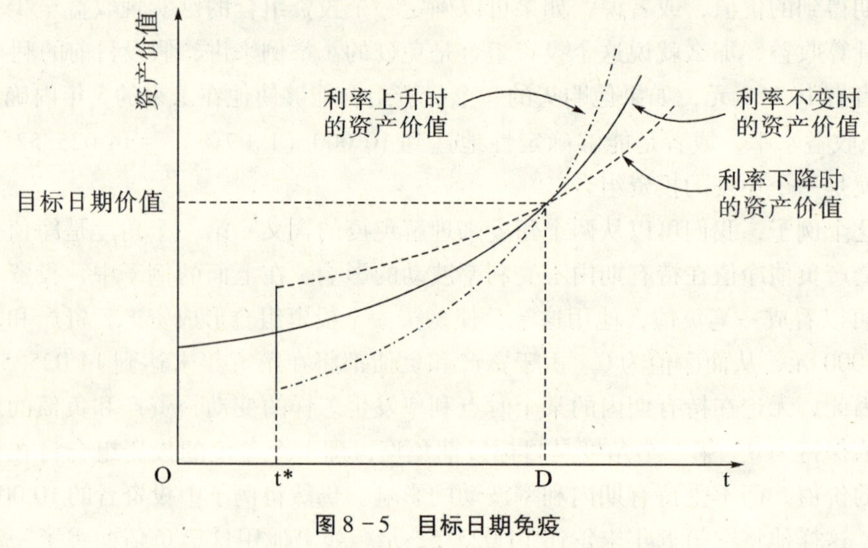

图 8－5　目标日期免疫

诸如养老基金、保险公司等机构正是由此对免疫策略产生兴趣的，因为它们的负债大多为定期产生现金流支付的中长期债务，需要高度关注资产在相应时点的现金流入是否足以满足支付义务。

思考问题 4：在一个降息周期中，养老基金取得了很不错的资产收益，但最终发现其资产负债状况反而有所恶化，原因是什么？

例 8.3　一家保险公司向客户发售了面值 10 000 元的担保投资合约（Guaranteed Investment Contract，GIC），期限为 5 年，保证的利率为 7.9%。假定保险公司决定将每份 GIC 所收入的 10 000 元投资于息票利率为 7.9%、按面值出售的债券，为了实现目标日期免疫，它应当如何来选择债券期限？

GIC 实际上可以看成保险公司发行的零息债券，此例中保险公司到期在每份合约上必须支付的金额为：

$10\,000\ (1+7.9\%)^5=14\,625.38$（元）

如果市场利率在5年中保持7.9%不变，则对于当前以面值出售的息票利率为7.9%的债券，公司选择任何期限不小于5年的债券，都可以保证在第五年末有足够的资金偿还债务，因为债务的现值恰好等于债券的价值。表8-3中的A表明，如果利率保持在7.9%，每一次的利息支付都将按7.9%的利率进行再投资；而任何期限长于5年、息票利率为7.9%的债券在第五年末的售价都是10 000元，因而债券资产在5年当中的累积价值将恰好达到用以偿还债务的14 625.38元。

但是，如果要在市场利率发生变动的情况下仍然保证资产价值在第五年末恰好达到偿还债务所需的金额，即实现目标日期免疫，则公司必须选择久期为5年（与负债的久期相同）的债券。根据前述的久期法则8，可以计算出息票利率为7.9%、按面值出售、久期为5年的债券的到期期限为6年。表8-3中的B和C分别说明了在利率下降和利率上升的情况下目标日期免疫的实现机制。在B情况下，市场利率在第一次支付前（第一年末）下降至6.9%并保持到第五年末。由于利率下降，利息的再投资收益将降低，但债券的出售价格将上升，从而抵消了利息再投资的损失，使得资产价值在第五年末恰好达到偿还债务所需的金额。在C情况下，市场利率在第一次支付前上升至8.9%并保持到第五年末。由于利率上升，债券的出售价格将下降，但利息的再投资收益将增加，从而弥补了损失，使得资产价值在第五年末仍然恰好达到偿还债务所需的金额。可见，由于久期匹配使利息支付的累计值（再投资风险）与债券的出售值（价格风险）得以平衡，因而实现了目标日期免疫。图8-5直观地描述了目标日期免疫的这一实现机制。

表8-3 第五年末的资产价值

支付顺序	剩余投资期限（年）	现金流终值（元）
A. 利率保持7.9%		
1	4	$790 \times 1.079^4 = 1\ 070.81$
2	3	$790 \times 1.079^3 = 992.41$
3	2	$790 \times 1.079^2 = 919.75$
4	1	$790 \times 1.079^1 = 852.41$
5	0	$790 \times 1.079^0 = 790.00$
出售债券		10 000.00
合计		14 625.38
B. 利率降至6.9%		
1	4	$790 \times 1.069^4 = 1\ 031.66$
2	3	$790 \times 1.069^3 = 965.07$
3	2	$790 \times 1.069^2 = 902.78$

续表8－3

支付顺序	剩余投资期限（年）	现金流终值（元）
4	1	$790\times1.069^{1}=844.51$
5	0	$790\times1.069^{0}=790.00$
出售债券		10 790/1.069 = 10 093.55
合计		14 627.57
C. 利率升至8.9%		
1	4	$790\times1.089^{4}=1\,111.06$
2	3	$790\times1.089^{3}=1\,020.26$
3	2	$790\times1.089^{2}=936.88$
4	1	$790\times1.089^{1}=860.31$
5	0	$790\times1.089^{0}=790.00$
出售债券		10 790/1.089 = 9 908.17
合计		14 626.68

例8.3也可以从净值免疫的角度来分析。表8－4表明，久期匹配使得现值相同的资产与负债在利率发生变动时有相同的价值，从而保持净值不变。

表8－4　**第一年末的资产负债表**

资产（元）		负债（元）	
A. 利率保持7.9%			
第1年利息加债券价值	10 790.00	GIC	10 790.00
B. 利率降至6.9%			
第1年利息加债券价值	11 201.11	GIC	11 199.44
C. 利率升至8.9%			
第1年利息加债券价值	10 400.02	GIC	10 399.10

注：资产价值 $=790+\sum_{t=1}^{5}\frac{790}{(1+r)^{t}}+\frac{10\,000}{(1+r)^{5}}$

负债价值 $=\frac{14\,625.38}{(1+r)^{4}}$

8.3.3　再平衡

尽管并不去挖掘低估证券或是预测利率，但免疫策略并非一劳永逸的消极策略，而是需要在持有期内进行多次的再平衡（Rebalancing），以使得资产和负债的久期始终保持匹配。两个方面的因素导致了再平衡在免疫策略中的必要性。一是久期会随着利率的变动而发生变化（由前述的久期法则4可知），在资产和负债凸度不同的情况下，这种变化使得资产与负债的久期不再匹配，因而资产管理者必须调整资产组合，以实现资产久期与债务久期的再平衡。二是即便利率保持不变，随着时间的推移，由于资产与负债的久期会以不同的比率减少（由前述的久期法则3可知），也会导致资产与负债久期不再匹配，从而需要再平衡。

例8.4 在例8.3中，假设利率保持7.9%不变，1年后保险公司需要进行再平衡吗？如果届时市场上有3年期的零息债券可以利用，保险公司应当如何进行再平衡？假设1年后利率上升为8.9%呢？

1年后，保险公司的负债（即GIC）久期缩短为4年，而在利率保持7.9%不变的情况下，根据式（7-2）或式（7-7）可以计算出此时的资产（即息票债券）久期为4.32年，资产与负债的久期不再匹配，因此需要进行再平衡。利用3年期零息债券（久期为3年），设其在新的组合中占比为w，则原来的息票债券占比为1-w。新组合的久期与负债的久期相等，即：

$$3w+4.32(1-w)=4$$

由此得：

$$w=0.2424$$

由表8-4可知此时的资产价值为10 790元，因此保险公司必须将10 790×0.242 4=2 615.50元的息票债券换成零息票债券，以使得资产与负债的久期重新匹配。

如果1年后利率上升为8.9%，则根据式（7-2）或式（7-7）可以计算出资产的久期为4.3年。仍然利用3年期零息债券，设其在新的组合中占比为w′，由

$$3w'+4.3(1-w')=4$$

得：

$$w'=0.2308$$

由表8-4可知此时的资产价值为10 400.02元，因此，为了使资产与负债的久期重新匹配，保险公司必须将10 400.02×0.230 8=2 400元的息票债券换成零息票债券。

8.3.4 多期免疫与贡献策略

在资产与负债久期匹配的原则下，我们为上面例子中的单期负债构建了免疫的投资组合，这是一种单期免疫。运用这一机制也可以构建一个免疫组合来满足多期债务支付的需要，称为多期免疫。例如，对于一项包含了持续20年的每年支付的债务，可以通过构建20个单期免疫的组合来满足支付需要，原则是这20个组合的总体久期应当与负债的久期匹配。

实际上，对于因利率波动而造成的资产负债价值变动问题，或者说利率波动情况下的

债务支付问题，似乎确实有一个一劳永逸的解决办法，那就是构造一个组合，使得在每一期的现金流都与负债相匹配。例如，在例8.3中，直接购买5年期零息债券就可以达到这一目的。这是一种受到养老基金等机构青睐的利率风险管理方法，称为贡献策略（Dedication Strategy）。不过，这种策略在运用时会面临债券选择方面的制约，因为找到与负债现金流完全匹配的资产并不是一件容易的事情，甚至有时候是不可能的。比如，养老基金在某些时候可能需要购买到期期限上百年的固定收益证券来与其未来向退休人员支付的现金流相匹配。而且，与免疫策略相比，贡献策略苛刻的债券选择要求使得组合管理者失去了一种机会，即原本他们是可以利用他们认为价值被低估的债券来进行免疫的。这些可能是贡献策略并没有广泛流行的原因。

思考问题5：指数策略和免疫策略都是典型的消极管理策略，但在实施过程中，是否也包含了某些积极管理的成分？

8.3.5 或有免疫

或有免疫（Contingent Immunization）是一种积极—消极混合的组合管理策略。我们用图8－6来加以说明。基金经理管理的资产现值为1亿元，计划在5年后达到1.47亿元。他可以对其资产组合采用免疫策略，即让资产组合的久期等于5年（他的负债可以看成一张期限为5年、现值为1亿元、到期收益率为8%的零息票债券），这样，无论利率在5年当中如何变化，资产组合的终值都将达到1.47亿元。

但该基金经理希望通过更积极一些的管理以取得更好的业绩。由于采用积极策略会承担更大的风险，因此他设定了一个风险底限，即保证资产组合5年后的终值不低于1.2亿元。为了无风险地达到这一终值底限，在当前实施利率免疫需要锁定的资金为$\frac{1.2}{(1+8\%)^5}=0.82$亿元，而如果在5年当中的任意一个时刻$t^*$实施免疫，需要锁定的资金为$\frac{1.2}{(1+r)^{5-t^*}}$，其中r为$t^*$时刻的利率。$\frac{1.2}{(1+r)^{5-t^*}}$实际上就成为实施利率免疫的触发点。也就是说，在5年当中的任何一个时刻t^*，只要资产组合的价值高于该值，基金经理就可以继续实施积极管理策略，而一旦组合价值下跌触及该值，则立即停止积极管理，实施利率免疫，以保证组合价值最终达到1.2亿元。图8－6中的（a）和（b）分别描述了触发利率免疫和未触发利率免疫两种情况，图中的触发点曲线是在8%利率保持不变的条件下得到的。

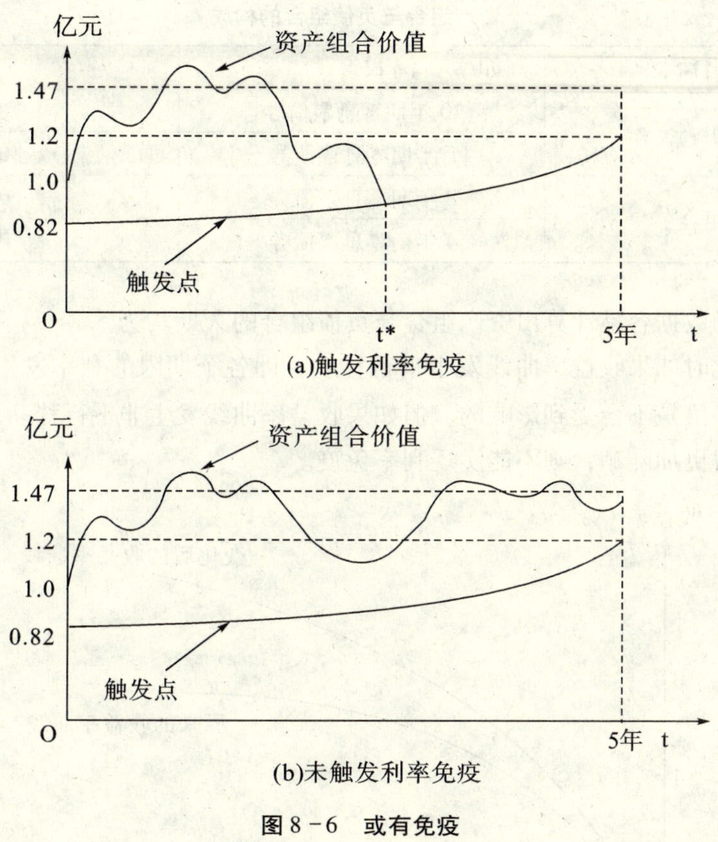

图 8－6 或有免疫

8.3.6 久期的局限性给免疫策略带来的问题

第 7 章讨论了久期的局限性，这种局限性会给免疫策略带来一些问题。

首先，价格—收益曲线凸性的存在使得久期对利率敏感性的测度并不完全准确，尤其是在利率出现较大变动的情况下。这是造成例 8.3 中的免疫策略出现细小误差的原因。

其次，凸性的存在导致久期随着利率的变动而改变，从而带来免疫策略中的再平衡问题，前面已经对此进行了讨论。

最后，久期匹配只有在收益率曲线平行移动的条件下才能实现组合的利率免疫，而实际上，短期利率的波动率通常大于长期利率，且两者的相关性并不是很好，这使得在很多时候收益率曲线会出现形状的变化而不仅仅是平行移动，从而导致免疫策略失效。下面的例子可以说明这一点。

当前时刻的资产组合与负债组合的构成如表 8－5 所示。

表 8 - 5　　　　资产组合与负债组合的构成

债券名称	权重	
资产组合	10 年期零息票债券	0.4
	2 年期零息票债券	0.6
负债组合	8 年期零息票债券	0.3
	4 年期零息票债券	0.7

根据表中的数据容易计算出资产组合与负债组合的久期均为 5.2 年，因而在期初实现了久期匹配。此时如果收益率曲线发生平行移动，即各个期限的利率发生同向等量变动，则资产负债的净值是不会受到影响的。但如果收益率曲线发生非平行移动，比如像图 8 - 7 所示的那样变得更加陡峭，则不能实现利率免疫。

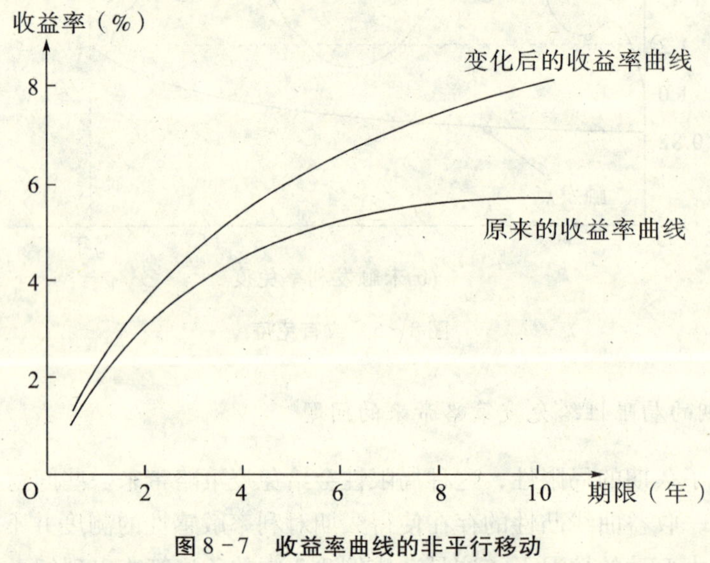

图 8 - 7　收益率曲线的非平行移动

在图 8 - 7 中，2 年期即期利率上升 0.5 个百分点，4 年期即期利率上升 1.0 个百分点，8 年期即期利率上升 1.5 个百分点，10 年期即期利率上升 2.0 个百分点，根据久期测度可以计算出，资产组合价值的下降幅度为：

$$10\times 0.4\times(-2\%)+2\times 0.6\times(-0.5\%)=-8.6\%$$

负债组合价值的下降幅度为：

$$8\times 0.3\times(-1.5\%)+4\times 0.7\times(-1\%)=-6.4\%$$

资产组合价值的下降幅度大于负债组合价值的下降幅度，因而净值受损。

解决收益率曲线非平行移动问题的办法是采用分段匹配，即把收益率曲线按期限划分为若干个区间段，分别在每个区间段内进行资产负债的久期匹配。

8.4 小结

债券组合管理策略可以划分为积极策略和消极策略两大类。本章首先考察了各种积极管理策略，然后分别对消极管理策略中的指数策略和免疫策略进行了讨论。

积极的债券组合管理策略的理论基础是，债券市场并不是完全有效的，影响债券价格的信息并未充分反映在当前价格中，市场中存在大量获取超常收益的机会。市场有效性低所带来的潜在的获取超常收益的机会包括两个方面。一是影响市场利率的信息尚未充分反映在债券价格中，投资者可以通过利率预测来获取超常收益。二是影响债券违约溢价的信息尚未充分反映在债券价格中，投资者可以通过寻找价格被误定的债券以获取超常收益。

债券掉换是最为典型的积极管理策略。根据掉换所依据的理由，这类策略可以归纳为5种方式，即替代掉换、市场间价差掉换、利率预测掉换、净收益增长掉换和税收掉换。水平分析和骑乘收益率曲线是两种基于利率预测的积极管理策略。

与积极管理策略相反，消极管理策略的理论基础是有效市场假定。消极管理策略包括指数策略和免疫策略。

债券指数基金在实施指数策略的过程中会遇到比股票指数基金更多的困难，因此，在实践中，债券指数基金经常采用分层抽样法来实施指数策略。

与指数策略以承担市场平均风险换取市场平均收益不同，免疫策略试图构建一个利率风险几乎为零的组合。可以从净值免疫和目标日期免疫两个角度来理解免疫的含义。免疫的实现机制是使资产的久期与负债的久期相匹配。免疫策略并非一劳永逸的消极策略，而是需要在持有期内进行多次的再平衡，以使得资产和负债的久期始终保持匹配。或有免疫是一种积极—消极混合的组合管理策略。

久期的局限性会给免疫策略带来一些问题，需要通过考虑凸性、再平衡和分段匹配等办法来解决。

习题

1. 某保险公司向客户发行一种保险产品，承诺一年后支付10万元，三年后再支付5万元。假设当前的收益率曲线水平于6%。如果保险公司决定通过投资于某种零息债券来对冲上述债务，那么它应购买市场价值为多少的何种期限的零息债券？

2. 当前市场上有三种债券可供选择，它们的期限分别为1年、2年和3年，息票利率都是4%，每年付息一次。当前的利率期限结构为：1年期为3%、2年期为4%、3年期及以上为5%。如果你认为一年后利率期限结构将水平于5%，那么你会购买哪种债券?

3. 某债券型基金经理受聘对1 000万元的资金进行5年的管理，要求年收益率不得低于3%。他决定采用或有免疫的策略。如果3年后的利率为7%，那么该基金经理应当在资产组合价值跌至多少时停止积极策略而实施免疫策略?

4. 一家养老基金准备委托你所在的投资公司为其管理价值10亿元的资产。你获知该基金已决定采用指数化与积极管理相结合的总体投资策略，但尚未确定使用表8－6所示的三种指数中的哪一种作为投资基准。

表8－6　　三种指数的构成　　单位:%

债券种类	指数一	指数二	指数三
国债	45	45	75
政府机构债券	10	10	10
投资级公司债券	15	10	10
低于投资级公司债券	5	5	0
抵押支持证券	25	30	5
总计	100	100	100
修正久期指标（年）	5.0	8.5	8.5
到期收益率指标（%）	3.9	4.3	4.4

利率水平及其波动性在过去两年中不断下降，该基金认为这一趋势仍将延续，并且正在深入考察关于指数化资产组合在各种不同的利率情景下的可能业绩。两种情景是:

i. 利率普遍降低，但同时伴随着不断上升的违约风险;

ii. 利率保持不变，但违约风险一直很高。

(1) 根据表中数据，将三种指数按在两种情景下相对的吸引力程度排序，并说明你的理由。

(2) 推荐一种指数作为该基金使用的投资基准并说明理由。

(3) 假定该基金已经选定了一种指数作为基准，试说明你的公司在构建和管理该指数化资产组合中的有关实际问题，找出两种构建指数化组合的方法并比较它们的优劣。

5. 某投资者计划进行5年的投资并在两种债券中进行选择。债券A为15年期债券，息票利率为7%，每年付息一次，现价为92.41元。债券B为10年期债券，息票利率为6.5%，每年付息一次，现价为92.88元。经分析，该投资者认为今后5年内收益率曲线基本上会保持在6%的水平上。他应该选择哪一种债券?

6. 现在是2010年。你是一家采用积极管理策略的债券型基金的经理。经济运行看来已进入稳定复苏期，而由于日益增强的通胀预期，中央银行已开始采取紧缩政策。在以下各组债券中的两种债券之间，你会选择哪一种?

(1) 2013 年到期的国债，息票利率 5%，当前价格为 104.25 元；

2021 年到期的国债，息票利率 5%，当前价格为 95.91 元。

(2) 某公司债券，AAA 级，2015 年到期，息票利率 7.5%，当前价格为 108.64 元；

某公司债券，A^-级，2015 年到期，息票利率 7.52%，当前价格为 100.91 元。

(3) 某公司债券，A 级，2012 年到期，息票利率 4.5%，当前价格为 96.72 元；

某公司债券，A 级，2012 年到期，息票利率 12.5%，当前价格为 111.53 元。

7. 你将在今后的四年内每年支付 15 000 元的学费。当前的收益率曲线水平于 5%。

(1) 如果想使债务完全免疫，你应当购买价值为多少的何种期限的零息票债券？

(2) 在你利用零息票债券构造了免疫组合后，如果利率突然上升至 6%，你的净头寸将会如何变化？

8. 一个养老金计划将在 3 年后开始的 15 年内每年向客户支付 10 000 元。当前的利率水平为 5%。

(1) 如果利用 5 年期零息票债券和 20 年期零息票债券来构建免疫组合，两种债券在组合中分别占多少？两种债券的面值分别是多少？

(2) 如果一年后利率水平上升至 6%，两种债券的占比应调整为多少？

9. 你所管理的债券型基金持有的资产组合由各种期限的国债和公司债构成。最近你发现市场上公司债相对于国债的收益率差明显小于过去的通常水平，而且你预计利率即将上升。你应当对组合做出怎样的调整？

第4部分

利率衍生工具

9 远期利率协议

利率衍生工具是以某种利率或债券价格为标的的合约，合约持有人的收益决定于该利率或债券价格的变动。远期利率协议是利率衍生工具中重要而且广泛交易的一个种类。本章首先对在衍生工具定价中广泛使用的连续复利的有关知识加以介绍，然后对远期利率协议的机制、定价和应用进行讨论。

9.1 连续复利

尽管在债券投资领域人们习惯使用一年或半年计一次复利的收益率，但在为期货、期权等衍生工具定价时，连续复利得到广泛应用。为了第 9 章至第 12 章内容的叙述方便，我们在此引入连续复利知识。

假设投资者将数额为 A 的资金以年利率 R 投资了 n 年。显然，按照 4.1 节的讨论，如果每年计 1 次复利，则终值为 $A(1+R)^n$，如果每年计 2 次复利，则终值为 $A(1+\frac{R}{2})^{2n}$。一般地，如果每年计 m 次复利，则终值为：

$$A\left(1+\frac{R}{m}\right)^{mn} \tag{9-1}$$

当 m 趋近于无穷大时，就称为连续复利（Continuous Compounding），其终值为：

$$\lim_{m\to\infty} A\left(1+\frac{R}{m}\right)^{mn} = Ae^{Rn} \tag{9-2}$$

式中的 e 代表常数 2.718 28。假设 A = 100、n = 3、R = 9%，则按年计复利的终值为：

$$100(1+9\%)^3 = 129.5$$

按半年计复利的终值为：

$$100(1+4.5\%)^6 = 130.23$$

每天计复利的终值为：

$$100\left(1+\frac{0.09}{365}\right)^{365\times 3} = 130.99$$

按连续复利计算的终值为：

$100e^{0.09\times 3}=131$

可以看到，按连续复利计算的终值与每天计复利的终值几乎相等，这可以说体现出了连续复利的实用意义，即通常认为其与每天计复利等价。如果一笔资金以利率 R 连续复利 n 年，则其结果是乘上 e^{Rn}；如果一笔资金以利率 R 连续复利贴现 n 年，则其结果是乘上 e^{-Rn}。

由式（9-1）和式（9-2）可以推导出连续复利的利率 R_c 和每年计 m 次复利的利率 R_m 之间相互转换的公式：

由：

$$Ae^{R_c n}=A\left(1+\frac{R_m}{m}\right)^{mn}$$

得：

$$e^{R_c}=\left(1+\frac{R_m}{m}\right)^{m}$$

由此得：

$$R_c=m\ln\left(1+\frac{R_m}{m}\right)\tag{9-3}$$

$$R_m=m\left(e^{\frac{R_C}{m}}-1\right)\tag{9-4}$$

同理，可以推导出任意两种复利频率 m_1 和 m_2 下的利率之间相互转换的公式：

由：

$$A\left(1+\frac{R_{m_1}}{m_1}\right)^{m_1 n}=A\left(1+\frac{R_{m_2}}{m_2}\right)^{m_2 n}$$

得：

$$R_{m_2}=\left[\left(1+\frac{R_{m_1}}{m_1}\right)^{\frac{m_1}{m_2}}-1\right]m_2\tag{9-5}$$

例 9.1　某银行报出的存款利率为年利率 5%，按半年计复利。那么，按年计复利的利率为：

由：

$$1+R_1=\left(1+\frac{0.05}{2}\right)^2$$

得：

$R_1=5.06\%$

根据式（9-3），连续复利利率为：

$$R_c=2\ln\left(1+\frac{0.05}{2}\right)=4.94\%$$

例9.2 某银行报出的贷款利率为年利率7%，按连续复利计息，而实际上利息是每季度支付一次。

根据式（9-4)，按季度计复利的利率为：

$$R_m = 4\left(e^{\frac{0.07}{4}} - 1\right) = 7.06\%$$

9.2 远期利率协议的机制

远期利率协议（Forward Rate Agreement，FRA）是一个远期合约，交易双方约定在未来某个时刻按某个确定的利率进行一笔某个确定本金的借贷。远期利率协议的基本条款包括交割利率、标的利率、合约期限和一个作为利息计算基础的名义本金。但远期利率协议到期时交易双方通常并不会真的进行一笔借贷，而是根据到期时的利率情况进行现金结算。例如，交易双方在当前时刻（$t=0$）签署一份远期利率协议，约定在合约到期日（$t=T$）进行一笔借贷，该笔借贷的本金为 Q，使用的利率为 R_K（即交割利率），在时刻 T^* 到期（即借贷期限为 T^*-T），并约定以某种市场利率为标的利率。那么如果在 T 时刻期限为 T^*-T 的标的利率为 R，则交易双方按以下金额进行现金结算：

$$NCF = Qe^{R_K(T^*-T)}e^{-R(T^*-T)} - Q \tag{9-6}$$

式中的 R_K 和 R 都以连续复利的年率表示。

思考问题1：试着根据远期利率协议的定义推导公式（9-6)。

远期利率协议的交易在场外进行，其合约是非标准化的，合约规模、期限和标的利率都可以根据交易双方的需求量身定制。合约规模（即名义本金）通常由买方根据自身需求提出，由卖方（交易商）给予满足。但交易商从自身定价和对冲风险的需要出发，通常会在客户提出的合约金额基础上进行一些标准化处理，比如500万美元的整数倍，这样做也可以在一定程度上提高 OTC 利率衍生工具的流动性。合约期限以短期为主，例如在远期利率协议交易活跃的加拿大 OTC 市场，尽管可以通过谈判购买或出售任何期限的 FRA，但实际情况是80%以上的 FRA 期限在1年以内，其中以1、2、3、6和9个月期限最为普遍。远期利率协议的标的利率是具有代表性的货币市场利率，其中以3个月期和6个月期的 LIBOR 最为常见。其他的重要利率也会被使用，例如在加拿大，FRA 标的利率通常是3个月银行承兑汇票利率，这使得 OTC 市场上的 FRA 与蒙特利尔交易所的银行承兑汇票期货合约（称为 BAX）具有可比性，从而有利于 FRA 的做市商利用流动性更好的 BAX 对冲不需要的 FRA 头寸。中国的远期利率协议从推出之时起就全部以上海银行同业拆借利率（Shanghai Interbank Offered Rate，SHIBOR）为基准，体现了中国人民银行着力将 SHIBOR 培育成中国金融市场基准利率的意图。

远期利率协议的非标准化合约具有灵活性高的优点，有利于满足交易双方的需求，并且非常适合单笔大额的交易。但合约的非标准化也带来了流动性缺乏的问题，因此远期利率协议的交易通过引入做市商制度来提高流动性。较早的远期利率协议交易一般是由金融机构充当经纪商，即金融机构为其有兴趣参与利率衍生工具交易的客户在自己的其他客户中寻找交易对手，自己只是收取佣金，而并不持有头寸。现在的远期利率协议交易已经成为由一些大型国际商业银行和投资银行主导的做市商市场，它们对不同品种、不同期限的远期利率协议进行报价，并且在交易中充当对手方直至找到交易另一方的最终需求者。做市商制度的引入不仅提高了远期利率协议的流动性，而且减少了最终使用者监控交易对手财务状况的成本，因为有做市商作为中间人，最终使用者只需关注做市商的财务状况。

9.3 远期利率协议的定价

考虑0时刻的一个远期协议：双方约定在未来的T和T^*之间的期限内所得利率为R_K，本金为Q。显然，该协议有如下现金流：

T时刻：$-Q$

T^*时刻：$+Qe^{R_K(T^*-T)}$

该协议在0时刻的价值V（0）应等于以上现金流的现值：

$$V(0)=Qe^{R_K(T^*-T)}e^{-y^*T^*}-Qe^{-yT} \tag{9-7}$$

当V（0）=0时，可以解出：

$$R_K=\frac{y^*T^*-yT}{T^*-T} \tag{9-8}$$

根据第6章关于远期利率的定义以及图6-1，在连续复利条件下，有：

$e^{2y_2}=e^{y_1}e^{f_2}$

$e^{3y_3}=e^{2y_2}e^{f_3}$

……

显然，$f_1=r_1$，

因此可得：

$$y_2=\frac{y_1+f_2}{2}$$

$$y_3=\frac{y_1+f_2+f_3}{3}$$

……

一般地，设 y 为 T 年期的即期利率，y^* 为 T^* 年期的即期利率，$T^* > T$，f^* 为 $T^* - T$ 期间的远期利率，则有：

$$f^* = \frac{y^* T^* - yT}{T^* - T} \tag{9-9}$$

比较式（9-8）与式（9-9）可知，当约定利率 R_K 等于远期利率时，远期利率协议的价值为0。也就是说，远期利率协议在签署时，约定利率总是等于远期利率。

思考问题2：远期利率协议在签署时的价值为0，其含义是什么？

如果协议到期时（T 时刻）的 $T^* - T$ 期间的利率为 R，则结算现金由式（9-6）给出。因此，在协议到期前的任何时刻 t（0≤t≤T），FRA 的价值为：

$$V(t) = Qe^{R_K(T^*-T)}e^{-y^*(T^*-t)} - Qe^{-y(T-t)} \tag{9-10}$$

其中，y 为 t 时刻的 T-t 年期即期利率，y^* 为 t 时刻的 $T^* - t$ 年期即期利率。

根据式（9-9），在 t 时刻观测到的 $T^* - T$ 期间的远期利率为：

$$f^* = \frac{y^*(T^*-t) - y(T-t)}{T^* - T}$$

将此式代入式（9-10）可以得到：

$$V(t) = [Qe^{R_K(T^*-T)}e^{-f^*(T^*-T)} - Q]e^{-y(T-t)} \tag{9-11}$$

这实际上就是将 FRA 在到期时（T 时刻）的现金流贴现到 t 时刻的现值，其中假设在 t 时刻观测到的 $T^* - T$ 期间的远期利率 f^* 在 T 时刻实现了（因此在将 T^* 时刻的现金流贴现到 T 时刻时用 f^* 作为贴现率）。

9.4 远期利率协议的应用

9.4.1 利用远期利率协议套期保值

利率衍生工具的基本功能之一是对冲原生工具（具有利率敏感性的各种债务工具）的利率风险，即套期保值。利率风险可以定义为，利率变化使市场主体的实际收益与预期收益或使实际成本与预期成本发生背离，使实际收益低于预期收益，或使实际成本高于预期成本，从而使市场主体遭受损失的可能性。这样的定义涵盖了债务工具的发行人（债务人）和持有人（债权人）所面临的利率风险，即前者的利率风险体现为因利率变化造成实际成本高于预期成本而遭受损失的可能性，后者的利率风险则体现为因利率变化造成实际收益低于预期收益而遭受损失的可能性。由于浮动利率型债务工具的票面利率随参考利率（某种基准利率）的波动而定期调整，而固定利率型债务工具的票面利率固定不变，因此利率变化对这两种类型的债务工具有着相反的影响。表 9-1 列出了利率变化时债务人和债权人的损益状态。

表 9-1　　债务工具发行人和持有人的利率风险

	债务工具类型	发行人	持有人
利率上升	浮动利率工具	受损	获益
	固定利率工具	获益	受损
利率下降	浮动利率工具	获益	受损
	固定利率工具	受损	获益

套期保值的目的在于规避风险而不是获取盈利，其基本的机制是在衍生工具上持有与原生工具方向（多头或空头）相反的头寸，由两者构成套期保值组合，从而使得在价格变动时两个相反头寸盈亏相抵，而组合价值保持不变，这就相当于达到了原生工具价值不变的效果。根据表 9-1，当利率上升时，浮动利率工具的发行人和固定利率工具的持有人会遭受损失，因而需要利用利率衍生工具进行套期保值；而当利率下降时，固定利率工具的发行人和浮动利率工具的持有人会遭受损失，因而需要利用利率衍生工具进行套期保值。下面以利率上升为例，对远期利率协议套期保值的机制加以说明。

假设浮动利率工具的发行人和固定利率工具的持有人担心未来 N 个月内利率会上升；浮动利率工具的利率重设期为 6 个月，当前时刻距离下一个利率重设日还有 M_f 个月（$M_f<N$）；固定利率工具的付息周期为 6 个月，当前时刻距离下一个付息日还有 M_g 个月（$M_g<N$）。名义本金为 Q。

对浮动利率工具发行人而言，担心未来 N 个月内利率上升实际上是担心在 M_f 个月后的利率重设日利率上升，因此，利用远期利率协议进行套期保值需要浮动利率工具发行人在当前时刻与交易对手签署一份期限为 M_f 个月、交割利率为 R_K 的远期利率协议，并且作为协议中的借方。这样，在 M_f 个月后协议到期交割时，如果利率真的上升，比如上升至 R，则套期保值者将获得 $Q-Qe^{R_K(T^*-T)}e^{-R(T^*-T)}$ 的收益，该收益将抵消套期保值者发行的浮动利率工具的成本上升，从而实现套期保值。不过，由于浮动利率工具每次调整后的票面利率是在下一个利率重设日实施，因此发行人需要将远期利率协议上的盈利以当时的利率进行再投资，直至下一个利率重设日（距当前时刻 M_f+6 个月）。

对固定利率工具持有人而言，如果担心未来 N 个月内利率上升，则可以在当前时刻签署一份期限为 N 个月的远期利率协议并同样作为协议中的借方。这样，如果 N 个月后利率真的上升，则可以获得相应的利差收益，用以抵消固定利率工具的收益损失，从而实现套期保值。

当然，如果利率并未像套期保值者担心的那样上升而是下降了，则套期保值者作为借方签署的远期利率协议在交割时将遭受损失，但同时其现货头寸（浮动利率负债或固定利率资产）将因为利率下降而获得成本的降低或收益的增加，这样仍然实现了套期保值。

上述机制可以通过构造基于久期的套期保值策略来实现。当使用连续复利时，利率敏感性的久期测度公式（7－3）可以重新推导如下：

一张 T 年期债券，t 时刻的现金支付为 C_t（$1\leqslant t\leqslant T$），到期收益率为 y（连续复利），其价格为：

$$P=\sum_{t=1}^{T}C_te^{-yt} \tag{9-12}$$

债券久期为：

$$D=\sum_{t=1}^{T}t\left[\frac{C_te^{-yt}}{P}\right] \tag{9-13}$$

由式（9－12）的 P 对 y 求导，有：

$$\frac{\partial P}{\partial y}=-\sum_{t=1}^{T}C_tte^{-yt}$$

将式（9－13）代入，得到：

$$\frac{\partial P}{\partial y}=-PD$$

对于 P 和 y 的微小变化，有：

$$\frac{\Delta P}{\Delta y}=-PD$$

即：

$$\frac{\Delta P}{P}=-D\Delta y \tag{9-14}$$

对于某种债务工具，如果其当前价值为 S，久期为 D_S，那么，为了对冲由利率变化 Δy 所带来的价值变动，可以签署这样一份远期利率协议，其名义本金 Q 和标的资产久期 D_F（即协议中的借贷期限 T^*-T）满足下面的等式：

$$QD_F\Delta y=SD_S\Delta y$$

即：

$$QD_F=SD_S \tag{9-15}$$

例 9.3　某公司发行了 1.5 亿元的浮动利率债券。债券还有 5 年到期，息票利率每半年重设一次，当前距离下一个重设日还有两个月。由于担心在下一个重设日之前利率上升，债券发行人决定利用远期利率协议进行套期保值。为此，发行人应当签署一份两个月后交割的、名义本金为 1.5 亿元、协议借贷期限为半年的远期利率协议，并且在协议中充当借方。这样，当两个月后利率果然上升时，发行人在远期利率协议上的盈利将抵消其浮动利率债券的利息成本增加。

有两个因素可能导致远期利率协议套期保值的不确定性。一是浮动利率工具每次调整后的票面利率是在下一个利率重设日实施，因此需要将衍生工具上的盈利进行再投资，或者对衍生工具上的亏损进行融资，以使得债务工具与衍生工具上的盈亏在同一时点上相互抵消，这无疑增加了不确定性。如果在套期保值者所担心的利率变动周期内有多个利率重设日，还会造成多次的衍生工具交易和再投资，进一步增加不确定性。二是需要套期保值的债务工具的参考利率与远期利率协议的标的利率不一致或者相关性不好，这必然造成套期保值的不确定性增加，即所谓基差风险，从而使套期保值的效果下降。例如，套期保值者发行的浮动利率债务工具的参考利率为短期国债收益率，而远期利率协议的标的利率为银行同业拆借利率，这样，在套期保值期间如果短期国债收益率上升较多而银行同业拆借利率上升减少甚至不升反降，则套期保值者在远期利率协议上的盈利就不能很好地弥补其债务工具的成本上升，即套期保值效果下降。

9.4.2 利用远期利率协议套利

式（9－8）表明，在某个时刻签署的远期利率协议的交割利率应等于该时刻的远期利率，否则就存在套利机会。假定在某个时刻（设为0时刻）出现 $R_K > \frac{y^*T^* - yT}{T^* - T}$ 的情形，则套利者可以签署一份交割利率为 R_K、期限为T、名义本金为Q的远期利率协议并且在协议中做多头，同时按利率 y^* 和期限 T^* 借入数量为 Qe^{-yT} 的资金并将其按利率y和期限T贷出。这样，在T时刻将产生两笔现金流：远期利率协议的结算现金流 $Qe^{R_K(T^*-T)}e^{-R(T^*-T)} - Q$ 和收回贷款的现金流 $Qe^{-yT}e^{yT} = Q$，它们在 T^* 时刻的终值分别为 $Qe^{R_K(T^*-T)} - Qe^{R(T^*-T)}$ 和 $Qe^{R(T^*-T)}$。而在 T^* 时刻还有另外一笔现金流，即偿还借款的现金流 $Qe^{-yT}e^{y^*T^*} = Qe^{(y^*T^*-yT)}$。因此，在 T^* 时刻的净现金流将是：

$$Qe^{R_K(T^*-T)} - Qe^{R(T^*-T)} + Qe^{R(T^*-T)} - Qe^{(y^*T^*-yT)} = Q\left[e^{R_K(T^*-T)} - e^{(y^*T^*-yT)}\right]$$

由期初条件 $R_K > \frac{y^*T^* - yT}{T^* - T}$ 得 $R_K(T^* - T) > y^*T^* - yT$，因此上述净现金流为正。也就是说，套利者在期初构造起套利组合之后，无论期间的利率如何波动，都已经锁定了一个无风险利润。

反之，如果在某个时刻出现 $R_K < \frac{y^*T^* - yT}{T^* - T}$ 的情形，则套利者可以签署一份交割利率为 R_K、期限为T、名义本金为Q的远期利率协议并且在协议中做空头，同时按利率y和期限T借入数量为 Qe^{-yT} 的资金并将其按利率 y^* 和期限 T^* 贷出，同样可以立即锁定一个无风险利润。

思考问题3：按上述方法利用远期利率协议套利时，在操作过程中可能会遇到什么风险？

9.5 小结

在为期货、期权等衍生工具定价时，连续复利得到广泛应用。

远期利率协议是一个远期合约，交易双方约定在未来某个时刻按某个确定的利率进行一笔某个确定本金的借贷。远期利率协议的基本条款包括交割利率、标的利率、合约期限和一个作为利息计算基础的名义本金。远期利率协议到期时交易双方根据到期时的利率情况进行现金结算。

远期利率协议的交易在场外进行，其合约是非标准化的，合约规模、期限和标的利率都可以根据交易双方的需求量身定制。远期利率协议的交易通过引入做市商制度来提高流动性，做市商制度的引入不仅提高了远期利率协议的流动性，而且减少了最终使用者监控交易对手财务状况的成本。

远期利率协议在签署时，约定利率总是等于远期利率。通过将远期利率协议在到期时刻的现金流贴现到当前时刻，并假设在当前时刻观测到的远期利率在协议到期时刻实现了，可以对远期利率协议进行定价。

当担心利率上升时，利用远期利率协议进行套期保值需要浮动利率工具发行人或固定利率工具持有人在当前时刻与交易对手签署一份相应期限和交割利率的远期利率协议，并且作为协议中的借方。

如果在某个时刻签署的远期利率协议的交割利率不等于该时刻的远期利率，就存在套利机会，套利者可以通过签署远期利率协议，同时按相应期限和利率进行借贷的方法来实施套利。

习题

1. 当前连续复利的即期利率为：1 年期 1.5%、2 年期 2.9%、3 年期 3.8%、4 年期 4.5%、5 年期 5.0%。

（1）这些利率转换为每年复利一次的利率是多少？

（2）计算第二年、第三年、第四年和第五年的远期利率（连续复利）。

2. 某银行报出的每半年复利一次的贷款年利率为：半年期 4%、1 年期 5.8%、2 年期 7%、3 年期 7.5%。这些利率转换为连续复利是多少？

3. 你与某金融机构签署了一份远期利率协议，约定在 95 天后以 5% 的年利率（连续复利）向该机构借入半年期资金 100 万元。如果 95 天后的半年期利率为 5.5%，你将在远期利率协议上获得多少好处或遭受多少损失?

4. 金融机构经常大量地与客户签署远期利率协议。从风险管理的角度说明远期利率协议使用某种具有代表性的利率作为标的利率对这些金融机构的意义。

5. 某基金经理持有价值5 000万元的债券组合，组合的平均久期为3.2年。由于担心未来3个月内利率上升，该经理决定使用远期利率协议进行套期保值。如果当前只能签署协议借贷期限为1年的远期利率协议，那么该经理应签署名义本金为多少的何时交割的远期利率协议?

6. 当前的3个月期和1年期即期利率分别为1.2%和2.3%。3个月后交割、交割利率为3%、名义本金为500万元、协议借贷期限为9个月的远期利率协议现在的价值是多少?

7. 在第6题的条件下，如果远期利率协议当前的市场转让价格为2.17万元，是否存在套利机会?如何进行套利?如果市场转让价格为0.33万元呢?

10 利率期货

利率期货（Interest Rate Futures）是以某种价格决定于利率的债务工具为标的资产的期货合约。按照标的资产的期限长短（以1年为界线），利率期货可以分为中长期利率期货和短期利率期货。中长期利率期货通常以中长期国债为标的资产，即国债期货或政府债券期货；短期利率期货以某种短期存款、拆借、票据或短期国债为标的资产，如欧洲美元期货、联邦基金期货、银行承兑汇票期货、短期国债期货等。

10.1 中长期利率期货

典型的中长期利率期货包括长期国债期货和中期国债期货。由于两者在运行机制、定价和应用等方面都基本类似，因此我们将它们放在一起加以讨论。

10.1.1 中长期国债期货的机制

10.1.1.1 中长期国债期货的报价

中长期国债期货合约的市场报价是基于一种假想的、具有一定息票利率的债券（称为名义标的债券，Notional Bond）来进行的。例如，芝加哥交易所（CBOT）的中长期国债期货合约都是基于息票利率为6%的名义标的债券来报价的。表10－1是摘自《华尔街日报》网站的部分美国利率期货行情。美国的中长期国债期货的报价方式与国债现货的报价方式相同，也是以面值的百分数表示，最小变动为一个百分点的1/32。例如，表10－1中的2010年6月份交割的长期国债期货合约报价为115′05，其含义是合约面值的$115\frac{5}{32}\%$，或者115.156 25%。

表 10－1　　美国利率期货行情

Friday, January 08, 2010							
US T-Bonds Comp. － cbot							
Month	Last	Chg	Open	High	Low	Volume	Open Int
Mar'10	116'15	－0'11	116'28	117'02	116'10	22 159	652 872
Jun'10	115'05	－0'06	115'05	115'05	115'05	1	541
Sep'10	113'28					0	2
US 10 Yr. T-Notes Comp. － cbot							
Month	Last	Chg	Open	High	Low	Volume	Open Int
Mar'10	116'19.0	－0'05.0	116'25.0	116'27.0	116'17.0	112 059	1 235 789
Jun'10	115'05.5					80	1 162
Sep'10	113'19.0					0	0
Dec'10	112'00.5					0	0
Mar'11	110'14.0					0	0
US 5 Yr. T-Notes Comp. －cbot							
Month	Last	Chg	Open	High	Low	Volume	Open Int
Mar'10	115'10.5	－0'02.2	115'13.2	115'14.5	115'08.7	40 706	778 509
Jun'10	113'28.5	－0'06.7	113'28.5	113'28.5	113'28.5	10	2
Sep'10	112'25.7					0	0
Dec'10	111'16.2					0	0
Mar'11	110'06.7					0	0
US 2 Yr. T-Notes Comp. －cbot							
Month	Last	Chg	Open	High	Low	Volume	Open Int
Mar'10	108'19.2	0'04.2	108'12.0	108'17.7	108'08.7	285 019	831 955
Jun'10	108'02.0	－0'01.0	108'20.5	108'20.7	108'18.5	20 786	853 299
Sep'10	107'15.7					34	8 352
Dec'10	106'29.5					0	0
Mar'11	106'11.2					0	1
EuroDollar 3 Mo. Comp. －cme							
Month	Last	Chg	Open	High	Low	Volume	Open Int
Jan'10	99.747 5	0	99.747 5	99.75	99.745	13 672	122 999
Feb'10	99.73	0.005	99.725	99.735	99.71	10 649	24 803
Mar'10	99.705	0.01	99.695	99.71	99.68	146 211	1 201 588

续表 10 - 1

Month	Last	Chg	Open	High	Low	Volume	Open Int
Apr'10	99. 65	0. 02	99. 645	99. 65	99. 645	680	2 323
May'10	99. 59	0. 025	99. 585	99. 59	99. 585	5	830
Jun'10	99. 515	0. 045	99. 47	99. 525	99. 43	202 201	873 905
Sep'10	99. 185	0. 08	99. 1	99. 2	99. 045	275 506	721 045
Dec'10	98. 78	0. 09	98. 675	98. 795	98. 61	284 608	745 934
Mar'11	98. 375	0. 095	98. 265	98. 39	98. 195	314 302	518 202
Jun'11	97. 97	0. 085	97. 865	97. 995	97. 795	190 332	547 527
Sep'11	97. 6	0. 075	97. 505	97. 625	97. 435	132 734	473 583
Dec'11	97. 25	0. 065	97. 165	97. 28	97. 095	123 818	305 542
Mar'12	96. 945	0. 06	96. 865	96. 97	96. 8	49 351	232 813
Jun'12	96. 645	0. 05	96. 575	96. 675	96. 51	48 330	198 535
Sep'12	96. 38	0. 045	96. 315	96. 41	96. 26	32 082	115 765
Dec'12	96. 125	0. 035	96. 07	96. 155	96. 015	31 967	96 749
Mar'13	95. 935	0. 03	95. 855	95. 965	95. 835	7 003	67 995
Jun'13	95. 755	0. 025	95. 68	95. 795	95. 66	5 378	59 877
Sep'13	95. 585	0. 02	95. 52	95. 63	95. 505	4 855	53 203
Dec'13	95. 415	0. 015	95. 36	95. 465	95. 345	2 520	35 844
Mar'14	95. 285	0. 01	95. 24	95. 345	95. 22	1 936	31 848
Jun'14	95. 16	0. 005	95. 13	95. 225	95. 105	1 467	28 402
Sep'14	95. 045	0. 005	95. 01	95. 105	94. 995	847	15 673
Dec'14	94. 92	0	94. 885	94. 995	94. 885	1 064	15 301
Mar'15	94. 85	0	94. 85	94. 85	94. 82	31	7 389
Jun'15	94. 765	0	94. 735	94. 765	94. 73	210	5 988
Sep'15	94. 695	0	94. 67	94. 695	94. 67	28	7 106
Dec'15	94. 61	0	94. 62	94. 655	94. 57	381	8 521
Mar'16	94. 57	0	94. 53	94. 57	94. 53	53	10 789
Jun'16	94. 5	0	94. 525	94. 525	94. 465	70	3 712
Sep'16	94. 445	0	94. 42	94. 445	94. 42	43	4 950
Dec'16	94. 365	0	94. 37	94. 39	94. 325	96	11 197
Mar'17	94. 335	0	94. 335	94. 335	94. 335	0	2 923
Jun'17	94. 28	0	94. 28	94. 28	94. 28	0	1 201
Sep'17	94. 24	0	94. 24	94. 24	94. 24	0	730

续表 10－1

Month	Last	Chg	Open	High	Low	Volume	Open Int
Dec'17	94.18	0	94.145	94.18	94.14	20	1 802
Mar'18	94.165	0	94.165	94.165	94.165	0	1 707
Jun'18	94.13	0	94.13	94.13	94.13	0	457
Sep'18	94.1	0	94.1	94.1	94.1	0	495
Dec'18	94.045	0	94.045	94.045	94.045	0	1 480
Mar'19	94.04	0	94.04	94.04	94.04	0	619
Jun'19	94.015	0	94.015	94.015	94.015	0	407
Sep'19	93.99	0	93.96	94.02	93.96	0	653
Dec'19	93.935	0	93.895	93.965	93.895	0	280

［资料来源］http://online.wsj.com, January 13, 2010.

按照规则，中长期国债期货合约在交割时，空头方有权选择任何一种符合条件的国债进行交割。表 10－2 列出了全球几种典型的中长期国债期货的合约规模和交割债券特性。

表 10－2　　全球几种典型的中长期国债期货

合约名称	交易所	合约规模	交割债券
30 年期国债期货	CBOT	10 万美元	期限超过 15 年并且在 15 年内不可赎回的长期国债
10 年期国债期货	CBOT	10 万美元	期限在 6.5～10 年的中期国债
5 年期国债期货	CBOT	10 万美元	原期限不超过 5 年零 3 个月且剩余期限不少于 4 年零 2 个月的中期国债
2 年期国债期货	CBOT	20 万美元	原期限不超过 5 年零 3 个月且剩余期限在 1 年零 9 个月至 2 年的中期国债
30 年德国联邦政府债券期货	Eurex	10 万欧元	期限在 24～35 年的德国联邦政府债券
10 年德国联邦政府债券期货	Eurex	10 万欧元	期限在 8.5～10.5 年的德国联邦政府债券
5 年德国联邦政府债券期货	Eurex	10 万欧元	期限在 4.5～5.5 年的德国联邦政府债券
2 年德国联邦政府债券期货	Eurex	10 万欧元	期限在 1.75～2.25 年的德国联邦政府债券
5 年日本政府债券期货	TSE	1 亿日元	期限在 4～5.25 年的日本政府债券
10 年日本政府债券期货	TSE	1 亿日元	期限在 7～11 年的日本政府债券
20 年日本政府债券期货	TSE	1 亿日元	期限在 15～21 年的日本政府债券

［资料来源］各交易所官方网站。

10.1.1.2 转换系数

当某一特定的债券被用于交割时，需要通过一个转换系数（Conversion Factor，CF）来调整交割价格，即：

交割价格 = 期货报价 × 交割债券的转换系数 + 交割债券的应计利息

例如，期货报价为109′16，即109.5元，交割债券的转换系数为1.24，交割时每张面值100元的债券的应计利息为2.1元，则交割价格（即空头方交割每一面值100元的债券所收到的现金）为：

109.5 × 1.24 + 2.1 = 137.88（元）

由于一张合约应当交割面值为100 000元的债券，因此空头交割一张期货合约收到的现金为137 880元。

转换系数的计算方法是：假设在交割月开始时有一条水平的收益率曲线，并且收益率等于名义标的债券的息票利率（这使得名义标的债券此时的价格等于面值），在此条件下计算出某一符合交割条件的债券的价值，该价值与名义标的债券面值之比即为该债券的转换系数。以CBOT的长期国债期货为例，由于其名义标的债券的息票利率为6%，因此，假设在交割月开始时所有期限的年利率均为6%（每半年计一次复利），计算各种符合交割条件的债券在这一时刻的价值，与名义标的债券的面值相除即得到相应的转换系数。为了计算转换系数，对债券的期限按0.25年为单位进行取整。如果取整后，债券的期限为半年的整数倍，则假定最近的一次付息是在6个月后；如果取整后债券的期限不是6个月的整数倍（即额外有3个月），则假定最近的一次付息是在3个月后，并减去应计利息（因为距上一次付息已过去3个月）。

思考问题1：为什么要按净价而不是全价来计算一种债券的转换系数?

例10.1　某债券息票利率为9%，距到期日还有25年零2个月。

取整后为25年，所以假定6个月后第一次付息，直至25年后支付本金。按债券面值$ 100计算债券价值：

$$\sum_{t=1}^{50} \frac{4.5}{1.03^t} + \frac{100}{1.03^{50}} = 138.59(\text{元})$$

除以债券面值，转换系数为1.385 9。

例10.2　某债券息票利率为9%，距到期日还有17年零4个月。

取整后为17年零3个月，所以假定3个月后第一次付息。首先将所有未来息票支付的现金流贴现到距今3个月后的时点上（按债券面值$ 100计算）：

$$\sum_{t=1}^{34} \frac{4.5}{1.03^t} + \frac{100}{1.03^{34}} = 131.7(\text{元})$$

再按3个月期利率（$\sqrt{1.03} - 1 = 0.014\ 89$）将债券在3个月后的时点上的现金流贴现到当前时刻：

$\frac{7+131.7}{1.01489}=136.67$（元）

减去应计利息 2.25 元，债券价值为 134.42 元，所以转换系数为 1.3442。

10.1.1.3　最便宜交割债券

在任意时刻都有多种债券符合中长期国债期货合约的交割条件，考虑到这些债券的现货报价（受息票利率和到期期限的影响），空头方购买不同债券的成本存在很大差异。显然，空头方愿意选择最便宜交割债券（Cheapest-to-Deliver Bond）用于交割。在任意时刻都可以根据期货价格和债券现货报价来确定最便宜交割债券。假设当前时刻的期货报价为 F_c，某种符合交割条件的债券报价为 P_c，应计利息为 AI，转换系数为 CF。假设在当前时刻就交割这种债券，则空头方收到的价款为：

$F_c\times CF+AI$

而购买债券现货的成本为：

P_c+AI

抵消后的净支出为：

$$NE=P_c-F_c\times CF \tag{10-1}$$

对当前时刻每种符合交割条件的债券分别进行上述计算，所得结果最小的那种债券就是最便宜交割债券。

例 10.3　当前国债期货的报价为 109′16，即 109.5 元，表 10－3 中的 5 种债券都符合交割条件。

表 10－3　例 10.3 中符合交割条件的债券

债券	息票利率（%）	报价	转换系数
1	6.625	126：08	1.0653
2	5.5	112：19	0.9449
3	6.25	123：05	1.0289
4	5	106：22	0.8671
5	4.375	96：14	0.7816

根据式（10－1）计算每种债券用于交割时的净支出如下：

债券 1：$126\frac{8}{32}-116\frac{16}{32}\times1.0653=2.14$

债券 2：$112\frac{19}{32}-116\frac{16}{32}\times0.9449=2.51$

债券 3：$123\frac{5}{32}-116\frac{16}{32}\times1.0289=3.29$

债券4：$106\frac{22}{32}-116\frac{16}{32}\times 0.8671=5.67$

债券5：$96\frac{14}{32}-116\frac{16}{32}\times 0.7816=5.38$

因此，最便宜交割债券是债券1。

关于最便宜交割债券，理论上存在以下规律：当收益率高于名义标的债券的息票利率时，倾向于交割息票率较低、期限较长的债券，反之则反是；当收益率曲线向上倾斜时，倾向于交割期限较长的债券，反之则反是。

思考问题2：如何解释关于最便宜交割债券的这一规律？

10.1.1.4 转换系数存在的问题

空头方拥有交割债券的选择权被认为有利于防止国债期货的实物交割制度下潜在的“多逼空”和巨量交割风险。然而，在上述的转换系数机制下，这种作用能否得到发挥值得怀疑。

假设在期货合约的交割时刻T，空头方用债券X进行交割，则其交割利润为：

$$B_X = FIP_X - P_{TX} \tag{10-2}$$

式中 FIP_X 为以债券X为标的的期货合约的交割价格，P_{TX} 为T时刻债券X的现货价格。显然，B_X 最大的债券就是最便宜交割债券，这与从式（10-1）得出的结论是一致的。尽管空头方倾向于选择最便宜交割债券，但只要用这种债券以外的其他符合条件的债券进行交割相对于用这种债券进行交割的损失比较小，空头方也可能选择其他债券以避免为获得最便宜交割债券而遭遇的流动性困难。由于在无套利均衡条件下，用最便宜交割债券进行交割的利润为零，因此所有其他符合交割条件的债券的交割利润均小于零，根据式（10-2），这就意味着，基于某种债券的期货交割价格FIP越接近相应的现货价格，用该债券进行交割相对于用最便宜交割债券进行交割的损失就越小。在转换系数机制下，式（10-2）可以写为：

$$B_X = F_T CF_X - P_{TX} \tag{10-3}$$

式中 F_T 为T时刻基于名义标的债券的期货价格，CF_X 为债券X的转换系数。如前所述，由于在计算转换系数时是假设一条水平的收益率曲线水平并等于名义标的债券的息票利率，而并没有考虑T时刻的市场状况，因此式（10-3）中的 $F_T CF_X$ 与 P_{TX} 之间通常有着较大差异，这意味着空头方用最便宜交割债券以外的其他符合条件的债券进行交割相对于用最便宜交割债券进行交割有较大的损失。这样一来，大多数的空头方仍然倾向于选择用最便宜交割债券进行交割，从而使得空头方拥有交割债券选择权这样一种机制不能起到防止“多逼空”和巨量交割的作用。鉴于此，Oviedo（2006）提出用真实名义债券机制来取代转换系数机制。[①] 真实名义债券机制的核心思想是用名义标的债券在T时刻的收益率（即隐含在 F_T 中的收益率）作为贴现率，计算所有符合交割条件的债券在T时刻的价值，也即FIP。由于名义标的债券在T时刻的收益率是由该时刻的市场状况决定的，因此在真实名义债券机制下，式（10-2）中的 FIP_X 与 P_{TX} 之间差异通常较小，也即用最便宜交割债券以外的其他符合条件的债券进行交割相对于用最便宜交割债券进行交割的损失较小，使空头方愿意选择其他债券，从而缓解现货市场上对最便宜交割债券的需求。

除了采用真实名义债券机制外，对交易者在临近交割日的合约上的持仓量加以限制也是解决转换系数上述问题的办法之一。

10.1.1.5 "百搭牌"游戏

中长期国债期货合约的空头方不仅拥有交割债券的选择权，还拥有交割时间的选择权，即由空头方来决定在交割月内的何时进行交割。这种选择权给空头方提供了利用某些规则获利的可能性。例如，CBOT的长期国债期货合约于芝加哥下午2点停止交易，而长期国债现货的交易则要一直持续到下午4点。而且，国债期货的空头方在下午8点以前都可以向结算所发出交割的通知。如果发出了交割通知，交割应付价格（Invoice Price）是以国债期货当天交易的结算价格为基础来计算的，后者在下午2点交易结束的铃声响起时即已确定。这样就给了空头方一个选择权，称为"百搭牌"游戏（Wild-Card Play）。如果在下午2点以后债券价格出现下跌，空头方就可以发出交割通知，开始在债券市场上购买最便宜交割债券并为交割做准备。如果在这两个小时中债券价格并没有下跌，空头方则选择继续保持头寸，等到第二天再次运用相同的策略。

10.1.2 中长期国债期货的定价

由于空头方拥有的交割时间选择权和交割债券选择权不容易估价，因此很难精确地确定中长期国债期货的理论价格。但如果不考虑上述选择权，即假定最便宜交割债券和交割日期都是已知的，则中长期国债期货实际上是这样一种期货合约，即该合约的标的资产可向其持有者提供确定的收益。这种期货合约在性质上与以支付确定收益的资产为标的的远期合约相同。对于后者的价格，我们可以通过构造以下的策略加以推导。

如果远期合约的标的资产将为持有者提供完全可预测的现值为I的现金收益，例如支付已知红利的股票和附息票的债券，则远期价格F和标的资产价格S之间的关系可以推导如下：

考虑t时刻的如下两个证券组合：

组合A：一个远期合约多头加上一笔数额为 $Ke^{-r(T-t)}$ 的现金；

---

① OVIEDO, RODOLFO. Improving the Design of Treasury Bond Futures Contracts [J]. Journal of Business, 2006, Vol. 79: 1293-1315.

组合B：一单位标的证券加上一笔以无风险利率 r 借入的数额为 I 的负债。

其中，远期合约的交割价格为 K，在 T 时刻到期，r 为 t 时刻的 T－t 期限的无风险利率，远期合约有效期内标的证券所支付收益的现值为 I。

对于组合 A，假设现金以无风险利率投资，则在 T 时刻，组合中的现金数额将达到 K，正好用来交割到期的远期合约，即购买一单位的标的证券，因此组合 A 在 T 时刻的价值就等于一单位标的证券的价值。对于组合 B，证券的收益在 T 时刻的值为 $Ie^{r(T-t)}$，正好用来偿还借款，因此组合 B 在 T 时刻的价值也等于一单位标的证券的价值。这样，组合 A 与组合 B 在 T 时刻具有同样的价值。在无套利假设下，这两个组合在 t 时刻也具有相同的价值，即：

$$f + Ke^{-r(T-t)} = S - I$$

也就是：

$$f = S - I - Ke^{-r(T-t)} \qquad (10-4)$$

当签署一份远期合约时，交割价格等于远期价格，这种选择使得远期合约本身的价值为 0。因此，远期价格 F 就是使 f＝0 的 K 值，由式（9－4）可得：

$$F = (S - I)\ e^{r(T-t)} \qquad (10-5)$$

事实上，在大多数情况下，远期合约价格与期货合约价格之间的理论差异可以忽略不计，因此，式（10－5）也可以用于期货合约的定价。

如果设定 I 为期货合约有效期内标的债券息票利息的现值，P 为债券价格，则由式（10－5）可以得到国债期货的定价公式：

$$F = (P - I)\ e^{r(T-t)} \qquad (10-6)$$

其中 T 是期货合约的到期时刻，t 是当前时刻，r 是 t 时刻的 T－t 期间的无风险利率。需注意的是，式（10－6）中的 F 是期货的现金价格，P 是债券的现金价格，即都是指全价。

利用式（10－6），可以对中长期国债期货在任意时刻的理论报价进行估算，其步骤如下：

（1）根据期货的市场报价在符合交割条件的债券中确定最便宜交割债券；

（2）根据债券报价计算最便宜交割债券的现金价格；

（3）根据债券的现金价格，运用式（10－6）计算期货的现金价格；

（4）根据期货的现金价格计算期货的理论报价（净价）；

（5）将第四步的结果除以转换系数，得到基于名义标的债券的期货合约的理论报价。

思考问题 3：计算中长期国债期货理论报价的意义何在？

例 10.4　假定例 10.3 中的国债期货合约距交割日还有 230 天。已经确定表 10－3 中的债券 1 为最便宜交割债券，其息票利率为 6.625%，每半年付息一次，当前报价 126：08，即 126.25 元。如图 10－1 所示，该债券上一次付息是在 53 天前，下一次付息在 130 天后，再下一次付息在 312 天后。假定当前的利率期限结构是平坦的，年利率为 5%（连续复利）。

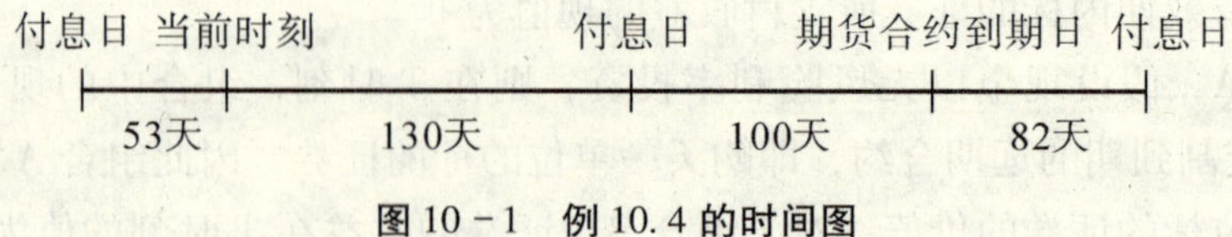

图 10 - 1　例 10.4 的时间图

债券的现金价格 P 为报价加上从上一次付息至当前时刻的应计利息，即：

$$P = 126.25 + 3.3125 \times \frac{53}{53 + 130} = 127.21 \text{（元）}$$

在期货合约有效期内有一次利息支付，即 130 天后付息 3.312 5 元，计算其现值 I：

$$I = 3.3125 e^{-0.05 \times \frac{130}{365}} = 3.254 \text{（元）}$$

以该债券为标的资产的期货合约现金价格 F 为：

$$F = (127.21 - 3.254)\, e^{0.05 \times \frac{230}{365}} = 127.92 \text{（元）}$$

在交割时，有 100 天的应计利息，因此期货的报价为：

$$127.92 - 3.3125 \times \frac{100}{182} = 126.1 \text{（元）}$$

该债券的转换系数为 1.065 3，即每一张这种债券相当于 1.065 3 张名义标的债券，因此，基于名义标的债券的期货合约报价为：

$$\frac{126.1}{1.0653} = 118.37 \text{（元）}$$

10.2　短期利率期货

表 10 - 4 列出了全球几种典型的短期利率期货，它们在运行机制和定价方面很类似，但也存在一些差异。在本节中，我们通过对其中最具代表性的短期国债期货和欧洲美元期货的分析来认识和理解短期利率期货。

表 10 - 4　　几种典型的短期利率期货

合约名称	交易所	合约规模	交割/结算
13 周国库券期货	CME	100 万美元	3 个月（13 周）国库券
3 个月欧洲美元期货	CME	100 万美元	以 3 个月 LIBOR 现金结算
3 个月 EURIBOR 期货	NYSE Euronext	100 万欧元	以 3 个月欧元存款欧洲银行家联合会（EBF）EURIBOR 现金结算

续表10－4

合约名称	交易所	合约规模	交割/结算
3 个月欧洲美元期货	NYSE Euronext	100 万美元	以 3 个月欧洲美元存款英国银行家协会（BBA）LIBOR 现金结算
3 个月欧洲日元期货	TFX	1 亿日元	以 3 个月欧洲日元 TIBOR 或 LIBOR 现金结算
90 天银行承兑汇票期货	ASX	100 万澳元	期限为 85～95 天的银行承兑汇票 EBA 或可转让存单 ECD

［资料来源］各交易所官方网站。

10.2.1 短期国债期货

10.2.1.1 短期国债期货的机制

芝加哥商业交易所（CME）国际货币市场（International Monetary Market，IMM）的短期国债期货合约的标的资产是 90 天期的短期国债。根据合约条款，合约到期时空头方必须在 3 个连续营业日内的某天交割＄1 000 000 的短期国债。该短期国债从第一个交割日算起还有 13 周到期。也就是说，在交割时短期国债距到期日可能是 89 天、90 天或 91 天。

美国的短期国债是以贴现率（Discount Rate）来报价的。注意到美国的短期国债是按实际天数/360 的天数计算惯例来计息的。假定面值＄100、距到期日还有 n 天的短期国债的现金价格为 Y，则其报价为：

$$\frac{360}{n}(100-Y)$$

贴现率与收益率并不相同。前者是收益占面值的百分比，而后者是以收益除以成本来计算的。如果设 d 为面值＄100、距到期日还有 n 天的短期国债的年贴现率，那么投资者以这一贴现率对应的现金价格买入该短期国债的收益率为：

$$y_n=\frac{100}{100\left(1-d\times\frac{n}{360}\right)}-1$$

即：

$$y_n=\frac{d\times\frac{n}{360}}{\left(1-d\times\frac{n}{360}\right)}$$

这是每 n 天的收益率，如果按照实际天数/360 的计息惯例，则年收益率为：

$$y=\frac{d\times\frac{n}{360}}{\left(1-d\times\frac{n}{360}\right)}\times\frac{360}{n}=\frac{d}{\left(1-d\times\frac{n}{360}\right)}$$

如果按照实际天数/365 的惯例，则年收益率为：

$$y=\frac{d\times\frac{n}{360}}{(1-d\times\frac{n}{360})}\times\frac{365}{n}=\frac{d\times\frac{365}{360}}{(1-d\times\frac{n}{360})}$$

这两个收益率都是 n 天的按复利计算的年收益率。第二个收益率就是第 5 章提到的债券等值收益率，它可与中长期国债所报的收益率直接进行比较。

短期国债期货的报价方式与短期国债本身的报价方式不同，两者之间存在以下关系：

短期国债期货的报价 =100 - 相应的短期国债的报价

如果 Y 是短期国债期货的现金价格，则相应的短期国债的报价（也就是将 Y 看成 90 天期国债的现金价格而以短期国债的报价方式来报价）为 4（100 - Y），所以短期国债期货的报价为：

$Z=100-4\ (100-Y)$

因而

$Y=100-0.25\ (100-Z)$

考虑到 90 天短期国债期货合约的标的资产是面值为＄1 000 000 的短期国债，因此，当某一时刻短期国债期货的报价为 Z 时，相应的合约总价值为：

$$10\ 000\ [100-0.25\ (100-Z)] \qquad (10-7)$$

式中的 0.25 是指 90/360，如果交割的到期国债距到期日不是 90 天，而是 89 天或 91 天，则式中的 0.25 需替换为 0.247 2 或 0.252 8。

10.2.1.2　短期国债期货的定价

由于短期国债属于零息票债券，期间没有利息支付，因此短期国债期货合约的标的资产实际上可以看成是期限为合约到期日 +90 天的短期国债。例如，135 天后到期的短期国债期货合约，其标的资产就是 225 天的短期国债。对此也可以这样来理解：双方在当前时刻就 225 天期的短期国债签署期货合约，定于 135 天后交割。

一般地，假定当前是 0 时刻，期货合约的到期日为 T，作为标的资产的短期国债的到期日为 T^*（T^* 和 T 之间相差 90 天），T 和 T^* 的无风险连续复利年率分别为 y 和 y^*。

面值为＄100 的短期国债的现值为：

$V^*=100e^{-y^*T^*}$

根据式（10-5），并令 I=0（短期国债为零息票债券），期货价格为：

$F=100e^{-y^*T^*}e^{yT}$

根据式（9-9），上式简化为：

$$F=100e^{-f^*(T^*-T)} \qquad (10-8)$$

其中 f^* 为 T^*-T 期间的远期利率。此式表明，短期国债期货是基于未来的 T^*-T 期间的远期利率来定价的。

也可以将短期国债期货看成远期利率协议，从而对其定价：

假定当前是0时刻，短期国债期货的交割价格为K，则在T时刻的现金流为-K，现值为$-Ke^{-yT}$；在T^*时刻的现金流为100，现值为$100e^{-y^*T^*}$。因此，短期国债期货合约当前的价值为：

$$V^* = -Ke^{yT} + 100e^{-y^*T^*}$$

当K=F时，$V^*=0$，由此可以得到与式（10-8）完全相同的定价公式。

例10.5　假定当前时刻的130天期和220天期的年利率分别为5%和5.25%（两者都使用连续复利，并以实际天数/实际天数为计息基础），则130天后交割的短期国债期货合约的理论报价计算如下：

根据式（9-9）计算出130天至220天期间的远期利率：

$$f^* = \frac{0.052\,5 \times 220 - 0.05 \times 130}{90} = 0.056\,1$$

130天后交割的面值为$ 100的短期国债期货价格为：

$$F = 100e^{-0.056\,1 \times \frac{90}{365}} = \$\,98.63$$

因此，它的报价为：

$$100 - 4\,(100 - 98.63) = \$\,94.52$$

10.2.2　欧洲美元期货

欧洲美元期货的标的利率是90天LIBOR按季度计复利的年利率。欧洲美元期货的报价方式与短期国债期货相似，即：

欧洲美元期货的报价=100-相应的欧洲美元利率的报价

所以，当欧洲美元期货的报价为Z时，也是通过式（10-7）计算出一张合约的价格。例如，某时刻欧洲美元期货合约的报价为94.89，则一张合约的价格为：

$$10\,000\,[100 - 0.25\,(100 - 94.89)] = \$\,987\,225$$

但是，由于欧洲美元利率的报价是按季度计复利的90天欧洲美元存款的实际利率，而不是像短期国债那样以贴现率报价，因此，式（10-7）中的100-Z对于短期国债期货而言是一个年贴现率，而对于欧洲美元期货而言则是一个年利率。

在任意时刻，欧洲美元期货合约的利率在理论上应等于该时刻由相应期限的即期LIBOR决定的远期利率。由于欧洲美元期货合约是按季度计复利的年利率报价的，因此在计算远期利率时需使用式（6-1），其中的f_n、y_n和y_{n-1}都是按季度计复利的年利率。

例10.6　假定当前时刻的130天期和220天期的LIBOR分别为5%和5.25%（两者都是按季度计复利的年利率）。则130天后交割的欧洲美元期货合约的理论报价计算如下：

根据式（6-1）计算出130天至220天期间的远期利率：

$$f_n = \frac{(1+0.0525)^{\frac{220}{90}}}{(1+0.05)^{\frac{130}{90}}} - 1 = 0.0561$$

130天后交割的面值为＄100的欧洲美元期货合约的报价为：

100-5.61＝＄94.39

可见，欧洲美元期货合约是基于利率的期货合约，而短期国债期货合约是基于短期国债价格的期货合约。

前面提到，在大多数情况下，远期合约价格与期货合约价格之间的理论差异可以忽略不计，但对于较长期限（例如超过1年）的合约而言，两者之间的差异不能忽略。这一点对于欧洲美元期货合约来说需要特别注意，因为它们的期限可以长达10年。

思考问题4：在现实当中，短期利率期货合约大多比中长期利率期货合约有更长的期限，这是什么原因？

10.3 利率期货的应用

10.3.1 利用利率期货套期保值

借助利率期货，也可以通过构造基于久期的套期保值策略来管理利率风险。

对于某个利率依赖型资产，根据式（9-14），近似地有：

$$\Delta S = -SD_S\Delta y \tag{10-9}$$

其中，S为需要进行套期保值的资产的价值，D_S为需要进行套期保值的资产的久期。

同样的，有：

$$\Delta F = -FD_F\Delta y \tag{10-10}$$

其中，F为利率期货合约的价格，D_F为期货合约的标的资产的久期。

因此，为了对冲Δy的不确定性，应当有：

$$N^* FD_F \Delta y = SD_S \Delta y$$

其中，N^*为所需的期货合约的数量。

由此可得：

$$N^* = \frac{SD_S}{FD_F} \tag{10-11}$$

这就是基于久期的套期保值比率（Duration-Based Hedge Ratio），或称为价格敏感性套期保值比率（Price Sensitivity Hedge Ratio）。运用这一比率可使得由现货和期货构成的整个头寸的久期为零，从而规避利率风险。

例 10.7　假定现在是 2 月 25 日，某公司财务主管得知将于 5 月 10 日收到＄7 800 000。该笔资金在 11 月份将投资于某一重要项目，因此财务主管计划在收到款项时就将它投资于 6 个月期短期国债。现在 6 个月期短期国债的收益率为 5.2%（半年复利一次）。由于担心在 2 月 25 日到 5 月 10 日之间短期国债收益率下降，该财务主管决定利用短期国债期货进行套期保值。6 月份短期国债期货当前的报价为 90.31。

在此例中，如果利率下降，公司将由于短期国债价格上涨而产生损失（成本上升），因此，用于套期保值的期货合约须在利率下降时产生正收益，这意味着公司必须做多头套期保值。下面利用式（10－11）计算套期保值所需要购买的短期国债期货合约的数量。

短期国债期货合约的标的资产是 90 天期的短期国债，而短期国债是一种零息票债券，所以，$D_F=0.25$。与此类似，财务主管计划投资的 6 个月期短期国债的久期 $D_S=0.5$。根据式（10－7），一张短期国债期货合约的价格为：

$$10\,000[100-0.25(100-90.31)]=\$\,975\,775$$

根据式（10－11），需购买的合约数量为：

$$N^*=\frac{7\,800\,000\times0.5}{975\,775\times0.25}=15.99$$

近似到整数位，需购买 16 张短期国债期货合约。

例 10.8　假定现在是 5 月 10 日，某基金经理持有价值＄10 000 000 的国债组合。由于担心在未来 3 个月内利率出现剧烈波动，该基金经理决定利用长期国债期货进行套期保值。9 月份交割的长期国债期货合约当前的报价为 113′28，即 113.875，因此一张期货合约的价格为 113 875 元。最便宜交割债券是 20 年期的息票利率为 6.25% 的债券，现在这种债券的年收益率为 4.8%。在未来 3 个月内债券组合的平均久期为 6.8 年。该基金经理应如何进行套期保值?

由于利率上升时债券组合会产生损失，因此，用于套期保值的期货合约必须在利率上升时产生正收益以抵消债券组合的损失，这意味着该基金经理需要做空头套期保值。根据已知条件可以计算出最便宜交割债券在期货合约到期时的久期为 12.05 年，然后根据式（10－11），可以计算出应卖空的期货合约数量：

$$N^*=\frac{10\,000\,000\times8.13}{113\,875\times12.05}=59.25$$

近似到整数位，基金经理应卖空 59 张长期国债期货合约。

基于久期的利率期货套期保值策略与第 8 章所讨论的免疫策略在本质上是一致的，因为可以将卖空某项资产视为一项负债。所以，利用利率期货套期保值也会受到久期局限性问题的困扰，即价格—收益曲线凸性的存在使久期随收益率的变动而改变，以及收益率曲线的非平行移动，因而在实际应用中也需要进行再平衡，以及采用按期限分段匹配的方法。

10.3.2 利用利率期货套利

10.3.2.1 中长期国债期货套利

当中长期国债期货价格与基于某种符合交割条件的债券计算的理论期货价格不相等时，在中长期国债期货与国债现货之间就存在套利机会。如果在某个时刻出现 $F>(P-I)e^{r(T-t)}$ 的情形，则套利者可以 F 的价格卖空交割日为 T 的国债期货，同时按利率 r 借入 T－t 期限的资金 P 买入国债现货。在期货合约到期时，将持有的国债现货用于交割，获得 F 的现金流入。期初的借款 P 现在需要偿还 $Pe^{r(T-t)}$，但期初买入的国债现货在 T－t 的时间内产生了现值为 I 的利息，该现值以利率 r 进行投资的终值为 $Ie^{r(T-t)}$，这可以部分抵消套利者偿还的借款，使得套利者在期末支出的现金流减少为 $(P-I)e^{r(T-t)}$，由此可以得出套利者的净现金流为 $F-(P-I)e^{r(T-t)}$。根据期初套利时的条件可知，这是一个正的现金流。当然，如果在期货合约到期之前就已经出现了期货价格下跌而现货价格上涨的机会，则套利者也完全可以及时平仓期货合约并卖出现货，从而提前获得套利利润。如果出现 $F<(P-I)e^{r(T-t)}$ 的情形，则套利者以 F 的价格买入期货合约，同时以 P 的价格卖空国债现货并将所得资金按利率 r 贷出，由此可以锁定 $(P-I)e^{r(T-t)}-F$ 的利润。不过，需要指出的是，由于国债期货在交割时符合交割条件的现货品种不止一个，而空头方拥有交割债券的选择权，因此，$F<(P-I)e^{r(T-t)}$ 的情形下的套利在期末可能会面临交割期货合约时买入的现货品种与期初卖空的现货品种不一致，从而不能完全冲销头寸的风险。

例 10.9　考虑例 10.3 和例 10.4 的长期国债期货合约。如果该合约当前的报价为 120′04，即 120.125，那么与表 10－3 的 5 种符合交割条件的国债之间是否存在套利机会？应如何进行套利？假定当前的利率期限结构是平坦的，年利率为 5%（连续复利），5 种债券的付息时点都如例 10.4 所述。

分别针对 5 种债券重复例 10.4 的计算过程，得到分别以这 5 种债券为交割债券的期货合约报价，如表 10－5 所示。

表 10－5　　分别以 5 种债券为交割债券的理论期货报价

债券	以该债券为交割债券的期货合约报价
1	118.367 9
2	119.294 3
3	119.688 9
4	123.330 7
5	123.796 2

当前的期货报价为120.125，大于以债券1、债券2和债券3为交割债券计算的理论期货报价，但与债券1的理论期货报价差异最大，即套利空间最大，因此应利用第1种债券和期货合约来构建套利组合。具体步骤是：

（1）以120.125元的价格卖空230天后交割的长期国债期货合约；

（2）按年利率5%（连续复利）借入127.21元的资金，期限为230天；

（3）买入一张债券1，并将持有期间得到的利息3.3125元按年利率5%（连续复利）投资，直到期货合约到期。

230天后，交割期货合约，收入 $120.125\times1.0653+3.3125\times\frac{100}{182}=129.7892$ 元；归还借款和收回投资，合计支付 $127.21e^{0.05\times\frac{230}{365}}-3.3125e^{0.05\times\frac{100}{365}}=127.9236$ 元。最终的结果是获得了 $129.7892-127.9236=1.8656$ 元的利润。

同时，由于当前的期货报价小于以债券4和债券5为交割债券计算的理论期货报价，因此可以通过买入期货合约并卖空债券4或债券5的方法来套利。但面临的风险是，230天后交割期货合约时得到的很可能是债券1（因为这是最便宜交割债券）而不是债券4或债券5，因而不能完全冲销债券空头头寸。

10.3.2.2 短期国债期货套利

如果短期国债期货价格中隐含的远期利率不同于短期国债本身所隐含的远期利率，则存在潜在的套利机会。现举例说明。

假设当前的63天期短期国债的年利率为1.7%，153天期短期国债的年利率为2.2%，还有63天到期的短期国债期货价格中隐含的远期利率为2.4%（所有的利率均为连续复利率）。是否存在套利机会？应如何进行套利？

根据式（9-9）可以计算出短期国债隐含的63天至153天期间的远期利率为：

$$f^*=\frac{2.2\%\times153-1.7\%\times63}{153-63}=2.55\%$$

这个利率高于短期国债期货价格中隐含的2.4%的远期利率。显然，套利者应在63天到153天的期限内以2.4%的利率借入资金并按2.55%的利率进行投资，以锁定15个基点的利差。这可以通过以下的策略来实现：

（1）卖空期货合约；

（2）以1.7%的年利率借入63天的资金；

（3）将借入的资金按2.2%的利率进行153天的投资。

以上策略称为第1类套利。如果情况与此相反，即短期国债期货的隐含利率高于2.55%，则运用第2类套利策略：

（1）买入期货合约；

（2）以2.2%的年利率借入153天的资金；

(3) 将借入的资金以1.7%的利率进行63天的投资。

以上两类套利策略都包含了以短期国债利率或接近的利率借入资金。实际上，为了验证短期国债市场是否存在套利机会，交易者经常计算所谓的隐含回购利率（Implied Repo Rate）。它是与短期国债到期日相同的国债期货价格和比该短期国债的期限长90天的另一短期国债价格所隐含的短期国债利率。例如，当前有某种短期国债期货合约还有75天到期，其价格中隐含的远期利率为 f^*，那么可以找出165天期的短期国债的利率 y^*，然后将公式（9－9）变换为 $y=\frac{y^*T^*-f^*(T^*-T)}{T}$，求出75天期短期国债的利率y。此即当前时刻的75天期隐含回购利率。如果隐含回购利率高于实际的短期国债利率，从理论上讲就可以进行第1类套利。反之，从理论上讲就可以进行第2类套利。

例10.10　上述还有63天到期的短期国债期货合约的现金价格为＄98.95，153天期短期国债现货价格为＄98.02。63天期国债的隐含回购利率是多少？如果63天期国债当前的年利率为4.94%，那么应如何套利？如果这个利率为5.91%呢？

首先根据式（10－8）计算出由短期国债期货价格隐含的远期利率：

由：

$$98.95=100e^{-f^*\times\frac{90}{365}}$$

得：

$$f^*=4.28\%$$

然后由：

$$98.02=100e^{-y^*\times\frac{153}{365}}$$

得到153天期短期国债的利率为：

$$y^*=4.77\%$$

最后，将公式（9－9）变换为 $y=\frac{y^*T^*-f^*(T^*-T)}{T}$，由此计算出63天期隐含回购利率：

$$y=\frac{4.77\%\times153-4.28\%\times90}{63}=5.47\%$$

如果63天期国债当前的年利率为4.94%，即低于隐含回购利率，则可以使用第1类套利。如果63天期国债当前的年利率为5.91%，即高于隐含回购利率，则可以使用第2类套利。

思考问题5：当利用短期国债期货套利时，在操作中可能会遇到什么风险？

10.4 小结

利率期货是以某种价格决定于利率的债务工具为标的资产的期货合约。按照标的资产的期限长短（以 1 年为界线），利率期货可以分为中长期利率期货和短期利率期货。本章讨论了典型的中长期利率期货和短期利率期货的机制、定价和应用。

中长期国债期货合约的市场报价是基于一种假想的、具有一定息票利率的债券（称为名义标的债券）来进行的。中长期国债期货合约在交割时，空头方有权选择任何一种符合条件的国债进行交割，因此当某一特定的债券被用于交割时，需要通过一个转换系数来调整交割价格。在任意时刻都有多种债券符合中长期国债期货合约的交割条件，空头方可以根据期货价格和债券现货报价来确定最便宜交割债券。

如果假定最便宜交割债券和交割日期都是已知的，则可以通过远期价格与现货价格之间的关系对中长期国债期货定价。

芝加哥商业交易所国际货币市场的短期国债期货合约的标的资产是 90 天期的短期国债，欧洲美元期货的标的利率是 90 天 LIBOR 按季度计复利的年利率。

短期国债期货是基于未来的相应期间的远期利率来定价的。在任意时刻，欧洲美元期货合约的理论报价基于以下原则来计算：欧洲美元期货合约的利率在理论上应等于该时刻由相应期限的即期 LIBOR 决定的远期利率。

借助利率期货，可以通过构造基于久期的套期保值策略来管理利率风险，即根据需要进行套期保值的资产的价值和久期，以及利率期货合约的价格和久期，计算出基于久期的套期保值比率。

当中长期国债期货价格与基于某种符合交割条件的债券计算的理论期货价格不相等时，在中长期国债期货与国债现货之间就存在套利机会，套利者可以通过在国债期货和现货上进行方向相反的操作来实施套利。如果短期国债期货价格中隐含的远期利率不同于短期国债本身所隐含的远期利率，则存在套利机会，套利者可以通过买入或卖出短期国债期货，同时按相应利率和期限进行借贷的方法来实施套利。

习题

1. 芝加哥交易所（CBOT）9 月份交割的长期国债期货合约现在的报价是 112′29，按此价格计算的一张合约的价值是多少（注意一张合约的面值为 $ 100 000）？

2. 某种可用于芝加哥交易所长期国债期货合约交割的国债的息票利率为 6.5%，距到期日还有21年零8个月。这种国债的转换系数是多少？

3. 芝加哥交易所长期国债期货合约的报价为108′12，表10－6的5种债券中，哪一种是最便宜交割债券？

表10－6 寻找最便宜交割债券

债券	息票利率（%）	报价	转换系数
1	6.2	121：11	1.102 3
2	6.7	129：18	1.211 5
3	4.4	97：24	0.803 1
4	5.5	113：05	0.950 6
5	5.3	108：29	0.897 7

4. 第三题中的国债期货合约距交割日还有115天。根据所确定的最便宜交割债券计算该期货合约的理论报价。假设最便宜交割债券上一次付息是在122天前，下一次付息在60天后，再下一次付息在243天后，当前的收益率曲线水平于年利率4%（连续复利）。

5. 当前的8个月期和5个月期即期利率分别为2.5%和2%（都是连续复利）。5个月后交割的面值为＄1 000 000的短期国债期货的理论价格是多少？应如何报价？

6. 芝加哥商业交易所（CME）的某个欧洲美元期货合约当前的报价为95.28。一张合约的价值是多少（注意一张合约的面值为＄1 000 000）？

7. 现在是8月份。你管理的一个债券组合价值＄50 000 000，组合的平均久期为5.83年。由于担心未来3个月内利率上升，你决定通过长期国债期货套期保值。已知12月份长期国债期货报价为109′18，最便宜交割债券的久期为7.24年。你应当如何进行套期保值？

8. 你能否利用美国短期国债期货合约和外汇远期合约来创造出中国短期国债期货合约？简述你的创造过程（假设远期合约与期货合约等价）。

9. 50天后交割的短期国债期货报价为97.35，140天期短期国债的报价为96.47。它的隐含回购利率是多少？它有什么用？

10. 某金融机构可以在欧洲美元市场上以相同的利率借入或贷出资金。当前的75天期利率和165天期利率分别为3%和3.5%，而75天后交割的欧洲美元期货合约的报价为96.51。该金融机构是否有套利机会？如何套利？

11. 现在是4月17日，某公司从其财务状况考虑需要发行面值＄10 000 000的180天期商业票据，但只能安排到7月22日发行。如果今天发行，公司可以获得资金＄9 807 000。9月份交割的欧洲美元期货报价为96.3。公司可以进行怎样的套期保值？

11 利率互换

利率互换（Interest Rate Swap）是指交易双方签署的在一定期限内定期进行根据某个名义本金计算的利息现金流交换的协议。利率互换有多种类型，其中使用最广泛的是大众型（Plain Vanilla）利率互换，即交易双方约定，在将来的一定期限内，一方以名义本金乘以事先约定的固定利率产生的利息现金流与另一方的同一名义本金（相同币种、相同金额）按浮动利率产生的利息现金流相交换。本章将讨论利率互换的机制、定价及应用。

11.1 利率互换的机制

11.1.1 基本条款和运作过程

大众型利率互换的基本条款包括一个固定利率（相当于远期利率协议的交割利率）、浮动利率的参考利率、合约期限、利率重设日、支付日和名义本金，其中利率重设日和支付日通常与浮动利率参考利率的期限一致。例如，交易双方在当前时刻（$t=0$）签署一份利率互换协议，约定在未来的 n 年内每年进行 m 次基于名义本金 Q 并分别以固定利率 r_g 和浮动利率 r 计算的利息现金流的交换。这样，在合约期限内的任意一个支付日（即利息现金流交换日）t_i（$t_i=\frac{i}{m}$，$i=1, 2, \cdots, mn$），双方交换的净现金流为：

$$NCF=\frac{Q}{m}(r_{i-1}-r_g) \tag{11-1}$$

由于每一个支付日的浮动利息是根据上一个支付日的浮动利率水平来计算的，所以式（11－1）中的浮动利率为 r_{i-1} 而不是 r_i。

利率互换协议中的浮动利率最常见的是以 3 个月或 6 个月 LIBOR 为基准，但根据客户的需求，其他具有代表性的货币市场利率，如美国的国库券利率、商业票据利率、联邦基金利率等也经常被作为利率互换浮动利率的基准。利率互换协议中的固定利率则通常是基于与互换协议期限一致的中长期国债收益率。中国的利率互换所使用的参考利率主要包括 7 天回购利率（FR007）、定期存款利率和 SHIBOR。

例 11.1　A 公司和 B 公司签署了一份开始于 2007 年 10 月 27 日的 5 年期利率互换协议。在协议中，B 公司同意向 A 公司支付按年利率 5.9%（半年复利）和本金 $ 200 000 000 计算的固定利息，而 A 公司同意向 B 公司支付由 6 个月期 LIBOR 和同样本金计算的浮动利息，如图 11－1 所示。

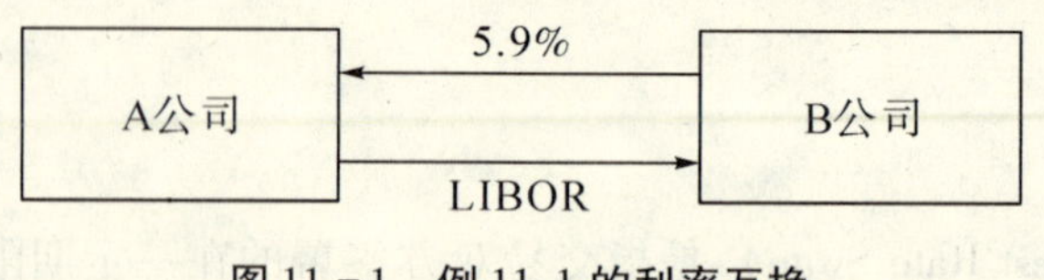

图 11－1　例 11.1 的利率互换

假定协议约定每 6 个月交换一次利息。表 11－1 给出了从 B 公司角度看的互换现金流状况。

表 11－1　例 11.1 利率互换的现金流状况

日期	浮动利率现金流（百万美元）	固定利率现金流（百万美元）	净现金流（百万美元）
2007 年 10 月 27 日	0	0	0
2008 年 4 月 27 日	$+\frac{LIBOR_0}{2}\times 200$	-5.9	$+\frac{LIBOR_0}{2}\times 200-5.9$
2008 年 10 月 27 日	$+\frac{LIBOR_1}{2}\times 200$	-5.9	$+\frac{LIBOR_1}{2}\times 200-5.9$
2009 年 4 月 27 日	$+\frac{LIBOR_2}{2}\times 200$	-5.9	$+\frac{LIBOR_2}{2}\times 200-5.9$
2009 年 10 月 27 日	$+\frac{LIBOR_3}{2}\times 200$	-5.9	$+\frac{LIBOR_3}{2}\times 200-5.9$
2010 年 4 月 27 日	$+\frac{LIBOR_4}{2}\times 200$	-5.9	$+\frac{LIBOR_4}{2}\times 200-5.9$
2010 年 10 月 27 日	$+\frac{LIBOR_5}{2}\times 200$	-5.9	$+\frac{LIBOR_5}{2}\times 200-5.9$
2011 年 4 月 27 日	$+\frac{LIBOR_6}{2}\times 200$	-5.9	$+\frac{LIBOR_6}{2}\times 200-5.9$
2011 年 10 月 27 日	$+\frac{LIBOR_7}{2}\times 200$	-5.9	$+\frac{LIBOR_7}{2}\times 200-5.9$
2012 年 4 月 27 日	$+\frac{LIBOR_8}{2}\times 200$	-5.9	$+\frac{LIBOR_8}{2}\times 200-5.9$
2012 年 10 月 27 日	$+\frac{LIBOR_9}{2}\times 200$	-5.9	$+\frac{LIBOR_9}{2}\times 200-5.9$

第一次利息交换发生在 2008 年 4 月 27 日，即互换协议签署 6 个月后。在该时点，B 公司应向 A 公司支付由下面的式子决定的固定利息：

$5.9\% \times \frac{1}{2} \times 200 = 5.9$（百万美元）

A 公司应向 B 公司支付$\frac{LIBOR_0}{2} \times 200$百万美元浮动利息，其中 $LIBOR_0$ 是在 6 个月前即 2007 年 10 月 27 日就已经确定的 6 个月期 LIBOR。类似地，在以后的 9 次利息交换日，B 公司总是支付 5.9 百万美元的固定利息，而 A 公司则支付由上一次交换日的 6 个月期 LIBOR 所决定的浮动利息。但实际上，双方只需要支付两笔利息之间的差额，即由式（11－1）决定的净现金流。

＄200 000 000 的本金只是用于计算利息，其本身并不交换，这也是它之所以被称为名义本金的原因。

如果在互换到期时加入本金交换的现金流（这样假设完全不会改变互换交易的性质），则利率互换可以看成固定利率债券和浮动利率债券的交换。从表 11－2 可以看到，第二列是一个浮动利率债券多头的现金流状况，第三列是一个固定利率债券空头的现金流状况。因此，在这个例子中，B 公司处于浮动利率债券多头和固定利率债券空头，而 A 公司处于浮动利率债券空头和固定利率债券多头。

表 11－2　　加入本金交换时表 11－1 的现金流状况

日期	浮动利率现金流（百万美元）	固定利率现金流（百万美元）	净现金流（百万美元）
2007 年 10 月 27 日	0	0	0
2008 年 4 月 27 日	$+\frac{LIBOR_0}{2} \times 200$	−5.9	$+\frac{LIBOR_0}{2} \times 200 - 5.9$
2008 年 10 月 27 日	$+\frac{LIBOR_1}{2} \times 200$	−5.9	$+\frac{LIBOR_1}{2} \times 200 - 5.9$
2009 年 4 月 27 日	$+\frac{LIBOR_2}{2} \times 200$	−5.9	$+\frac{LIBOR_2}{2} \times 200 - 5.9$
2009 年 10 月 27 日	$+\frac{LIBOR_3}{2} \times 200$	−5.9	$+\frac{LIBOR_3}{2} \times 200 - 5.9$
2010 年 4 月 27 日	$+\frac{LIBOR_4}{2} \times 200$	−5.9	$+\frac{LIBOR_4}{2} \times 200 - 5.9$
2010 年 10 月 27 日	$+\frac{LIBOR_5}{2} \times 200$	−5.9	$+\frac{LIBOR_5}{2} \times 200 - 5.9$
2011 年 4 月 27 日	$+\frac{LIBOR_6}{2} \times 200$	−5.9	$+\frac{LIBOR_6}{2} \times 200 - 5.9$
2011 年 10 月 27 日	$+\frac{LIBOR_7}{2} \times 200$	−5.9	$+\frac{LIBOR_7}{2} \times 200 - 5.9$
2012 年 4 月 27 日	$+\frac{LIBOR_8}{2} \times 200$	−5.9	$+\frac{LIBOR_8}{2} \times 200 - 5.9$
2012 年 10 月 27 日	$+200 + \frac{LIBOR_9}{2} \times 200$	−205.9	$+\frac{LIBOR_9}{2} \times 200 - 5.9$

思考问题1：如果一家公司处于浮动利率债券空头和固定利率债券多头，那么当利率上升时会有怎样的损益？

需要指出的是，表11－1和表11－2中的现金流的计算没有考虑天数计算惯例的影响。例如，由于LIBOR是在实际天数/360的基础上按半年复利报出的，因此表中的第一个浮动利率现金流应该是：

$$LIBOR_0 \times \frac{183}{360} \times 200 \text{ 百万美元}$$

其中183是2007年10月27日至2008年4月27日之间的实际天数。类似地，由于固定利率通常是按中长期国债的实际天数/实际天数的惯例计息的，因此表中的第一个固定利率现金流应该是：

$$5.9\% \times \frac{183}{365} \times 200 = 5.916 \text{（百万美元）}$$

11.1.2　金融中介的作用

在现实当中，两个有互换需求的公司通常并不是直接接触并签订协议，而是与银行等金融机构联系，由后者为其安排利率互换。作为中介，银行等金融机构对每一次交易收取一定的手续费。

图11－2　金融机构作为中介时例11.1的利率互换

图11－2说明了有金融机构作为中介的利率互换的机制。该金融机构分别与A公司和B公司签署利率互换协议，两份协议的利息支付与收取对于该金融机构来讲正好相互抵消。如果A公司和B公司都不违约，则金融机构将获得按本金＄200 000 000和年率0.01%（1个基点）计算的手续费收入，即每年200 000 000×0.01%＝20 000美元。与图11－1相比，A公司每年将少收取1个基点的固定利息，而B公司每年将多支付1个基点的固定利息。

在图11－2中，虽然金融机构持有的两份利率互换协议是相互抵消的，但如果某一家公司违约，则金融机构将变成持有单向头寸。而且，被违约的往往是对金融机构有利（对违约方不利）的协议，这意味着在某一家公司违约后金融机构继续履行的另一份协议是对自己不利的。例如，假设在某个时刻LIBOR上升至6.2%，A公司因认为对自己不利而违约，而B公司因为有利而不会违约（或者可以将这份有利的协议转让），此时金融机构仍然必须履行对自己不利的与B公司之间的协议。因此，图11－2中金融机构所挣的1个基点价差（Spread）除了作为提供服务的报酬外，主要是补偿其承受的违约风险。

除了违约风险，作为利率互换中介的金融机构还会面临利率风险，因为在实际当中，一家金融机构通常都是与一方签署利率互换协议之后再去设法寻找另一份签署头寸状态相反的利率互换协议，而在这一过程中利率可能发生不利于金融机构的变化。例如，金融机构与B公司签署利率互换协议后，在找到A公司之前如果LIBOR出现上升，则金融机构会遭受损失。为此，金融机构在签署利率互换协议并因此产生单向头寸之后，需要利用诸如利率期货等工具来对冲消除利率风险，而大量储存利率互换也可以使其中一部分风险相互抵消。

11.1.3 利率互换的报价

作为中介的金融机构通常按表11－3和表11－4所示的方式对利率互换进行报价。表中的买价是指当金融机构作为利率互换协议中的固定利率支付方时所支付的固定利率，卖价是指当金融机构作为利率互换协议中的浮动利率支付方时所收取的固定利率，买价与卖价之差则是金融机构作为中介赚取的价差。例如，表11－4中的3年期利率互换买价为3.365%，即表示金融机构与某家公司签署一份支付固定利率的互换协议时，它支付的固定利率为3.365%；3年期利率互换的卖价为3.445%，即表示金融机构与某家公司签署一份支付浮动利率的互换协议时，它收取的固定利率为3.445%。买卖价差为8个基点，即如果这两份互换协议正好有相同的名义本金，则该金融机构通过提供这两项交易赚取的手续费为：名义本金×0.08%（每年）。

表11－3　　美元利率互换报价（2010年1月22日）

期限	买价（%）	卖价（%）	变动（%）
2年	1.111 00	1.116 00	－0.000 50
3年	1.721 00	1.727 00	0.001 00
4年	2.227 00	2.234 00	－0.006 50
5年	2.640 00	2.644 00	－0.004 00
6年	2.961 00	2.966 00	－0.003 00
7年	3.211 00	3.217 00	－0.002 50
8年	3.404 00	3.407 00	－0.002 00
9年	3.560 00	3.564 00	－0.000 50
10年	3.691 00	3.697 00	－0.002 00
15年	4.128 00	4.131 00	－0.006 50

续表11－3

期限	买价（%）	卖价（%）	变动（%）
20 年	4. 273 00	4. 277 00	－0. 012 50
30 年	4. 372 00	4. 376 00	－0. 016 50

［资料来源］世华财讯网站：http：//www. caixun. com/.

表 11－4　人民币利率互换报价（2010 年 1 月 22 日）

期限	买价（%）	卖价（%）	变动（%）
3 个月	1. 605 0	1. 698 3	－0. 005 0/0. 001 3
1 年	2. 243 3	2. 313 3	－0. 023 8/－0. 031 0
3 年	3. 365 0	3. 445 0	－0. 035 0/－0. 043 6
5 年	3. 860 8	3. 952 5	－0. 072 8/－0. 066 8
7 年	4. 056 4	4. 302 1	－0. 041 1/－0. 048 7

［资料来源］路透中文网：http：//cn. reuters. com.

尽管由于定价能力和风险管理水平等方面的差异，不同的金融机构报出的利率互换买卖价差存在差异，但这个市场上平均的买卖价差水平则是由供求关系决定的。如果充当中介的金融机构数量少，而同时利率互换的需求大，则金融机构就可以在签署利率互换协议时支付较低的固定利率或收取较高的固定利率，从而使买卖价差倾向于上升；反之，如果有大量的金融机构参与提供中介服务，相互之间竞争激烈，则买卖价差将倾向于下降。表 11－3 和表 11－4 的报价印证了这一点。利率互换在中国推出只有短短 5 年的时间，提供中介服务的金融机构数量较少、风险管理水平较低，因此利率互换的买卖价差较高。表 11－4 显示，买卖价差最低的是 1 年期利率互换，为 7 个基点；7 年期利率互换的买卖价差最高，达到了 24 个基点。利率互换在美国产生和发展的初期，买卖价差也曾高达 100 个基点以上，但经过近 30 年的发展，互换市场已经较为成熟，大量作为中介的金融机构之间竞争激烈，因此买卖价差已降到很低的水平。从表 11－3 可以看到，在所有期限的利率互换中，买卖价差最高为 0. 7 个基点，最低只有 0. 3 个基点。

思考问题 2：当市场对固定利率和浮动利率的偏好发生变化时，是否会影响到利率互换报价的买卖价差？

11.2 利率互换的定价

一份利率互换协议可以看成是一张债券多头与另一张债券空头的组合（表 11－2 说明了这一点），也可以看成是一系列远期利率协议的组合，因此，可以按照债券或远期利率协议的定价方法来对利率互换进行定价。

11.2.1 利率互换定价与债券价格

考虑图 11－2 中 B 公司与金融机构之间的利率互换。假设在互换结束时交换名义本金，那么这项互换与下面的交易等价：

（1）B 公司从金融机构购买＄200 000 000、利率为 6 个月期 LIBOR 的浮动利率债券；

（2）金融机构从 B 公司购买＄200 000 000、息票利率为 5.905％的固定利率债券。

因此，对金融机构而言，利率互换的价值就是这两种债券价值的差额：

$$V = P_{fix} - P_{fl} \tag{11-2}$$

式中 V 为互换的价值，P_{fix} 为互换中的固定利率债券的价值，P_{fl} 为互换中的浮动利率债券的价值。

假设现在为零时刻，n 为利率互换的到期期限，y_i 为与到期时间 t_i（$1 \leqslant i \leqslant n$）相应的贴现率，C 为 t_i 时刻的利息支付，Q 为互换协议中的名义本金。对于固定利率债券，根据息票债券定价公式，有：

$$P_{fix} = \sum_{i=1}^{n} Ce^{-y_i t_i} + Qe^{-y_n t_n}$$

对于浮动利率债券，由于在每次支付日之后的短暂时间内，P_{fl} 总是等于名义本金 Q，因此有：

$$P_{fl} = C^{*} e^{-y_1 t_1} + Qe^{-y_1 t_1}$$

其中 C^{*} 是在 t_1 时刻（当前时刻的下一个支付日）将支付的浮动利率利息（已知）。

为确定贴现率 y_i，需要构建当前时刻的零息票收益率曲线。对于诸如表 11－3 和表 11－4 的利率互换报价，如果假设以行情买价和卖价的平均价格签署的互换协议价值为零，则表中的报价就定义了一系列平价的固定利率债券，称为平价收益债券（Par Yield Bonds）。将第 6 章所述的基于息票剥离的自展方法运用于欧洲美元期货报价和这些平价收益债券，即可得出零息票收益率曲线。根据零息票收益率曲线，可以确定当前时刻观测到的未来相应期限的贴现率 y_i。

利率互换在签署时刻对双方而言价值为零，但在合约有效期内的任意时刻，互换价值可能为正，也可能为负。

例 11.2　考虑图 11－2 中 B 公司与金融机构之间的利率互换。互换协议签署于 2007 年 10 月 27 日，期限为 5 年。协议约定 B 公司向金融机构支付按年利率 5.905%（半年复利）和本金＄200 000 000 计算的固定利息，而金融机构向 B 公司支付由 6 个月期 LIBOR 和同样本金计算的浮动利息。假定现在是 2010 年 1 月 27 日，利率期限结构如表 11－5 所示。上一支付日（即 2009 年 10 月 27 日）的 6 个月期 LIBOR 为 1.1%（半年复利）。对于该金融机构而言，该利率互换的价值是多少？

表 11－5　　例 11.2 的利率期限结构

期限	年利率（连续复利）
0.25 年	0.5%
0.75 年	1.2%
1.25 年	1.7%
1.75 年	2.0%
2.25 年	2.2%
2.75 年	2.4%

该利率互换的时间图如图 11－3 所示。

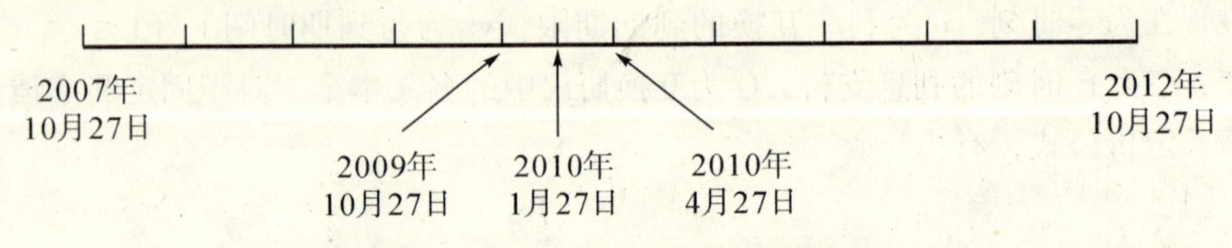

图 11－3　例 11.2 利率互换的时间图

在当前时刻（即 2010 年 1 月 27 日），该利率互换还有 2.75 年到期。下一个支付日在 3 个月后，即 2010 年 4 月 27 日，金融机构收取的固定利息 $C = 5.905\% \times \frac{1}{2} \times 200 = 5.905$ 百万美元，支付的浮动利息 $C^* = 1.1\% \times \frac{1}{2} \times 200 = 1.1$ 百万美元。因此，

$$P_{fix} = 5.905e^{-0.005 \times 0.25} + 5.905e^{-0.012 \times 0.75} + 5.905e^{-0.017 \times 1.25} + 5.905e^{-0.02 \times 1.75} + 5.905e^{-0.022 \times 2.25} + 205.905e^{-0.024 \times 2.75}$$

$$= 221.61 \text{（百万美元）}$$

$$P_{fl} = 1.1 \times e^{-0.005 \times 0.025} + 200e^{-0.005 \times 0.025} = 200.85 \text{（百万美元）}$$

所以利率互换的价值为：

$$V = 221.61 - 200.85 = 20.76 \text{（百万美元）}$$

显然，对于B公司而言，该利率互换的价值为-20.76百万美元。

11.2.2 利率互换定价与远期利率协议

利率互换可以分解为一系列远期利率协议，这可以通过图11-2中B公司与金融机构之间的利率互换来说明。设当前时刻为0时刻，该利率互换还有2.75年到期。从金融机构的角度来看，该互换可以看成6份到期期限分别为0年、0.25年、0.75年、1.25年、1.75年、2.25年和2.75年的远期利率协议，如图11-4所示。当前时刻利率互换的价值即为这些远期利率协议的价值之和。

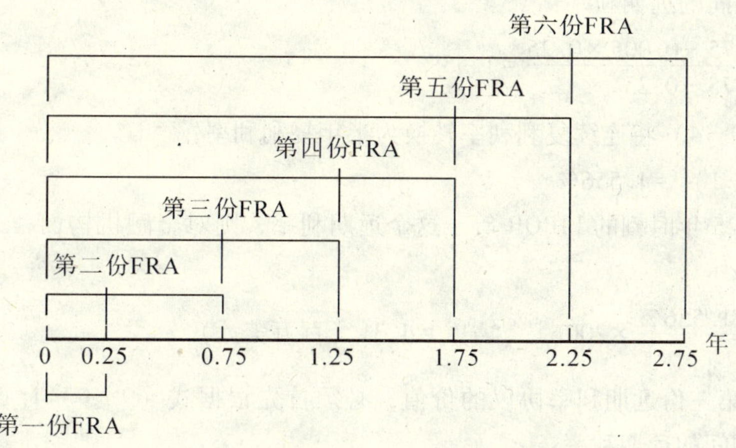

图11-4 利率互换分解为远期利率协议

第一份远期利率协议在当前时刻到期，其价值为0.25年时刻的现金流的现值，从金融机构的角度来看即为：

$$\frac{LIBOR_0-5.905\%}{2}\times 200e^{-y_1\times 0.25}$$

其中$LIBOR_0$是在上一支付日已经确定的6个月期LIBOR，y_1是当前时刻的0.25年期即期利率。

第二份远期利率协议在0.25年时刻到期，其价值为0.75年时刻的现金流的现值，从金融机构的角度来看即为：

$$\frac{LIBOR_1-5.905\%}{2}\times 200e^{-y_2\times 0.75}$$

其中$LIBOR_1$是在0.25年时刻确定的6个月期LIBOR，y_2是当前时刻的0.75年期即期利率。依此类推其余4份远期利率协议的价值。

为了计算上述6份远期利率协议的价值，需通过以下步骤：

（1）根据各期限的即期利率计算相应的远期利率；

（2）假设 LIBOR 将等于远期利率，计算相应时刻的现金流，并按相应期限的即期利率贴现至当前时刻；

（3）对这些现值求和，得到利率互换的价值。

例 11.3　利用远期利率协议的定价方法对例 11.2 中的利率互换定价。

对金融机构而言，第一份远期利率协议的价值为：

$$\frac{5.905\% - 1.1\%}{2} \times 200e^{-0.005 \times 0.25} = 4.799\text{（百万美元）}$$

为了计算第二份远期利率协议的价值，必须首先根据式（9-9）计算出对应于 0.25 年至 0.75 年期间的远期利率：

$$\frac{0.012 \times 0.75 - 0.005 \times 0.25}{0.75 - 0.25} = 1.55\%$$

根据式（9-4）将连续复利利率转换为半年复利利率：

$$2\left(e^{\frac{0.0155}{2}} - 1\right) = 1.556\%$$

假设在 0.25 年时刻的 LIBOR 等于这个远期利率，则对金融机构而言第二份远期利率协议的价值为：

$$\frac{5.905\% - 1.556\%}{2} \times 200e^{-0.012 \times 0.75} = 4.31\text{（百万美元）}$$

为了计算第三份远期利率协议的价值，必须首先根据式（9-9）计算出对应于 0.75 年至 1.25 年期间的远期利率：

$$\frac{0.017 \times 1.25 - 0.012 \times 0.75}{1.25 - 0.75} = 2.45\%$$

根据式（9-4）将连续复利利率转换为半年复利利率：

$$2\left(e^{\frac{0.0245}{2}} - 1\right) = 2.465\%$$

假设在 0.75 年时刻的 LIBOR 等于这个远期利率，则对金融机构而言第三份远期利率协议的价值为：

$$\frac{5.905\% - 2.465\%}{2} \times 200e^{-0.017 \times 1.25} = 3.368\text{（百万美元）}$$

为了计算第四份远期利率协议的价值，必须首先根据式（9-9）计算出对应于 1.25 年至 1.75 年期间的远期利率：

$$\frac{0.02 \times 1.75 - 0.017 \times 1.25}{1.75 - 1.25} = 2.75\%$$

根据式（9-4）将连续复利利率转换为半年复利利率：

$$2\left(e^{\frac{0.0275}{2}} - 1\right) = 2.769\%$$

假设在 1.25 年时刻的 LIBOR 等于这个远期利率，则对金融机构而言第四份远期利率协议的价值为：

$$\frac{5.905\% - 2.769\%}{2} \times 200e^{-0.02 \times 1.75} = 3.028 \text{（百万美元）}$$

为了计算第五份远期利率协议的价值，必须首先根据式（9－9）计算出对应于1.75年至2.25年期间的远期利率：

$$\frac{0.022 \times 2.25 - 0.02 \times 1.75}{2.25 - 1.75} = 2.9\%$$

根据式（9－4）将连续复利利率转换为半年复利利率：

$$2\left(e^{\frac{0.029}{2}} - 1\right) = 2.921\%$$

假设在1.75年时刻的LIBOR等于这个远期利率，则对金融机构而言第五份远期利率协议的价值为：

$$\frac{5.905\% - 2.921\%}{2} \times 200e^{-0.022 \times 2.25} = 2.84 \text{（百万美元）}$$

为了计算第六份远期利率协议的价值，必须首先根据式（9－9）计算出对应于2.25年至2.75年期间的远期利率：

$$\frac{0.024 \times 2.75 - 0.022 \times 2.25}{2.75 - 2.25} = 3.3\%$$

根据式（9－4）将连续复利利率转换为半年复利利率：

$$2\left(e^{\frac{0.033}{2}} - 1\right) = 3.327\%$$

假设在2.25年时刻的LIBOR等于这个远期利率，则对金融机构而言第六份远期利率协议的价值为：

$$\frac{5.905\% - 3.327\%}{2} \times 200e^{-0.024 \times 2.75} = 2.413 \text{（百万美元）}$$

利率互换的价值为以上6份远期利率协议价值之和：

$$4.799 + 4.31 + 3.368 + 3.028 + 2.84 + 2.413 = 20.76 \text{（百万美元）}$$

这一结果与例11.2中利用债券定价方法计算的结果一致。

思考问题3：假设LIBOR等于远期利率的实际意义是什么？

11.3 利率互换的应用

11.3.1 利用利率互换套期保值

借助利率互换，可以将浮动利率支付（收取）转换为固定利率支付（收取），或者相反，从而实现套期保值。

假设浮动利率工具的发行人和固定利率工具的持有人担心未来N个月内利率会上升；浮动利率工具的利率重设期为6个月，当前时刻距离下一个利率重设日还有M_f个月（$M_f<N$）；固定利率工具的付息周期为6个月，当前时刻距离下一个付息日还有M_g个月（$M_g<N$）。

当利用利率互换来实现套期保值时，为了对冲利率上升带来的成本增加，浮动利率工具的发行人需要与交易对手（如互换交易商）签署一份期限为N个月、从M_f个月开始每6个月进行一次现金流交换的利率互换协议，并在协议中充当固定利率支付方（支付固定利率而收取浮动利率），这样，如果在N个月内利率上升，则浮动利率工具发行人的债务利息增加将由交易对手支付的浮动利息的增加抵消，从而实现套期保值。

为了对冲利率上升带来的收益减少或价值损失，固定利率工具的持有人需要与交易对手签署一份期限为N个月、从M_g个月开始每6个月进行一次现金流交换的利率互换协议，并且也在协议中充当固定利率支付方，这样，如果在N个月内利率上升，则交易对手支付的浮动利息的增加将补偿固定利率工具的价值损失，从而使持有人实现套期保值。

例11.4　某公司有一笔本金为＄200 000 000的借款，还有2年到期，利率为6个月期LIBOR+30个基点。由于担心未来两年内进入加息周期，公司决定与某金融机构签署期限为2年的利率互换协议。如图11-5所示。

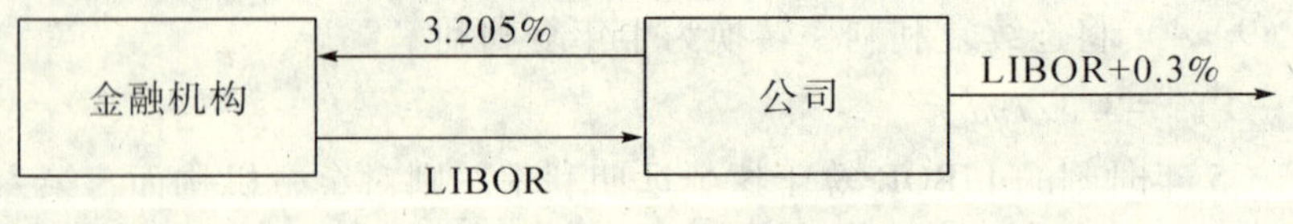

图11-5　例11.4的利率互换

签署互换协议后，公司在借款和互换协议上具有如下现金流：

（1）支付给外部贷款人的利率LIBOR+0.3%；

（2）按互换的条款得到LIBOR；

（3）按互换的条款支付3.205%。

三项现金流的净效果是该公司支付了3.505%的固定利率。这样，即使未来2年进入加息周期，公司的债务成本也锁定在3.505%。

例11.5　某公司持有价值＄200 000 000的3年期固定利率债券，息票利率为5.1%，每半年支付一次利息。由于担心未来三年内进入加息周期，公司决定与某金融机构签署期限为3年的利率互换协议。如图11-6所示。

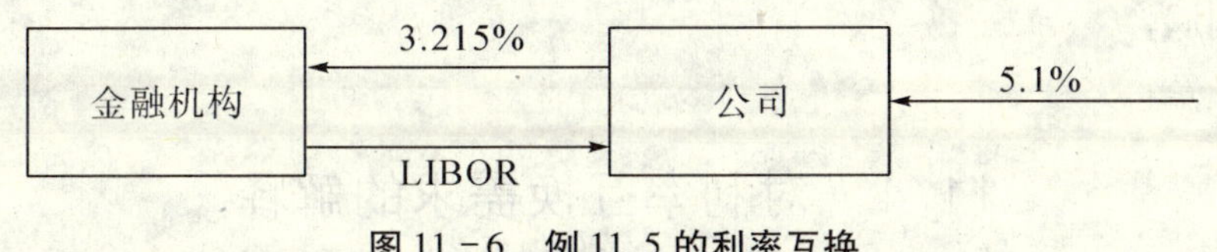

图 11-6 例 11.5 的利率互换

签署互换协议后，公司在借款和互换协议上具有如下现金流：

（1）收取债券利率 5.1%；

（2）按互换的条款收取 LIBOR；

（3）按互换的条款支付利率 3.215%。

三项现金流的净效果是该公司获得了 LIBOR + 1.885% 的浮动利率。这样，当未来 3 年内利率上升时，公司不会遭受损失。

11.3.2 利用利率互换套利

如前面所述，一份利率互换协议可以看成一张固定利率债券多头与一张浮动利率债券空头（或者相反）的组合，因此可以根据式（11-2）来对利率互换进行定价。如果在某个时刻这个公式不成立，就可以利用利率互换和相应的债券进行套利。

假设当前市场上 n 年期利率互换的报价为固定利率 r_n，浮动利率以 6 个月期 LIBOR 为参考利率，这意味着在当前签署的一份 n 年期利率互换协议可以看成互换双方将息票利率为 r_n 的 n 年期固定利率债券与息票利率为 6 个月期 LIBOR 的 n 年期浮动利率债券相交换。由于利率互换协议在签署时其价值为零，所以 $P_{fix} = P_{fl} = Q$（Q 为名义本金），此时如果市场上有息票利率为 r_n 的 n 年期固定利率债券，市场价格为 P_{fix}，也有息票利率为 6 个月期 LIBOR 的 n 年期浮动利率债券，市场价格为 P_{fl}，并且 $P_{fix} \neq P_{fl}$，则存在套利机会。如果 $P_{fix} > P_{fl}$，则套利者卖空面值为 Q 的固定利率债券，买入相同面值的浮动利率债券，并将剩余资金 $\frac{(P_{fix} - P_{fl})\ Q}{100}$ 以当前利率 r 贷出（这里 P_{fix} 和 P_{fl} 表示的是每 100 元面值的债券价格，因此面值为 Q 的债券价值分别为 $\frac{P_{fix}Q}{100}$ 和 $\frac{P_{fl}Q}{100}$），同时签署一份名义本金为 Q 的 n 年期利率互换协议并且在协议中充当浮动利率支付方（支付浮动利率而接受固定利率），这样，套利者在 n 年内每一个支付日将互换中收取的固定利率利息用于支付卖空的固定利率债券利息（都是 r_n），将浮动利率债券上收取的利息用于支付互换中的浮动利率利息（都是 6 个月期 LIBOR），在 n 年到期时用浮动利率债券收回的本金支付卖空的固定利率债券本金（都是 Q），从而获得 $\frac{(P_{fix} - P_{fl})\ Q}{100\ (1 + r)^n}$ 的利润，而这个利润在套利期初就已经被锁定了；反之，如果 $P_{fix} < P_{fl}$，则套利者采取与上述操作方向相反的操作，同样可以在套利期初就锁

定一个正的利润。

11.4 对利率互换需求的解释

表面看来，利率互换不外乎是参与者出于规避利率风险的动因而产生的，但这种观点不能完全解释为什么利率互换一经产生就获得了如此迅猛的发展，因为，第一，单就规避利率风险的作用而言，利率互换并不比利率期货、利率期权等衍生工具更具优势，尤其是对短期内利率风险的规避；第二，如果是为了规避利率风险，那么利率互换针对的应该是交易双方已有的债务，而实际上大量的交易者是将利率互换作为新发行债务的一个组成部分，即用短期债务加利率互换来代替长期债务。这样的迷惑吸引学者们对利率互换产生与发展的动因做了大量深入的研究。

11.4.1 信用利差差额套利理论

Bicksler 和 Chen（1986）以及一些市场参与者提出了关于利率互换需求动因的信用利差差额套利理论。该理论认为，不同公司在短期借贷市场和长期借贷市场上的比较优势会导致长短期借贷之间的信用利差差额（Quality Spread Differential，QSD），而通过利率互换可以对这一差额进行套利，表现出来的就是互换双方都获得比各自独立借贷更低的融资成本。

例 11.5　A 公司和 B 公司都希望获得期限为 5 年的＄200 000 000 贷款，并且面临如表 11－6 所示的利率报价。

表 11－6　　两家公司面临的贷款利率报价

	固定利率	浮动利率
A 公司	3.9%	6 个月期 LIBOR＋0.2%
B 公司	4.7%	6 个月期 LIBOR＋0.5%

注意到 B 公司无论在固定利率市场还是浮动利率市场支付的利率都比 A 公司高，但在固定利率市场上高得更多：$\Delta_{fix}=0.8\%$，$\Delta_{fl}=0.3\%$。我们可以说，B 公司相对而言在浮动利率市场上有比较优势，而 A 公司在固定利率市场上有比较优势。由于这种差异的存在，两公司分别在各自具有比较优势的市场上借款，然后进行利率互换，即可以获得借款成本的降低。如图 11－7 所示。

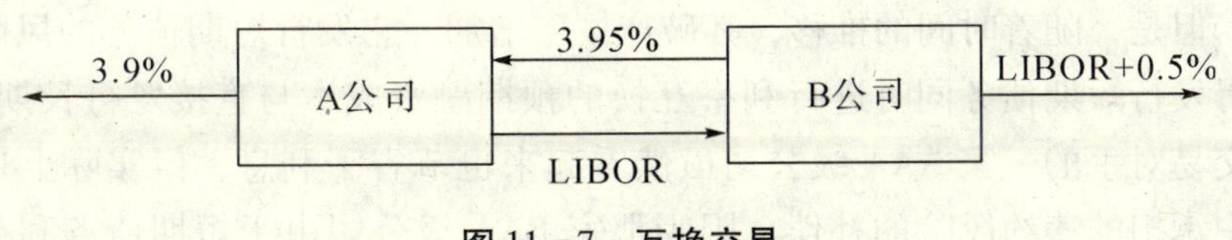

图 11－7 互换交易

签署互换协议后，A 公司在借款和互换协议上具有如下现金流：

(1) 支付给外部贷款人的利率 3.9%；

(2) 按互换的条款得到 3.95%；

(3) 按互换的条款支付 LIBOR。

三项现金流的净效果是 A 公司支付了 LIBOR－0.05% 的浮动利率，比直接在浮动利率市场借款少了 25 个基点的利率支出。

对 B 公司而言，在借款和互换协议上具有如下现金流：

(1) 支付给外部贷款人的利率 LIBOR＋0.5%；

(2) 按互换的条款得到 LIBOR；

(3) 按互换的条款支付 3.95%。

三项现金流的净效果是 B 公司支付了 4.45% 的固定利率，比直接在固定利率市场借款少了 25 个基点的利率支出。

由此可见，通过上述利率互换，A 公司和 B 公司各自获得了每年少支付 25 个基点的好处，总收益为 50 个基点。实际上，利率互换的总潜在收益总是等于 $|\Delta_{fix} - \Delta_{fl}|$。

如果 A 公司和 B 公司并不是直接交易，而是通过金融机构进行交易，则金融机构赚取的价差将是上述潜在收益的扣除。

思考问题 4：如果有金融机构作为中介，并且该金融机构要获得年率 0.05% 的手续费，那么应怎样安排互换？

尽管信用利差差额理论获得了类似例 11.5 的经验观察的支持，但仍然存在问题。Turnbull (1987) 对这一理论提出了质疑，因为他研究发现，在不存在市场不完全及互换外部性的情况下，利率互换是一种零和游戏，也就是说，利率互换参与人获得的表面上的收益实际上只是对其承担的某种风险的补偿。对该理论提出质疑的还有 Wall 和 Pringle (1989)、Litzenberger (1992) 和 Hull (2000) 等。

利率互换带给参与人的收益究竟是实质性的还是表面上的，取决于信用利差差额是不是可套利的，为此需要弄清楚信用利差差额为什么存在。Jonkhart (1979) 证明，如果债务人的破产概率和破产回收比率（破产时实际支付占承诺支付的比率）随时间而变化，则债务的风险溢价将随期限而变化，由此会导致信用利差差额的产生。但 Wall 和 Pringle (1989) 认为这样产生的信用利差差额是不可套利的。例如，一家 BAA 级公司利用短期债务和利率互换作为长期债务的替代，如前所述，一开始它将得到比直接发行长期债务更低的融资成本。但是，随着时间的推移，其破产概率增加，它发行短期债务的风险溢价将上升，从而使得发行短期债务同时进行利率互换的预期融资成本与直接发行长期债务相等。而且，作为交易对手的一家 AAA 级公司虽然看起来也节省了利息，但实际上这只不过是对其在交易中承担的违约风险的补偿，因为那家 BAA 级公司由于短期债务利差上升而可能出现不愿意履行互换协议的情况。

Loeys（1985）认为，信用利差差额源于短期债权人拥有的在债务人风险比当初预想的更大时更新债务的期权。Wall 和 Pringle（1989）认为这样产生的信用利差差额也是不可套利的。因为上述期权使短期债权人承担的风险较长期债权人小，而债权人承担的风险小就会让公司股东承担的风险大，因此，在其他因素相同的情况下，发行短期债务的公司的股权收益率较发行长期债务的公司高。这样，当一家低信用等级公司发行短期债务并进行利率互换时，其获得的较低固定利率会被较高的股权收益率抵消。同时，作为交易对手的一家高信用等级公司获得的好处（更低的浮动利率）也只是对它在利率互换协议中承担的信用风险的补偿，交易双方获得的好处都是表面上的。

另外还有一种解释认为，信用利差差额的产生是由于长期借贷合同中包含有一些短期借贷合同中没有的限制条款和期权。例如，Smith、Smithson 和 Wakeman（1988）认为信用利差差额部分源于长期债务人为一项期权支付了费用，这项期权就是提前赎回。但 Wall 和 Pringle（1989）认为由此产生的信用利差差额显然也是不可套利的，因为一家低信用等级公司通过利率互换获得的利率降低的好处实际上是对其放弃提前赎回期权的补偿。

Yu、Pang 和 Li（2004）的研究为信用利差差额套利理论提供了支持。他们认为，信用利差差额来源于不同信用等级公司在杠杆率和资产回报波动率上的差异，而这种差异主要来自于不同公司所从事的业务或行业的自然性差异，这种自然性差异如同国际贸易中不同国家的资源禀赋差异一样，不是因为市场不完全而存在的，因而不会被套利消除。这就意味着，出于信用利差差额套利的动因是能够支持利率互换的持续发展的。

由上述分析可知，除非确认信用利差差额来源于不同公司所从事的业务或行业的自然性差异，否则信用利差差额套利理论只能解释由那些为表面上的好处所吸引的主体所参与的那一小部分利率互换。或者说，能够解释利率互换在短期内的存在，而显然不能解释利率互换何以持续快速发展的动因。

11.4.2 代理成本理论

Wall（1989）提出了关于利率互换的代理成本理论，该理论也是从信用利差差额的解释出发的。发行长期债务的公司具有投资不足和将投资从低风险项目转向高风险项目的冲动，前者是因为固定利率使得充分投资带来的公司信用改善的好处一部分由债权人获得，后者则是因为固定利率使得高风险投资带来的公司信用下降的风险一部分由债权人承担。债权人会通过增加一个与预期的投资不足和投资转向风险相应的风险溢价来保护自己，并且公司的风险越大，这种保护的需要也就越大，这样，源于投资不足和投资转向的代理成本导致了信用利差差额的产生。短期债务由于允许债权人根据公司投资政策和其他运作的变化而调整风险溢价，因此可以减小公司上述两方面的冲动，公司也就避免了与此相关的代理成本。值得注意的是，虽然代理成本理论也是从信用利差差额的角度来解释利率互换的需求动因，但与上述三种来源的信用利差差额相比，源于代理成本的信用利差差额是可以套利的。考虑一家低信用等级公司，发行短期债务后通过互换支付固定利率而接受浮动利率。此时不会有投资不足的反向冲动，因为投资收益属于股东；也不会有转向高风险投资的冲动，因为任何这样的转移都会在尚未到期的短期债务上被罚以更高的风险溢价。可见，短期借贷与利率互换的结合使公司得以在不必全额支付长期借贷信用利差的情况下规避利率变化，此时利率互换带来的降低融资成本的好处是实质性的而不是表面上的，它不会被诸如股权收益率上升等因素抵消。当然，把这一过程称为套利并不是很恰当，因为代理成本并非源于市场无效或者分割。关于利率互换的代理成本理论还可以解释互换市场持续增长的原因，因为一家公司使用短期借贷和利率互换没有减少其他公司的潜在收益。

11.4.3 信息不对称理论

上述代理成本理论实际上也可以从信息不对称的角度来解释，因为代理成本本身就是由信息不对称造成的。Arak、Estrella、Goodman 和 Silver（1988）讨论了公司选择短期借贷与短期利率互换结合、短期借贷与长期固定利率互换结合、短期借贷与长期浮动利率互换结合的充分条件。他们认为，利率互换的需求动因除了代理成本的降低外，还源于公司管理层利用短期借贷与利率互换的结合来进行信息不对称的套利。例如，一家公司的管理层根据内部信息知道当前市场对公司债务给予了过高的风险溢价，一旦该信息公布，则公司债务的利率会下降。如果此时公司发行的是短期债务，那么当信息披露时可以获得风险溢价下降的好处，但短期债务也会让公司承担利率上升的风险。通过短期债务与利率互换的结合则可以使公司利用内部信息降低融资成本，并且又不至于暴露利率风险。Titman（1992）通过一个期限结构模型进一步论证了信息不对称促使公司借入短期债务并进行利率互换的作用。

11.4.4 债务重新定价期调整理论

利率互换中无论是支付固定利率的一方还是支付浮动利率的一方，都借助这一工具实现了对各自债务的重新定价期的调整。利率互换的这一作用对于那些已有债务与资产的期限搭配不合理的公司极具吸引力。当然，与前述几种需求动因不同，基于债务重新定价期调整的利率互换并不是为了降低成本，而是出于利率风险管理的考虑。特别是金融中介机构会发现利率互换在调整债务重新定价期上的作用。例如，Smith、Smithson 和 Wakeman（1988）提出，储贷协会在吸收短期存款和发放长期贷款方面具有比较优势，但资金来源与资金运用之间的这种期限错配使储贷协会承担了利率上升的风险，而利率互换可以使其在降低利率风险的同时保持这种比较优势。对于非金融机构而言，利率互换也同样提供了一种迅速改变其债务的实际重新定价期的低成本方法。值得注意的是，利率互换在发挥这项功能时给交易双方都带来了好处，并且这种好处是实质性的而非表面上的。

11.5 小结

利率互换是指交易双方签署的在一定期限内定期进行根据某个名义本金计算的利息现金流交换的协议。本章讨论了使用最广泛的大众型利率互换的机制、定价及应用。

大众型利率互换的基本条款包括一个固定利率、浮动利率的参考利率、合约期限、利率重设日、支付日和名义本金，其中利率重设日和支付日通常与浮动利率参考利率的期限一致。在现实当中，两个有互换需求的公司通常并不是直接接触并签订协议，而是与银行等金融机构联系，由后者为其安排利率互换。作为中介，银行等金融机构每日对利率互换进行报价，买价与卖价之差就是金融机构赚取的价差。

一份利率互换协议可以看成一张债券多头与另一张债券空头的组合，也可以看成一系列远期利率协议的组合，因此，可以按照债券或远期利率协议的定价方法来对利率互换进行定价。

借助利率互换，可以将浮动利率支付（收取）转换为固定利率支付（收取），或者相反，从而实现套期保值。如果在某个时刻按照债券对利率互换进行定价的公式不成立，就可以利用利率互换和相应的债券进行套利。

对于利率互换产生与发展的动因，学者们做了大量深入的研究，主要有 Bicksler 和 Chen（1986）的信用利差差额套利理论，Wall（1989）的代理成本理论，Arak、Estrella、Goodman 和 Silver（1988）的信息不对称理论以及 Smith、Smithson 和 Wakeman（1986）的债务重新定价期调整理论等。

习题

1. 今天是 5 月 18 日。某公司与金融机构签署了一份 5 年期的利率互换协议，名义本金为 5 000 万元。在协议中，公司向金融机构支付年率 3.5% 的固定利率，而金融机构向公司支付 3 个月期 SHIBOR 的浮动利率，每半年进行一次支付。如果 11 月 18 日的 3 个月期 SHIBOR 为年率 1.8%，那么明年的 5 月 18 日双方交换的现金流应该是多少？

2. 一家金融机构与 A 公司和 B 公司分别签署了利率互换协议，金融机构在两份协议中的支付刚好完全抵消。金融机构还面临风险吗？它能够获得什么收益？

3. 某公司与金融机构签署的一份名义本金为 $ 100 000 000 的利率互换协议还有14个月到期，在协议中公司支付年率4.4%的固定利率（按半年复利），而金融机构支付6个月期LIBOR。当前的利率为2.8%（连续复利），两个月前的6个月期LIBOR为2.5%。对于公司和金融机构而言，该互换的价值分别是多少？

4. 某公司发行了价值 $ 30 000 000 的5年期浮动利率债券，息票利率为6个月期LIBOR +0.8%。由于担心未来进入加息周期，公司准备利用利率互换进行套期保值。某金融机构报出的5年期利率互换的买价是2.64%。公司应当与金融机构签署怎样的利率互换协议？签署利率互换协议后公司支付的利率是多少？

5. A公司和B公司可以按表11-7中的利率借到1 000万元3年期贷款。

表11-7　　两公司借款情况

	固定利率	浮动利率
A公司	5.8%	SHIBOR +0.2%
B公司	7%	SHIBOR +0.6%

A公司希望支付浮动利率，而B公司希望支付固定利率。请设计一个利率互换，有一家金融机构作为中介，净收益为年率0.1%，并且使得该互换对A公司和B公司获得相同的好处。

6. 某金融机构向其客户出售了一份名义本金为1亿元的5年期利率互换协议，在协议中收取3.8%的年利率，同时支付6个月期SHIBOR，每半年支付一次。如果该客户在第三年末违约了，当时所有期限的利率都是2.7%（连续复利），且第三年年中的6个月期SHIBOR为年率3%，金融机构的损失是多少？

7. 一家以浮动利率存款为主要资金来源的银行，却发放了大量的固定利率贷款。它应如何利用利率互换来化解这种资产与负债不匹配所带来的风险？

12 利率期权

利率期权是一项关于利率变化的权利：在到期日按预先约定的利率借入或贷出一定期限和一定金额的货币。利率期权的买方在支付一定金额的期权费后就可以获得这项权利，而卖方向买方收取期权费后则必须承担相应的责任。利率期权的种类包括场内（交易所）交易利率期权、场外交易（OTC）利率期权和内嵌于某些债务工具的利率期权。本章将对它们的机制、定价和应用分别加以讨论。

12.1 利率期权的机制

12.1.1 场内交易的利率期权

在交易所内交易的最普遍的利率期权是长期国债期货期权、中期国债期货期权和欧洲美元期货期权。表 12－1 是摘自《华尔街日报》网站的部分美国利率期货期权的行情。这些期货期权合约的基本条款包括执行价格、到期日、期权合约的标的期货合约及合约规模。如果执行一份期货期权，则持有人将获得一张该期货合约的多头头寸外加一笔数额等于当前期货价格减去执行价格的现金。期权合约的到期日通常比标的期货合约的最早交割日要早几天或者是同时，这样，持有人可以在执行期权后平仓期货合约而不必参与交割。

长期国债期货期权是以长期国债期货合约为标的的期权，期权合约的规模就是标的期货合约的规模。例如，芝加哥交易所（CBOT）的长期国债期货期权以该交易所的长期国债期货合约为标的，而一份长期国债期货合约的规模是 10 万美元面值的长期国债。类似于长期国债现货和期货的报价，长期国债期货期权是以标的长期国债的百分比的形式进行报价的，精确到一个百分点的$\frac{1}{64}$。在表 12－1 中，执行价格为 10 900 的 6 月份到期的长期国债期货看涨期权的报价为 7－25，即 $7\frac{25}{64}\% \times 100\ 000 = \$\ 7\ 390.625$。中期国债期货期权与长期国债期货期权类似。

表 12 - 1　　美国利率期货期权行情

INTEREST RATE Futures Options						
Tuesday, January 12, 2010						
All prices are settlement prices. Open interest is from the previous trading day. Source: AP						
US TREASURY BONDS (CBOT)						
$ 100 000, pts & 64ths of 100 pct						
Strike Price	calls			puts		
	Feb	Mar	Jun	Feb	Mar	Jun
9 700	12 - 18	19 - 52	18 - 26	0 - 01	0 - 01	0 - 05
9 800	18 - 52	18 - 52	17 - 27	0 - 01	0 - 01	0 - 07
9 900	17 - 52	17 - 52	16 - 29	0 - 01	0 - 01	0 - 09
10 000	16 - 52	16 - 52	15 - 32	0 - 01	0 - 01	0 - 12
10 100	15 - 52	15 - 52	14 - 35	0 - 01	0 - 01	0 - 15
10 200	14 - 52	14 - 52	13 - 38	0 - 01	0 - 01	0 - 18
10 300	13 - 52	13 - 52	12 - 42	0 - 01	0 - 01	0 - 22
10 400	12 - 52	12 - 53	11 - 47	0 - 01	0 - 01	0 - 27
10 500	11 - 52	11 - 53	10 - 53	0 - 01	0 - 01	0 - 32
10 600	10 - 52	10 - 54	9 - 60	0 - 01	0 - 02	0 - 39
10 700	9 - 52	9 - 55	9 - 04	0 - 01	0 - 03	0 - 47
10 800	8 - 52	8 - 56	8 - 14	0 - 01	0 - 05	0 - 57
10 900	7 - 53	7 - 59	7 - 25	0 - 01	0 - 07	1 - 04
11 000	6 - 53	6 - 62	6 - 39	0 - 02	0 - 11	1 - 18
11 100	5 - 55	6 - 04	5 - 55	0 - 03	0 - 15	1 - 33
11 200	4 - 56	5 - 11	5 - 09	0 - 04	0 - 23	1 - 52
11 300	3 - 59	4 - 21	4 - 30	0 - 07	0 - 33	2 - 09
Open Interest			Calls	211 169	Puts	171 585
10 YR. TREASURY (CBOT)						
$ 100 000 prin, pts & 64ths of 100 pct						
Strike Price	calls			puts		
	Feb	Mar	Jun	Feb	Mar	Jun
8 900	–	27 - 48	11 - 26	–	0 - 01	0 - 01
8 950	–	27 - 16	25 - 43	–	0 - 01	0 - 01
9 000	–	26 - 48	11 - 25	–	0 - 01	0 - 01
9 050	26 - 17	26 - 16	24 - 43	0 - 01	0 - 01	0 - 01

续表 12-1

Strike Price	calls			puts		
	Feb	Mar	Jun	Feb	Mar	Jun
9 100	25-49	25-48	11-24	0-01	0-01	0-01
9 150	25-17	25-16	23-43	0-01	0-01	0-01
9 200	24-49	24-48	11-23	0-01	0-01	0-01
9 250	24-17	24-16	22-43	0-01	0-01	0-01
9 300	23-49	23-48	11-22	0-01	0-01	0-01
9 350	23-17	23-16	21-43	0-01	0-01	0-01
9 400	22-49	22-48	11-21	0-01	0-01	0-01
9 450	22-17	22-16	20-43	0-01	0-01	0-01
9 500	21-49	21-48	11-20	0-01	0-01	0-01
9 550	21-17	21-16	19-43	0-01	0-01	0-01
9 600	20-49	20-48	11-19	0-01	0-01	0-01
9 650	20-17	20-16	18-43	0-01	0-01	0-01
9 700	19-49	19-48	11-18	0-01	0-01	0-01
	Open Interest		Calls	752 949	Puts	864 787
5 YR. TREASURY (CBOT)						
$ 100 000, pts & 64ths of 100 pct						
Strike Price	calls			puts		
	Feb	Mar	Jun	Feb	Mar	Jun
10 500	-	10-25	9-08	-	-	0-03
10 550	-	9-57	8-40	-	-	0-03
10 600	-	9-25	8-09	-	-	0-04
10 650	8-58	8-57	7-43	-	-	0-05
10 700	8-26	8-26	7-11	-	-	0-06
10 750	7-58	7-58	6-44	-	-	0-07
10 800	7-26	7-26	6-14	-	-	0-09
10 850	6-58	6-58	5-48	-	-	0-11
10 900	6-26	6-26	5-20	-	-	0-14
10 950	5-58	5-58	4-55	-	-	0-17
11 000	5-26	5-26	4-26	-	-	0-20
11 050	4-58	4-58	3-62	-	-	0-24
11 100	4-26	4-26	3-34	-	0-01	0-28

续表 12-1

Strike Price	calls			puts		
	Feb	Mar	Jun	Feb	Mar	Jun
11 150	3-58	3-59	3-07	–	0-01	0-33
11 200	3-26	3-28	2-46	–	0-02	0-39
11 250	2-58	2-61	2-21	–	0-04	0-46
11 300	2-26 日	2-31	1-61	–	0-06	0-54
Open Interest			Calls	86,577	Puts	193,907
EURODOLLARS (CME)						
$ 1 million, pts of 100 pct.						
Strike Price	calls			puts		
	Feb	Mar	Jun	Feb	Mar	Jun
985 000	121	121	106.5	–	–	1.5
986 250	108.5	108.5	94.25	–	–	1.75
987 500	96	96	82.25	–	–	2.25
988 750	83.5	83.5	70.25	–	–	2.75
990 000	71	71	58.5	–	–	3.5
991 250	58.5	58.75	47.25	–	–	4.75
992 500	46	46.5	36.5	–	0.5	6.5
993 750	33.5	34.25	26	–	0.75	8.5
995 000	21	22	16.25	–	1	11.25
996 250	8.5	10.5	7	–	2	14.5
997 500	–	1	0.75	4	5	20.75
998 750	–	–	–	16.5	16.5	32.5
1 000 000	–	–	–	29	29	45
1 001 250	–	–	–	41.5	41.5	57.5
1 002 500	–	–	–	54	54	70
1 003 750	–	–	–	66.5	66.5	82.5
1 005 000	–	–	–	79	79	95
Open Interest			Calls	5 836 598	Puts	4 744 143

续表 12 - 1

EURODOLLAR 1YR MID (CME)						
$ 1 000 000 units - pts. of 100%						
Strike Price	calls			puts		
	Feb	Mar	Jun	Feb	Mar	Jun
915 000	–	–	5. 867 5	–	–	0. 007 5
917 500	–	–	5. 617 5	–	–	0. 01
956 250	–	–	1. 89	–	–	0. 152 5
958 750	–	–	1. 67	–	–	0. 182 5
961 250	–	–	1. 457 5	–	–	0. 22
963 750	–	–	1. 257 5	–	–	0. 27
966 250	–	–	1. 067 5	–	–	0. 33
968 750	–	–	0. 882 5	–	–	0. 392 5
971 250	–	–	0. 71	–	–	0. 47
973 750	–	–	0. 555	–	–	0. 565
976 250	–	–	0. 412 5	–	–	0. 672 5
978 750	–	–	0. 295	–	–	0. 805
981 250	–	–	0. 195	–	–	0. 952 5
983 750	–	–	0. 112 5	–	–	1. 12
986 250	–	–	0. 06	–	–	1. 317 5
988 750	–	–	0. 027 5	–	–	1. 535
993 750	–	–	–	–	1. 665	–
	Open Interest		Calls	310 821	Puts	402 497
EURODOLLAR 2YR MID (CME)						
$ 1 000 000 units - pts. of 100%						
Strike Price	calls			puts		
	Feb	Mar	Jun	Feb	Mar	Jun
973 750	0. 085	–	–	0. 4	–	–
977 500	0. 01	–	–	–	–	–
	Open Interest		Calls	129 662	Puts	4 700

［资料来源］ http：//online. wsj. com，January 13，2010.

欧洲美元期货期权是以欧洲美元期货合约为标的的期权，标的期货合约的规模也就是期权合约的规模。例如，芝加哥商业交易所（CME）的欧洲美元期货期权以该交易所的欧洲美元期货合约为标的，而一份欧洲美元期货合约的规模是 100 万美元面值的 3 个月期美元存款。第 10 章已经提到，当欧洲美元的报价变化一个基点即 0.01% 时，该期货合约的损益是＄25。类似地，芝加哥商业交易所（CME）欧洲美元期货期权报价的一个基点代表＄25。在表 12－1 中，执行价格为 992 500 的 3 月份到期的欧洲美元期货看涨期权的报价为 46.5，转换为现金价格即为 46.5×25＝＄1 162.5。

当债券价格上涨（或利率下降）时，上述期货合约的看涨期权多头和看跌期权空头将获利，而看涨期权空头和看跌期权多头将亏损；反之，当债券价格下跌（或利率上升）时，上述期货合约的看涨期权空头和看跌期权多头将获利，而看涨期权多头和看跌期权空头将亏损。图 12－1 说明了这四种期权头寸在合约到期时的损益状态。

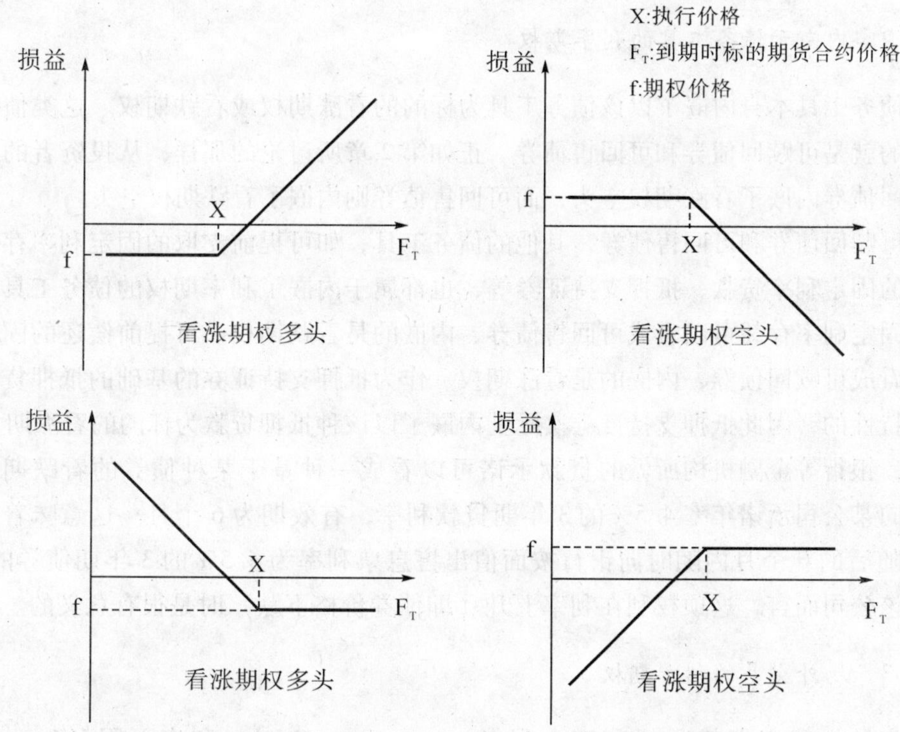

图 12－1　期货期权四种基本头寸的损益状态

例 12.1　某投资者持有一份执行价格为 10 900 的 6 月份到期的长期国债期货看涨期权。6 月份交割的长期国债期货报价为 115′05。如果该投资者执行期权，则将获得一张 6 月份到期的长期国债期货多头头寸，加上数额为 $(115\frac{5}{32}-109)\times 1\,000=\$\,6\,156.25$ 的现金。该投资者可以立即平仓期货多头头寸，从而最终获得＄6 156.25 的现金。假设该投资者当初购买期权的价格为 3－19，则成本为 $3\frac{19}{64}\%\times 100\,000=\$\,3\,296.875$，因此该投资者的净利润为＄2 859.375。

例 12.2　某投资者持有一份执行价格为 992 500 的 3 月份到期的欧洲美元期货期权。3 月份交割的欧洲美元期货当前的报价是 99.705。如果该投资者执行期权，则将获得一张 3 月份到期的欧洲美元期货多头头寸，加上数额为（99.705 - 99.25）×25 = $ 1 137.5 的现金。该投资者可以立即平仓期货多头头寸，从而最终获得 $ 1 137.5 的现金。假设该投资者当初购买期权的价格为 12，则成本为 12 × 25 = $ 300，因此该投资者的净利润为 $ 837.5。

思考问题 1：在表 12 - 1 中，随着执行价格的上升，看涨期权和看跌期权的价格分别有怎样的变化？为什么会有这样的变化？

12.1.2　内嵌于债务工具的利率期权

一些债务工具本身内嵌了以该债务工具为标的的看涨期权或看跌期权。这类债务工具中最典型的就是可赎回债券和可回售债券。正如第 2 章所讨论的那样，从投资者的角度来看，可赎回债券内嵌了看涨期权空头，而可回售债券则内嵌了看跌期权空头。

除了可赎回债券和可回售债券，其他的债务工具，如可提前支取的固定利率存款、可提前偿还的固定利率贷款、抵押支持证券等，也都属于内嵌了利率期权的债务工具。可提前支取的固定利率存款可以看成可回售债券，内嵌的是看跌期权。可提前偿还的固定利率贷款可以看成可赎回债券，内嵌的是看涨期权。作为抵押支持证券的基础的抵押贷款是具有可赎回特性的，因此抵押支持证券实际上内嵌了以该种抵押贷款为标的的看涨期权。

此外，银行等金融机构所做的贷款承诺可以看成一种基于某种债券的看跌期权。例如，银行向某公司承诺年率 4.5% 的 3 年期贷款利率，有效期为 6 个月。这意味着该公司获得了在随后的 6 个月内随时向银行按面值出售息票利率为 4.5% 的 3 年期债券的权利。显然，对该公司而言，这项权利在利率上升（即债券价格下跌）时是很有意义的。

12.1.3　场外交易的利率期权

场外交易的利率期权包括利率上限（Interest Rate Cap）、利率下限（Interest Rate Floor）、利率双限（Interest Rate Collar）和利率互换期权（Options On Interest Rate Swap 或 Interest Rate Swaptions）。

12.1.3.1　利率上限

正如第 2 章所讨论的，利率上限最初是作为一种保证浮动利率债务工具的息票利率不超过某个确定的利率水平的条款出现的。后来一些金融机构开始将这种利率保证条款从浮动利率债务工具中分拆出来向客户出售，由此产生了独立作为利率期权的利率上限。对于浮动利率债务工具附带的利率上限，债务人所支付的期权成本包含在息票利率内。对于单独出售的利率上限，购买者则需要就利率上限本身支付一笔费用。

利率上限的基本条款包括一个作为期权执行价格的上限利率、参考利率、合约期限、利率重设日、支付日和名义本金，其中利率重设日和支付日通常与参考利率的期限一致。例如，某公司向某金融机构购买了一份期限为 n 年、名义本金为 Q、约定上限利率为 R_X、每年支付 m 次的利率上限。在合约期限内的任意一个支付日 t_i（$t_i=\frac{i}{m}$，$i=1, 2, \cdots, mn$），如果约定作为参考利率的某种市场利率 $R_i>R_X$，则金融机构须在下一个支付日 t_{i+1} 向公司支付现金流 $\frac{Q}{m}(R_i-R_X)$，若 $R_i<R_X$，则在下一个支付日不发生支付。也就是说，在任意支付日 t_{i+1}，金融机构须向公司支付的现金流为：

$$\frac{Q}{m}\max(R_i-R_X, 0) \tag{12-1}$$

表达式 $\max(R_i-R_X, 0)$ 是基于利率 R_i 的看涨期权所得的收益，因此可以把利率上限看成一个基于 R_i 的看涨期权的组合，其中在支付日 t_i 到期的期权的收益将在下一个支付日 t_{i+1} 获得。包含在利率上限中的单独期权称为利率期权元（Caplets）。

12.1.3.2 利率下限和利率双限

利率下限对将要支付的利率设置了一个下限，它的机制与利率上限相似，但它的出售方通常是浮动利率资金的借款人而不是贷款人。类似于利率上限，利率下限可以看成一个基于利率的看跌期权的组合。

利率双限对将要支付的利率既规定了上限又规定了下限。对浮动利率资金的借款人而言，利率双限可以看成由一个利率上限的多头和一个利率下限的空头组合而成。

12.1.3.3 利率互换期权

利率互换期权的持有人（买方）有权利在未来的某个指定日期获得一份确定条款的利率互换协议。如果权利为购买一份利率互换，即在互换中支付固定利率收取浮动利率，则称为利率互换看涨期权；反之，如果权利为出售一份利率互换，即在互换中支付浮动利率收取固定利率，则称为利率互换看跌期权。利率互换期权的基本条款包括期权合约的期限、作为执行利率的一个固定利率和利率互换协议的基本条款（浮动利率的参考利率、期限、支付日和名义本金）。以利率互换看涨期权为例，如果在期权合约到期时，市场上与标的利率互换条款相同的利率互换的固定利率高于执行利率，则持有人执行该期权，从而以比市场更有利的条件购买一份利率互换协议；反之，如果市场上与标的利率互换条款相同的利率互换的固定利率低于执行利率，则持有人放弃执行该期权。

思考问题2：是否可以将利率互换期权看成一种债券期权？为什么？

12.2 利率期权的定价

12.2.1 利用 Black 模型为利率期权定价

1973 年，Black 和 Scholes 推导出了适用于基于无红利支付证券的任何衍生产品价格的微分方程，即著名的 Black－Scholes 微分方程，并且在欧式期权的边界条件下成功求解了该方程，得到了对欧式看涨期权和看跌期权精确定价的 Black－Scholes 定价公式。在此基础上，Black（1976）推导出了期货期权的定价模型。设定当前为 0 时刻，欧式看涨期权和看跌期权的价值分别为：

$$c = e^{-rT}[FN(d_1) - XN(d_2)] \tag{12-2}$$

$$p = e^{-rT}[XN(-d_2) - FN(-d_1)] \tag{12-3}$$

式中各个符号的含义如下：

c——欧式期货看涨期权的价格；

p——欧式期货看跌期权的价格；

T——期权到期日；

F——期货价格，具有对数正态分布；

X——期权执行价格；

r——期限为 T 的无风险利率（连续复利）；

$$d_1 = \frac{\ln\left(\frac{F}{X}\right) + \frac{\sigma^2 T}{2}}{\sigma\sqrt{T}};$$

$$d_2 = \frac{\ln\left(\frac{F}{X}\right) - \frac{\sigma^2 T}{2}}{\sigma\sqrt{T}} = d_1 - \sigma\sqrt{T};$$

σ——期货价格的波动率。

N（x）为标准正态分布的概率分布函数（即这个变量小于 x 的概率）：

$$N(x) = \frac{1}{\sqrt{2\pi}}\int_{-\infty}^{x} e^{-\frac{t^2}{2}}dt$$

设定 F 为某个变量 V（可以是利率、债券价格或者两个利率之间的价差）的远期价格，并假设 V_T 服从对数正态分布，利率为非随机变量，式（12－2）和式（12－3）即可用于利率期权的定价。需注意的是，当用于利率期权定价时，式（12－2）和式（12－3）中的远期价格 F 和执行价格 X 都是指现金价格而不是报价，即都是指包含应计利息的全价。

思考问题3：从公式（12－2）和式（12－3）可以看出，欧式期货期权的价格与执行价格、期货价格及其波动率之间具有怎样的关系？

例12.3　假设现在是1月份。某个长期国债期货看涨期权，6月份到期，执行价格为109（报价）。6月份交割的长期国债期货报价为115′05。已知最便宜交割债券是期限为17年零1个月、息票利率为6.625%、每半年支付一次利息的长期国债，转换系数为1.065 3。5个月期无风险利率为1%，长期国债期货价格的5个月波动率测度为年率10%。

如图12－2所示，最便宜交割债券在2月份和8月份各有一次利息支付。长期国债期货在到期时有4个月的应计利息，因此，其当前的现金价格为：

$$F = 115\frac{5}{32} \times 1.0653 + 3.3125 \times \frac{4}{6} = 124.8843$$

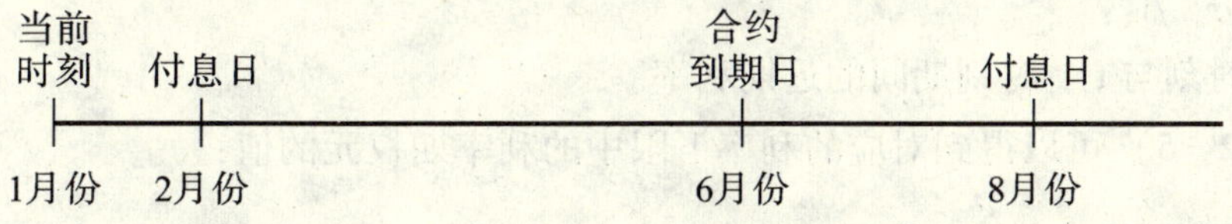

图12－2　例12.3的时间图

由于执行价格109是执行期权时获得长期国债期货多头的报价，因此需要加上应计利息得到相应的现金价格，即：

$$X = 109 \times 1.0653 + 3.3125 \times \frac{4}{6} = 118.326$$

将这两个结果及其他参数 $r = 1\%$、$\sigma = 10\%$、$T = 0.4167$ 代入式（12－2），得到看涨期权的价格为＄7.412 4。

12.2.2　利率上限和利率下限的定价

如果利率期权的盈利在T时刻决定但延迟到 T^* 时刻支付（$T^* \geq T$），则需要从 T^* 时刻而不是T时刻贴现该盈利来得到该期权当前时刻的价格。定义 r^* 为期限为 T^* 的无风险利率（连续复利），于是式（12－2）和式（12－3）变为：

$$c = e^{-r^*T^*}[FN(d_1) - XN(d_2)] \qquad (12-4)$$

$$p = e^{-r^*T^*}[XN(-d_2) - FN(-d_1)] \qquad (12-5)$$

其中，

$$d_1 = \frac{\ln\left(\frac{F}{X}\right) + \frac{\sigma^2 T}{2}}{\sigma\sqrt{T}};$$

$$d_2 = \frac{\ln\left(\frac{F}{X}\right) - \frac{\sigma^2 T}{2}}{\sigma\sqrt{T}} = d_1 - \sigma\sqrt{T}。$$

式（12－1）给出了在 t_i 时刻到期的利率期权元在 t_{i+1} 时刻的收益。如果假设 R_i 具有对数正态分布，其波动率测度为 σ_i，则利用式（12－4）可以为这个利率期权元的估值：

$$\frac{Q}{m}e^{-r^{*}t_{i+1}}\left[F_iN(d_1)-R_XN(d_2)\right] \tag{12-6}$$

其中，

$$d_1=\frac{\ln(\frac{F_i}{R_X})+\frac{\sigma_i^2t_i}{2}}{\sigma_i\sqrt{t_i}};$$

$$d_2=\frac{\ln(\frac{F_i}{R_X})-\frac{\sigma_i^2t_i}{2}}{\sigma_i\sqrt{t_i}}=d_1-\sigma_i\sqrt{t_i};$$

F_i 为 t_i 时刻与 t_{i+1} 时刻期间的远期利率。

由式（12－5）可以得到对应的利率下限中的利率期权元的值：

$$\frac{Q}{m}e^{-r^{*}t_{i+1}}\left[R_XN(-d_2)-F_iN(-d_1)\right] \tag{12-7}$$

上述公式中的 r^{*} 是到期日为 t_{i+1} 的按连续复利计息的无风险年利率，R_X 和 F_i 都是每年计 m 次复利的年利率。

例 12.4　某个金额为＄100 000 的贷款，还有 11 个月到期，带有年率 5%（按季度复利计息）的利率上限，每季度重设一次利率。当前的 2 个月期、5 个月期、8 个月期和 11 个月期即期利率（按季度复利计息）分别为年率 1.5%、2.5%、3.5%和 4%，利率上限所基于的 3 个月期利率的波动率测度为年率 18%。

这笔贷款的利率上限由三个利率期权元组成。第一个利率期权元在 2 个月时点到期，在 5 个月时点支付；第二个利率期权元在 5 个月时点到期，在 8 个月时点支付；第三个利率期权元在 8 个月时点到期，在 11 个月时点支付。

根据当前的即期利率计算出 2 个月时点到 5 个月时点、5 个月时点到 8 个月时点和 8 个月时点到 11 个月时点的远期利率，分别为 3.5%、3.83%和 4.47%。

将 $F_k=0.035$、$m=4$、$Q=100\ 000$、$R_X=0.05$、$r^{*}=0.025$、$\sigma=0.18$、$t_i=2/12=0.166\ 7$、$t_{i+1}=5/12=0.416\ 7$ 代入式（12－6），可得到第一个利率期权元的价格为＄0.000 008 813；

将 $F_k=0.038\ 3$、$m=4$、$Q=100\ 000$、$R_X=0.05$、$r^{*}=0.03$、$\sigma=0.18$、$t_i=5/12=0.416\ 7$、$t_{i+1}=8/12=0.666\ 7$ 代入式（12－6），得到第二个利率期权元的价格为＄0.473 7；

将 $F_k=0.044\ 7$、$m=4$、$Q=100\ 000$、$R_X=0.05$、$r^{*}=0.034$、$\sigma=0.18$、$t_i=8/12=0.666\ 7$、$t_{i+1}=11/12=0.916\ 7$ 代入式（12－6），得到第三个利率期权元的价格为＄21.384 1。

这笔贷款所带的利率上限的价格为以上三个利率期权元价格之和，即＄21.858。

12.2.3　利率互换期权的定价

考虑某个到期日为T的欧式利率互换期权。持有人在到期时有权利获得一份支付固定利率 R_X、收取浮动利率的n年期利率互换，互换的名义本金为Q，每年进行m次支付。

假设在期权到期日的互换利率为R（即支付固定利率R），则在互换有效期的n年内的每一个支付日产生的现金流为：

$$\frac{Q}{m}\max(R-R_X,\ 0)$$

每个现金流是基于R、执行价格为 R_X 的看涨期权的收益，它们共同构成了该利率互换期权的收益。

设 $t_i=T+\frac{i}{m}$（$i=1,\ 2,\ \cdots,\ mn$），根据式（12－4），在 t_i 时刻收到的现金流价值为：

$$\frac{Q}{m}e^{-r_it_i}[FN(d_1)-R_XN(d_2)]$$

其中，

$$d_1=\frac{\ln\left(\frac{F}{R_X}\right)+\frac{\sigma^2T}{2}}{\sigma\sqrt{T}};$$

$$d_2=\frac{\ln\left(\frac{F}{R_X}\right)-\frac{\sigma^2T}{2}}{\sigma\sqrt{T}}=d_1-\sigma\sqrt{T};$$

F是远期互换利率，r_i 是期限为 t_i 的按连续复利计息的零息票收益率。

该利率互换期权的总价值为：

$$\frac{Q}{m}[FN(d_1)-R_XN(d_2)]\sum_{i=1}^{mn}e^{-r_it_i} \tag{12-8}$$

如果在互换期权到期时持有人有权利获得的是一份收取而不是支付固定利率 R_X 的利率互换，则在该互换有效期内的每一个支付日产生的现金流为：

$$\frac{Q}{m}\max(R_X-R,\ 0)$$

它是基于R的看跌期权的收益。类似地，根据式（12－5）得到该利率互换期权的总价值为：

$$\frac{Q}{m}[R_XN(-d_2)-FN(-d_1)]\sum_{i=1}^{mn}e^{-r_it_i} \tag{12-9}$$

例12.5　某个利率互换期权，还有2年到期。到期时持有人有权利获得一份支付固定利率3.5%的3年期利率互换，互换的名义本金为$ 100万，每半年进行一次支付。假设当前的LIBOR收益率曲线在年率3%（按连续复利计息）水平，互换利率的波动率测度为年率15%。

根据式（9－4），连续复利利率3%转换成半年复利利率为3.02%。将数据代入式（12－8）得到：

$$d_1=\frac{\ln\left(\frac{0.030\,2}{0.035}\right)+\frac{0.15^2\times 2}{2}}{0.15\sqrt{2}}=-0.452\,2$$

$$d_2=\frac{\ln\left(\frac{0.030\,2}{0.035}\right)-\frac{0.15^2\times 2}{2}}{0.15\sqrt{2}}=-0.706\,7$$

互换期权价格为：

$$\frac{100}{2}[0.030\,2\times N(-0.452\,2)-0.035\times N(-0.706\,7)]\times(e^{-0.03\times 2.5}+e^{-0.03\times 3.0}+e^{-0.03\times 3.5}+e^{-0.03\times 4.0}+e^{-0.03\times 4.5}+e^{-0.03\times 5.0})=\$\,0.385\text{（万）}$$

12.3 利率期权的应用

12.3.1 利用利率期权套期保值

假设浮动利率工具的发行人和固定利率工具的持有人担心未来N个月内利率会上升；浮动利率工具的利率重设期为6个月，当前时刻距离下一个利率重设日还有M_f个月（$M_f<N$）。对浮动利率工具发行人而言，担心未来N个月内利率上升实际上是担心在M_f个月后的利率重设日利率上升。由于浮动利率工具的参考利率通常为短期利率，所以，当利用利率期权来对冲利率上升带来的成本增加时，浮动利率工具发行人应购买基于短期债务工具价格的看跌期权（如果从利率的涨跌来看，则是看涨期权）。可以有两种选择。一是购买短期利率期货看跌期权（如欧洲美元期货看跌期权），合约有效期为M_f个月，执行价格为X，这样，如果在M_f个月后的利率重设日利率上升并使得期货价格F低于执行价格X，则套期保值者执行期权，获得X－F的现金和一份可以立即平仓的短期利率期货合约空头，平仓期货合约后X－F的盈利即可用以抵消债务工具的成本增加，从而实现套期保值。不过，与利用远期利率协议或利率期货套期保值类似，浮动利率工具发行人需要将该盈利进行再投资直至下一个重新定价日。另一种选择是购买有效期为N个月、执行价格为R_X的利率上限，在这N个月中的任何一个重新定价日，如果浮动利率工具的参考利率高于R_X，则浮动利率工具发行人都将在下一个利率重设日获得基于两个利率之差计算

的利息补偿，从而抵消因利率上升造成的债务成本增加，实现套期保值。

固定利率工具持有人则应购买基于中长期债券价格的看跌期权（如中长期国债期货看跌期权），合约有效期为 N 个月，这样，如果在 N 个月后利率上升，则执行期权，获得中长期国债期货合约的空头头寸，平仓后即可盈利，以抵消固定利率工具的价值损失，从而实现套期保值。

如果利率并未像套期保值者担心的那样上升而是下降了，则套期保值者放弃执行期权，损失期初购买期权时支付的期权费，但同时其现货头寸（浮动利率负债或固定利率资产）将因为利率下降而获得成本的降低或收益的增加，这样仍然实现了套期保值。不过，如果利率上升却又没有超过期权的执行价格，则套期保值者也只能放弃执行期权，此时不仅损失了期权费，而且债务工具还会出现一定程度的成本上升或收益减少。

12.3.2 利用利率期权套利

具有相同执行价格和有效期的看涨期权与看跌期权之间存在确定的平价关系，当市场上的期权价格违反了这个平价关系时，可以利用相应的看涨期权和看跌期权构造套利组合。以利率上限和利率下限为例，执行价格同为 R_X、有效期同为 n 年并具有相同支付频率的利率上限与利率下限之间存在以下平价关系：

利率上限价格 = 利率下限价格 + 利率互换价格

或者写为：

利率上限价格 - 利率下限价格 = 利率互换价格

式中的利率互换收取浮动利率并支付固定利率 R_X，有效期为 n 年。如果当前市场上 n 年期利率互换的报价为固定利率 R，并且 $R > R_X$，则套利者可以买入利率上限，出售利率下限，同时签署一份利率互换协议并且在协议中支付浮动利率收取固定利率 R。为了理解这个套利组合的作用机理，需要首先分析一下利率上限多头与利率下限空头组合在一起会得到什么结果。在 n 年内的每一个支付日，参考利率与 R_X 之间只可能存在两种情形：要么参考利率 $\geq R_X$，要么相反。当参考利率 $\geq R_X$ 时，利率上限多头会收取参考利率 $- R_X$，利率下限空头没有任何收付，即两者的组合收取参考利率 $- R_X$；当参考利率 $< R_X$ 时，利率下限空头须支付 R_X - 参考利率，利率上限多头没有任何收付，即两者的组合支付 R_X - 参考利率。注意到支付 R_X - 参考利率相当于收取参考利率 $- R_X$，因此，在 n 年内无论参考利率是高于还是低于 R_X，利率上限多头与利率下限空头组合的结果都是使得持有人在每一个支付日收取参考利率并支付 R_X，这相当于一份收取浮动利率并支付固定利率 R_X 的有效期为 n 年的利率互换。所以，构造上述套利组合之后，在 n 年内的每一个支付日，套利者把在利率上限与利率下限组合上收取的浮动利率用于支付利率互换中的浮动利率（都等于参考利率），而把在利率互换中收取的固定利率 R 用于支付利率上限与利率下

限组合上的固定利率 R_X，从而锁定一个正的利差 $R-R_X$。

如果当前市场上 n 年期利率互换的报价 $R<R_X$，则套利者应出售利率上限，买入利率下限，同时签署一份利率互换协议并且在协议中收取浮动利率支付固定利率 R。类似上面的分析可以知道，利率上限空头与利率下限多头的组合相当于一份支付浮动利率并收取固定利率 R_X 的有效期为 n 年的利率互换。这样，由三个衍生工具构成的是一个在 n 年内的每一个支付日支付固定利率 R 收取固定利率 R_X 的套利组合，从而为套利者锁定了一个正的利差 R_X-R。

思考问题 4：利用利率期权进行套期保值或套利时，在操作中可能会遇到什么风险？

12.3.3 典型的利率期权策略

利用基于同一变量的两种或两种以上的不同利率期权构造组合，可以获得各种不同的损益状态，从而满足不同交易者的风险收益需求。

12.3.3.1 价差期权

价差期权（Spread）由相同类型的两个或多个期权的多头和空头头寸构成。

利用一个看涨期权多头和一个较高执行价格的看涨期权空头，可以构成牛市价差期权（Bull Spread）。图 12-3 表明了这种策略的损益状态。

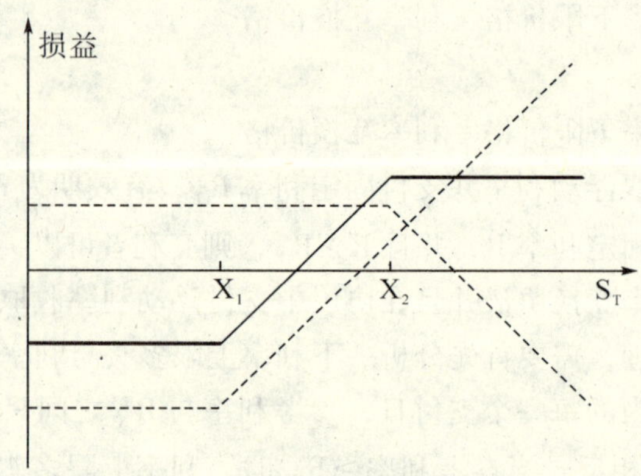

图 12-3 牛市价差期权的损益状态

牛市价差期权适合于预期标的证券价格上升的投资者。这一策略限制了投资者在价格上升时的潜在收益，同时也限制了价格下跌时的损失。这一策略可表述为：投资者拥有一个执行价格为 X_1 的看涨期权，并且通过卖出一个执行价格为 X_2（$X_2>X_1$）的看涨期权而放弃了价格上升的潜在盈利。当然，投资者会获得后一期权的期权费，作为对放弃潜在收益的补偿。

利用一个看涨期权多头和一个较低执行价格的看涨期权空头，可以构成熊市价差期权（Bear Spread）。图 12-4 表明了这种策略的损益状态。

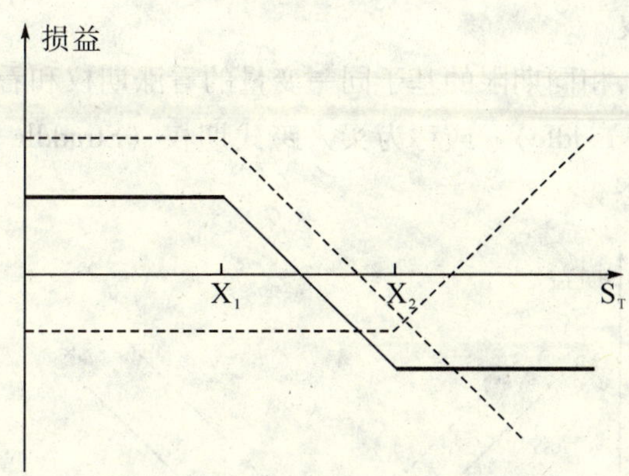

图 12－4 熊市价差期权的损益状态

与牛市价差期权类似，熊市价差期权也同时限制了标的证券价格向有利方向变动时的潜在盈利和价格向不利方向变动时的潜在损失。但与牛市价差期权相反，熊市价差期权适合于预期价格下跌的投资者。

还可以利用三种不同执行价格的期权头寸构成蝶式价差期权（Butterfly Spread）：一个执行价格为 X_1 的看涨期权多头和执行价格为 X_3 的看涨期权多头，以及两个执行价格为 X_2 的看涨期权空头，其中，$X_1 < X_2 < X_3$，$X_2 = \frac{X_1 + X_3}{2}$。图 12－5 表明了这种策略的损益状态。

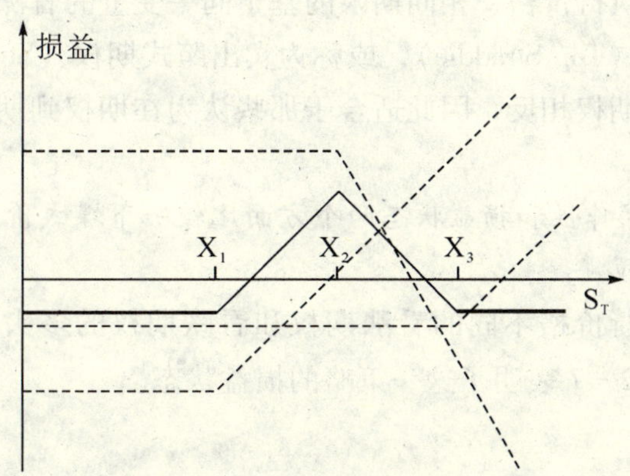

图 12－5 蝶式价差期权的损益状态

从图 12－5 可以看到，如果标的证券价格保持在 X_2 附近，投资者运用蝶式差价期权就会获利；而如果价格在任何方向上出现较大波动，投资者只会有少量损失。因此，对于那些认为标的证券价格不会发生较大波动的投资者来说，蝶式差价期权是一个非常适当的策略。

12.3.3.2　跨式期权

利用相同执行价格、相同期限的基于同一变量的看涨期权和看跌期权的多头可以构成底部跨式期权（Bottom Straddle），或称为买入跨式期权（Straddle Purchase）。图 12－6 表明了这一策略的损益状态。

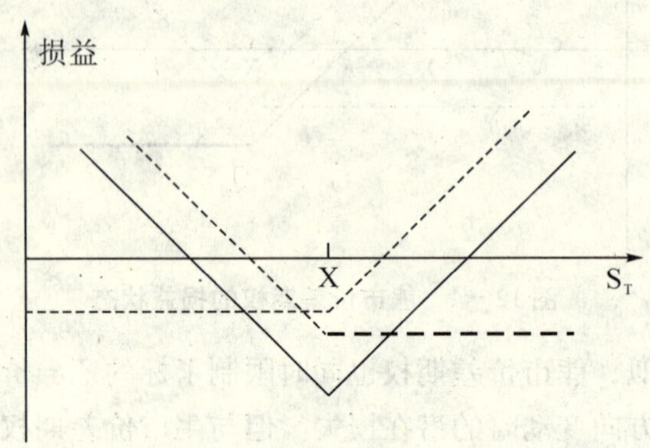

图 12－6　底部跨式期权的损益状态

从图 12－6 可以看到，在期权到期时，如果标的证券价格非常接近执行价格，底部跨式期权就会有损失；而如果价格在任何方向上出现较大波动，这一策略就会带来大量利润。因此，如果投资者预期标的证券价格会出现剧烈变动，但不能确定变动方向，则可运用底部跨式期权策略。

相反地，利用相同执行价格、相同期限的基于同一变量的看涨期权和看跌期权的空头可以构成顶部跨式期权（Top Straddle），或称为卖出跨式期权（Straddle Write）。这一策略的损益状态与底部跨式期权相反，因此适合于那些认为在期权到期时标的证券价格较为接近执行价格的投资者。

思考问题 5：从可操作性和损益状态两个方面比较一下蝶式价差期权和顶部跨式期权。

12.3.3.3　勒式期权

利用相同期限但执行价格不同的看涨期权和看跌期权的多头可以构成底部勒式期权（Bottom Strangle）。图 12－7 表明了这一策略的损益状态。

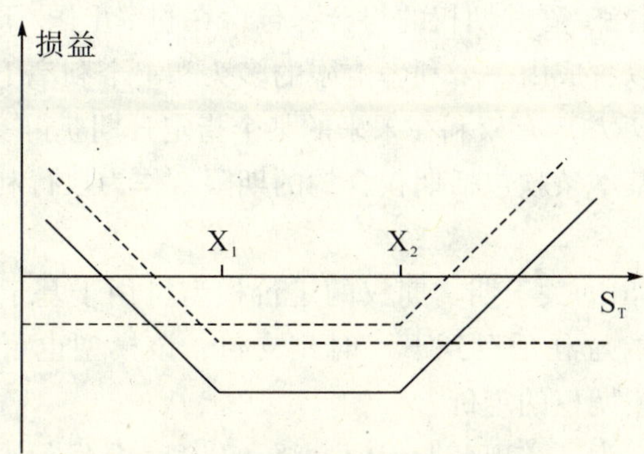

图 12-7　底部勒式期权的损益状态

如果投资者预期标的证券价格会出现剧烈变动，但不能确定变动方向，则可运用底部勒式期权策略，这一点与底部跨式期权策略类似。但比较图 12-6 和图 12-7 可以发现，底部勒式期权策略需要在标的证券价格出现相对于底部跨式期权而言更大的变动时才能获利。

利用相同期限但执行价格不同的看涨期权和看跌期权的空头则可以构成顶部勒式期权（Top Strangle）。如果投资者认为标的证券价格不会发生剧烈变动，则可运用这一策略。但是，与顶部跨式期权类似，一旦标的证券价格出现急剧波动，投资者将会遭受很大损失。

12.4　小结

利率期权是一项关于利率变化的权利：在到期日按预先约定的利率借入或贷出一定期限和一定金额的货币。本章对典型利率期权的机制、定价和应用进行了讨论。

在交易所内交易的最普遍的利率期权是长期国债期货期权、中期国债期货期权和欧洲美元期货期权。这些期货期权合约的基本条款包括执行价格、到期日、期权合约的标的期货合约及合约规模。如果执行一份期货期权，则持有人将获得一张该期货合约的多头头寸外加一笔数额等于当前期货价格减去执行价格的现金。

一些债务工具本身内嵌了以该债务工具为标的的看涨期权或看跌期权。这类债务工具中最典型的就是可赎回债券和可回售债券。其他的债务工具，如可提前支取的固定利率存款、可提前偿还的固定利率贷款、抵押支持证券等，也都属于内嵌了利率期权的债务工具。此外，银行等金融机构所做的贷款承诺可以看成一种基于某种债券的看跌期权。

场外交易的利率期权包括利率上限、利率下限、利率双限和利率互换期权。利率上限的基本条款包括一个作为期权执行价格的上限利率、参考利率、合约期限、利率重设日、支付日和名义本金。利率下限和利率双限的基本条款与利率上限相似。利率上限/下限可以看成一个基于利率的看涨/看跌期权的组合，包含在利率上限/下限中的单独期权称为利率期权元。利率双限可以看成由一个利率上限的多头和一个利率下限的空头组合而成。利率互换期权的持有人（买方）有权利在未来的某个指定日期获得一份确定条款的利率互换协议。利率互换期权的基本条款包括期权合约的期限、作为执行利率的一个固定利率和利率互换协议的基本条款。

Black（1976）推导出的关于期货期权的定价模型可用于基于利率期货的利率期权的定价。考虑到利率期权的盈利延迟到下一时刻支付，该模型也可用于利率上限、利率下限、利率双限和利率互换期权的定价。

当担心利率上升时，为了实现套期保值，浮动利率工具发行人应购买基于短期债务工具价格的看跌期权，固定利率工具持有人应购买基于中长期债券价格的看跌期权。

具有相同执行价格和有效期的看涨期权与看跌期权之间存在确定的平价关系，当市场上的期权价格违反了这个平价关系时，可以利用相应的看涨期权和看跌期权构造套利组合。

利用基于同一变量的两种或两种以上的不同利率期权构造组合，可以获得各种不同的损益状态，从而满足不同交易者的风险收益需求。典型的利率期权策略包括价差期权、跨式期权和勒式期权等。

习题

1. 某个利率互换期权还有3年到期，到期时持有人有权获得一份收取固定年利率3.9%的5年期利率互换，互换的名义本金为＄10 000 000，每年支付一次。互换利率的年波动率为20%，当前的LIBOR收益率曲线水平于3.7%。请用Black模型为该互换期权定价。

2. 现在是5月份，某公司预计8月份将会收到一笔＄3 000 000的资金，并计划收到资金后立即进行90天的投资。为了将投资收益锁定在一定的利率水平上，该公司可以利用交易所内交易的哪种利率期权?

3. 投资者持有一份执行价格为11 100的9月份到期的芝加哥交易所长期国债期货看涨期权。9月份交割的长期国债期货报价为113′28。如果执行期权，投资者将获得什么?

4. 某银行向其客户出售了一份3年期的利率上限，名义本金为＄20 000 000，上限利率为5%，以3个月LIBOR为参考利率，每半年支付一次。如果一年后3个月LIBOR为5.5%，银行须进行怎样的支付?如果那时的3个月LIBOR为4.3%呢?

5. 现在是5月份。9月份交割的长期国债期货报价为109′27，最便宜交割债券是期限为23年零2个月、息票利率为6.4%、每半年支付一次利息的长期国债，转换系数为

1.039 5。某个长期国债期货看涨期权，9 月份到期，执行价格为 105（报价）。请用 Black 模型为该期权定价。已知 4 个月期无风险利率为 1.1%，长期国债期货价格的 4 个月波动率测度为年率 9%。

6. 市场上有基于某种证券的期权。投资者预计该证券的价格将产生剧烈波动，但方向难以确定，他可以采取何种期权策略？可以采取的这些期权策略之间有何不同之处？

7. 一种基于 12 年期国债的欧式看跌期权，还有 9 个月到期，执行价格为 $ 115，标的债券当前的价格为 $ 124。4 个月后该债券将有 $ 5 的利息支付，4 个月期和 9 个月期利率均为年率 7%，债券价格的年波动率为 8%。请用 Black 模型为该期权定价。

8. 某个利率上限的名义本金为 $ 2 000 000，还有 15 个月到期，上限利率为年率 5%（按半年复利计息），每半年重设一次利率。当前的 15 个月期限以内的所有即期利率均为 4.5%，利率上限所基于的 6 个月期利率的波动率测度为年率 15%。计算该期权的价格。

9. 市场上有执行价格为 $ 30 和 $ 35 的看跌期权，期权价格分别为 $ 4 和 $ 7。如何利用这两种期权构造牛市价差期权和熊市价差期权？用图表说明其损益状态。

参考文献

[1] MICHAEL ARAK, ARTURO ESTRELLA, LAURIE GOODMAN, ANDREW SILVER. Interest Rate Swaps: An Alternative Explanation [J]. The Journal of the Financial Management Association, Summer 1988, Vol. 17, Issue 2: 12-18.

[2] ZVI BODIE, ALEX KANE, ALAN J. MARCUS. Investments [M], MCgraw-Hill Irwin, C2005, F830. 59/B667. 2/2005.

[3] JAMES BICKSLER, ANDREW H. CHEN. An Economic Analysis of Interest Rate Swaps [J]. Journal of Finance, Jul 1986, Vol. 41, Issue 3: 645-655.

[4] JACK C. FRANCIS, ROGER IBBOTSON. Investments, A Global Perspective [M]. Prentice Hall, 2002.

[5] PAUL A. GRIFFIN, ANTONIO Z. SANVICENTE. Common Stock Returns and Rating Changes: A Methodological Comparison [J]. Journal of Finance, Mar 1982, Vol. 37, Issue 1: 103-119.

[6] JOHN R. M. HAND, ROBERT W. HOLTHAUSEN, RICHARD W. LEFTWICH. The Effect of Bond Rating Agency Announcements on Bond and Stock Prices [J]. Journal of Finance, Jun 1992, Vol. 47, Issue 2: 733-752.

[7] GAILEN HITE, ARTHUR WARGA. The Effect of Bond-Rating Changes on Bond Price Performance [J]. Financial Analysts Journal, May/Jun 1997, Vol. 53, Issue 3: 35-51.

[8] J. HULL. Options, Futures and Other Derivative Securities [M]. Prentice Hall, Englewood Cliffs, NJ, 2000.

[9] M. J. L. JONKHART. On the Term Structure of Interest Rates and the Risk of Default: An Analytical Approach [J]. Journal of Banking and Finance, September 1979: 253-262.

[10] R. H. LITZENBERGER. Swaps: Plain and fanciful [J]. Journal of Finance, 1992: 47, 831-850.

[11] J. G. LOEYS. Interest Rate Swaps: A New Tool For Managing Risk [J]. Business Review, May/June 1985: 17-25.

[12] RODOLFO OVIEDO. Improving the Design of Treasury Bond Futures Contracts [J].

Journal of Business, 2006, Vol. 79: 1293 - 1315.

[13] R. SMITH, W. CLIFFORD, CHARLES W. SMITHSON, LEE MACDONALD WAKEMAN. The Market for Interest Rate Swaps [J], The Journal of the Financial Management Association, Winter 1988, Vol. 17, Issue 4: 34 - 44.

[14] SURESH M. SUNDARESAN. Fixed Income Markets and Their Derivatives [M]. South-Western/Thomson Learning, 2002.

[15] SHERIDAN TITMAN. Interest Rate Swaps and Corporate Financing Choices [J]. Journal of Finance, Sep 1992, Vol. 47, Issue 4: 1503 - 1516.

[16] STUART M. TURNBULL. Swaps: A Zero Sum Game? [J]. Financial Management, Spring 1987, Vol. 16, Issue 1: 15 - 21.

[17] LARRY D. WALL. Interest Rate Swaps in An Agency Theoretic Model with Uncertain Interest rates [J]. Journal of Banking & Finance, 1989, Vol. 13, Issue 2: 261 - 270.

[18] LARRY D. WALL, JOHN J. PRINGLE. Alternative Explanations of Interest Rate Swaps: A Theoretical and Empirical Analysis [J]. The Journal of the Financial Management Association, Summer 1989, Vol. 18, Issue 2: 59 - 73.

[19] MARK I. WEINSTEIN. The Effect of a Rating Change Announcement on Bond Price [J]. Journal of Financial Economics, Dec77, Vol. 5, Issue 3: 329 - 350.

[20] W. T. YU, W. K. PANG, L. K. LI. Borrowing Cost Reduction by Interest Rate Swaps — An Option Pricing Analysis [J]. European Journal of Operational Research, May 2004, Vol. 154, Issue 3: 764 - 778.

[21] 布鲁斯·塔克曼. 固定收益证券 [M]. 黄嘉斌，译. 北京：宇航出版社，1999.

[22] 弗兰克·J. 法博齐. 固定收益证券手册 [M]. 6 版. 任若恩，李焰，等，译. 北京：中国人民大学出版社，2005.

[23] J. C. 赫尔. 期权、期货及其他衍生产品 [M]. 3 版. 张陶伟，译. 北京：华夏出版社，2000.

[24] 王敬. 利率衍生产品发展：条件分析与机制设计 [D]. 成都：西南财经大学博士论文，2009.

[25] 叶永刚. 固定收入证券概论 [M]. 武汉：武汉大学出版社，2001.